사주가 MBTI를 만나면

사주가 MBTI를 만나면

초판 1쇄 발행 2024년 12월 19일

지은이　　일일
엮은이　　잼

펴낸이　　신현만
펴낸곳　　㈜커리어케어 출판본부 SAYKOREA

출판본부장　박진희
편집　　　양재화 손성원
마케팅　　허성권
디자인　　design KEY

등록　　　2014년 1월 22일 (제2008-000060호)
주소　　　03385 서울시 강남구 테헤란로 87길 35 금강타워3, 5-8F
전화　　　02-2286-3813
팩스　　　02-6008-3980
홈페이지　www.saykorea.co.kr
인스타그램　instagram.com/saykoreabooks
블로그　　blog.naver.com/saykoreabooks

ⓒ ㈜커리어케어 2024
ISBN 979-11-93239-18-6 03180

사주가
MBTI를
만나면

일일 지음   잼 엮음

SAY
KOREA

5장. 지지: 듀엣 또는 트리오

2부. 여기서 막히셨죠? 다 알려드립니다!
: 내 일간과 다른 오행의 관계, 십신

6장. 십신: 공무원 팔자라는 얘기 좀 그만!

3부. 이것까지 알면 당신도 사주쟁이

: 사주의 깊은 이해와 개운법

7장. 합과 충: 쟤는 나랑 왜 이렇게 안 맞지?

사주와 MBTI로 당신의 '캐릭터'를 해석해드립니다

누구나 나 자신을 이해하고 싶어 한다. 예전에 사람들은 B형 남자의 특징, O형 여자의 특징 같은 것을 외우고 다녔다. 번화가에 가면 사주와 궁합, 타로를 봐준다는 천막을 쉽게 찾을 수 있었다. 이 흐름은 최근에 MBTI라는 새로운 유행으로 이어졌다. 이제 사람들은 자기 MBTI 유형을 외우고 다닌다.

어쩌다 사주

내가 어떤 사람인지, 앞으로 어떻게 살면 좋을지를 알고 싶은 욕망은 시대를 막론하고 모든 사람을 아우르는 욕망이다. 나 역시 그런 사람 중 하나였다. 처음 사주를 보러 가서 역술가가 해주는 설명을 흥미롭게 들었던 기억이 난다. 하지만 열심히 설명을 들어도, 당시엔 내가 이해할 수 있는 내용이 많지 않았다. '사주는 원래 어려운 학문인가? 왜 이렇게 설명하는 말이 어렵지?' 하는 생각이 들었다. 돌아온 뒤 상담에서 들은 용어를 몇 가지 찾아보았지만, 결국 이해한 내용만 대강 기억하고는 곧 잊어버렸다.

그러던 어느 날, 사주를 조금 알던 친구 하나가 다른 친구들의 사주를 보아주었다. 풀이가 재미있었고, 용어도 꽤 설명을 해줬다. 그 후로 나는 혼자서 사주 용어들을 찾아보고, 여러 군데서 사주풀이도 받아보았다.

그런데 이상했다. 사이트마다, 역술가마다 내 사주의 해석이 엇갈렸다. 또 나와 내 가까운 사람들이 바라보는 내 모습과 사주에서 해석해주는 내 모습에 다른 점이 많았다. 이때부터 나는 내 사주의 어느 부분을 어떻게 풀이해야 옳은 것인지 알기 위해 인터넷에서 온갖 사주 지식을 찾아보기 시작했다. 그리고 내가 파악한 것이 맞는 것인지 확인하고자 친구들의 사주를 풀이해주곤 했다. 내 사주 해석을 들은 친구들은 박수를 짝짝 치며 "그게 다 보여?", "신기하다", "재미있다"라는 반응을 보여주었다. 더러는 정말로 자리를 깔고 다른 사람들의 사주를 봐주라고도 했다. 나는 그냥 하는 말이겠거니 하고 웃으며 넘겨들었다.

얼마 뒤 한 친구가 단골인 가게에 날 데려간 일이 있었다. 확신의 E인 나는 처음 보는 가게 사장님과도 곧 친해져서 셋이 이런저런 수다를 떨었다. 그러다가 사장님이 최근에 무척 돈 아까운 사주를 보고 왔다는 얘기를 꺼냈다. 나는 "마침 요즘 사주를 공부하고 있으니, 제가 한번 봐드릴게요."라고 말했다. 그리고서 사주를 풀이했는데 사장님의 반응이 놀라웠다. 단골인 내 친구조차 모르던 그분의 회사원 시절까지 모두 내 해석과 맞아떨어진 것이다. 이쯤 되니 나도 황당함 반, 확신 반이 됐다. '처음 보는 사람의 사주도 볼 수 있겠구나' 하는 생각이 들었다. 그리고 다른 사람의 사주를 풀이해주며 사주에 관한 이해가 더 깊어지는 것을 느꼈고, 내 해석을 들은 사람들의 피드백이 즐겁게 느껴졌다.

그날 이후 친구들이 나에게 풀이 받은 사주 후기를 SNS에 올렸고, 사주풀이를 받고 싶다는 사람들이 SNS로 연락해오며 정말 사주 상담을 시작하게 됐다. 일을 하면 제대로 해야 하는 성격이라 사업자등록까지 했다. 이 모든 게 일 년 남짓한 시간 동안 벌어진 일이다.

MBTI로 풀이해주는 사주

나는 아주 우연한 기회에, 나만의 방식으로 사주 해석을 시작했다. 그래서 상담할 때 내가 하는 말이 전부 맞고 내가 전문가라는 생각으로 손님들을 가르치려고 하지 않는다. 내 역할은 내담자가 본인의 사주를 스스로 이해할 수 있게 알려주는 길잡이라고 생각한다. 사주팔자의 여덟 글자에서 무엇을 보고 어떻게 이해해야 하는지 기틀을 잡아주고, 용어가 의미하는 것을 현대의 상식과 개념으로 쉽게 풀어서 설명해준다. 이를테면 사주에서 '충沖'이란 무서운 운명의 파도 같은 게 아니라 서로 반대되는 두 가지 방향 사이에서 내가 양쪽을 챙기려다 보니 생기는 모순점이라고 말해주거나, 어떤 사주가 보여주는 나의 본질이 MBTI로 치면 어떤 유형에 해당하는지를 설명해주는 식이다.

실제로 나는 내담자들에게 MBTI의 개념을 활용한 설명을 자주 해준다. 이는 누군가에게 배웠거나 특별히 새로운 방법을 고안하려 한 것이 아니다. 나는 이제껏 흥미가 가는 것을 내키는 대로 섭렵했다. 사람을 관찰하고 분석하는 것을 좋아했고, 또 내가 파악한 것을 남에게 들려주고 가설의 오차를 찾아내는 것을 즐겼다. 그러다 MBTI를 알게 돼서 이후 4년간 SNS상에서 여러 표본을 모집하며 분석하고 연구했다. 자연히 사주 해석에도 MBTI를 접목했고, 마침 젊은 사람들 사이에 MBTI

가 유행하며 이를 활용한 사주 해석이 트렌드와 맞아떨어졌다.

사주는 어떻게 MBTI와 통하는가

나는 사주를 보러 오는 손님들에게 늘 사주의 큰 틀을 먼저 설명해준다. 사주四柱란 이름 그대로 '네 개의 기둥'을 의미한다. 사람이 태어나면 자연히 그 사람의 '생년, 생월, 생일, 생시'가 정해진다. 이는 곧 사주에서 '연주, 월주, 일주, 시주'라는 네 개의 기둥으로 연결된다. 네 개의 기둥이니 곧 사주四柱다.

　각각의 기둥은 위와 아래로 나뉘어 음양이 구분된 오행의 글자를 하나씩 가지는데, 위는 '천간天干', 아래는 '지지地支'라고 부른다. 하나의 기둥이 천간 한 글자, 지지 한 글자를 가지는 것이다. 천간은 개념적이고 이념적인 공간이다. 지지는 보다 현실적인 공간으로, 내가 실제로 하는 행동과 더 밀접하게 관련돼 있다. 이처럼 사주에 자리한 여덟 글자로 어떤 사람의 본질과 성향, 그리고 인생의 흐름을 설명한 것이 '사주팔자四柱八字'다. 이 가운데 일주의 천간, 즉 '일간日干'에 해당하는 자리는 '나'를 뜻한다. 그 해, 그 달, 그 날에 하늘에서 내려온 사람이라는 의미다. 일간을 중심으로 나머지 글자가 이루는 관계를 해석하는 것이 사주의 핵심이다.

　MBTIMyers Briggs Type Indicator는 브릭스Katharine C. Briggs와 마이어스Isabel B. Myers가 칼 융의 분석심리학 모델을 바탕으로 사람의 성격을 16개 유형으로 나누어 설명한 체계다. MBTI가 유사 과학인지 진짜 과학인지에 대해서는 사람들 사이에서도 의견이 분분하다. 나는 MBTI가 심리학보다는 통계학에 가까우며, 통계 자료를 신뢰할 수 있는 정도로 MBTI 분석 결과를 신뢰할 수 있다고 본다. 물론 인터넷으로 흔히 접할 수 있는 무료 검사가 아니라 정식 검사 결과를 기준으로 했을 때의 이야기다. (한국 MBTI 연구소에서 정식 검사를 유료로 제공한다.)

MBTI는 네 가지 항목으로 구성되며, 각 항목은 대립되는 두 가지 지표로 나뉜다. E외향/I내향, S감각/N직관, T사고/F감정, P인식/J판단의 총 여덟 가지 지표로 이루어져 있다. 예를 들어 MBTI 검사 결과 내가 E/I 항목에서 E 성향 55%, I 성향 45%를 가진 사람으로 나타났다면 나는 E 성향이 조금 더 우세한 사람이다. 그런데 같은 유형 안에서도 E 99%, I 1%인 사람과 E 55%, I 45%인 사람의 성격은 다르게 느껴질 수밖에 없다. 특히 후자처럼 '경계선에 걸친' 사람들은 자신의 MBTI가 자주 바뀐다고 표현하기도 한다.

나머지 세 가지 항목에서도 우세한 성향을 판단하여 구분하면 모두 16개 유형으로 나뉜다. MBTI의 여덟 글자 각각의 특징을 이해하고, 글자들을 조합하여 나타나는 16개 유형의 특성을 알고 나면 해당 유형에 속하는 사람들의 공통적 성향을 대략적으로 파악할 수 있다.

MBTI는 이제 혈액형처럼 우리 일상에 깊숙이 들어왔고, 16개의 조합으로 사람의 성향을 상당히 잘 설명해주는 것도 사실이다. 나는 사주에 푹 빠지기 전에 MBTI를 상당히 깊이 파고들었으며, 결국 사람의 본성을 설명한다는 측면에서 통하는 지점이 있다 보니 자연스럽게 사주를 설명하는 데 MBTI를 활용하게 되었다.

본래 MBTI 검사는 사람이 가장 편안한 상태에 놓여 있을 때 어떤 성격을 보이는지, 그 본질적인 성향을 알기 위해 만들어진 것이다. 따라서 MBTI 검사로 나타나는 성향은 원칙적으로 타고난 본성에 해당하며, 시간이 지나도 변하지 않는다. 바로 이 부분이 MBTI와 사주의 공통점이다. 내가 사주 상담에서 내담자에게 알려주는 MBTI는 그 사람이 가지고 태어난 사주로부터 도출된 유형이다. 다시 말하자면 우리는 사주만으로도 그 사람의 MBTI 유형을 알아낼 수 있다는 뜻이다. 실제로 부정확한 인터넷 무료 검사를 받았던 분들에게 조금 더 본성에 가까운 MBTI 유형을 말해주면 많이들 신기해한다.

당신의 '캐릭터'를 해석해드립니다

요즘 사람들은 처음 만나는 사이에도 "MBTI가 뭐예요?"라는 질문을 던지곤 한다. MBTI가 대중에게 일반화된 것은 이것이 쉬운 체계를 가지고 있으면서 자신이 어떤 성향을 가진 사람인지 설명하기에 꽤 간편하다는 현실적인 이유 때문이다. 또 이처럼 성격 유형을 구분하고 갑론을박을 벌이는 것이 무척 재미있어서이기도 할 것이다.

자신과 인생을 이해하고 싶은 마음은 인간의 자연스러운 욕망이다. 그리고 사주와 MBTI는 모두 나의 본질과 성향을 알려주는 도구다. 다만 사주는 어렵고 생소해서, MBTI는 간략해서 우리를 충분히 만족시켜주지 못했다. 이처럼 사주나 MBTI 하나만으로는 선명하지 않고 완전하게 파악하기 어려웠던 내 성향과 본질의 스펙트럼을, 양쪽을 동시에 활용해서 더욱 뚜렷하고 구체적인 이해를 제공하는 것. 이것이 내가 진행하는 '일일 사주 상담'의 핵심이다.

이 책에 담긴 나의 설명이 여러분의 '캐릭터 해석'에 길잡이가 되어 주기를 바란다. 이 책을 다 읽고 나면 '내가 어떤 사람인지'를 더 이해할 수 있을 것이다. 본래 사주는 나라는 자아가 어떤 본질을 지니고 있는지, 우주의 한 부분으로서 그 본질이 어떻게 작용하는지를 이해하는 학문이다. 누가 뭐라 해도 운명은 내가 개척하는 것이고, 그 개척은 '나를 이해하는 것'에서부터 시작된다. 사주와 MBTI는 그 도구일 따름이다.

이 책의 2부까지에 해당하는 음양, 오행, 천간, 지지, 십신만 이해해도 자신이 어떤 본질을 타고났는지를 이해하는 데는 무리가 없다. 지금까지 진행했던 상담에서 사람들이 많이 궁금해하던 합과 충, 그리고 개운법에 대한 이야기는 뒷부분에 실었다. 사주를 전혀 모르는 독자라도 내 해석을 따라올 수 있도록 최대한 쉬운 말로 설명하면서 유명인이나 캐릭터 등의 사례도 풍부하게 실으려 노력했다.

이 책이 독자들에게 자신과 주변의 사람들을 이해하는 기반이 되길, 그리고 이를 바탕으로 여러분이 용감하게 세상을 개척해나가는 데 도움이 되기를 바란다.

일일

먼저 알아두는 사주의 핵심 용어

사람들이 사주를 어려워하는 첫 번째 이유가 바로 한자로 이루어진 용어 때문이다. 그렇지만 여기서 대략적인 개념을 미리 알아두면 앞으로 설명을 이해하기가 훨씬 수월할 것이다. 한번 죽 읽고 중간중간 들춰보며 참고할 수 있도록 앞에 싣는다.

음양

사주의 모든 글자는 음 또는 양의 성질을 지닌다. 음의 성질이 가지는 특징은 '작지만 실속이 있다'는 점이고, 양은 '크고 확장성이 있지만 실속은 다소 부족하다'는 점이다.

오행

우주의 만물을 구성하는 기운을 다섯 가지로 분류한 것으로 '목木, 화火, 토土, 금金, 수水'로 이루어진다.

구분	계절	시간대	방위	성질
목木	봄	동트는 새벽	동쪽	겨울을 깨뜨리고 봄을 불러오는 기운으로 확장하고 개혁하는 성질이 있다. 이득보다는 가능성, 금전보다는 정신적 가치를 추구한다.

화火	여름	한낮	남쪽	아이디어가 넘치고 활동적이며 감추는 것 없이 투명하다. 솔직담백하고, 단조로운 것에 쉽게 질리며 끊임없이 변화를 추구한다.
토土	간절기	없음	중앙	유일하게 계절과 시간을 갖지 않는 오행으로 목, 화, 금, 수 사이에서 완충 작용을 한다. 무던하고 포용력이 있지만, 은근히 고집이 세다.
금金	가을	저녁	서쪽	가치 있는 것을 취하려는 성질이 있다. 이익을 추구하고 옳고 그름의 구분이 확실하다. 현실적이고 냉정한 편이다.
수水	겨울	한밤중	북쪽	내면으로 가라앉고 속이 보이지 않는 성질이 있다. 머릿속에 생각이 많고 차분하며, 조용하고 신비로워 보여 사람들의 시선을 끈다. 다만 우울한 생각에 빠지기 쉽다.

그림 00-01 오행

사주원국四柱原局

사람의 타고난 본질, 성향, 기운, 운명 등을 여덟 개의 글자로 나타낸 것이다.

	시주	일주	월주	연주
천간	壬 조 임水	戊 조 무土	丙 조 병火	己 습 기土
지지	子 한조 자水	午 난습 오火	子 자水	卯 난습 묘木

그림 00-02 사주원국의 예

그림 00-02 와 같은 것이 사주원국이다. 앞으로 이 표를 아주 많이 보게 될 것이다. 가로 네 글자씩 두 줄, 총 여덟 글자로 되어 있다. 사주팔자를 알려면 만세력을 봐야 하는데, 만세력은 우리가 살아가는 시간을 연, 월, 일, 시로 나누어 해당 시점의 에너지 성격을 두 글자로 나타낸 달력이다. 인터넷 사이트나 모바일 앱으로 확인할 수 있다. 오른쪽부터 해당하는 글자를 세로로 넣으면 연주, 월주, 일주, 시주가 완성된다. 네 개의 기둥四柱, 여덟 개의 글자八字이니 곧 사주팔자四柱八字다. 윗줄의 네 글자를 천간天干, 아랫줄의 네 글자를 지지地支라고 한다. 일주의 천간이 바로 '일간'이며, 나 자신을 형성하는 핵심적인 에너지 성격을 가리킨다.

천간

사주원국의 윗줄 네 글자를 이른다. 오행을 음양으로 각각 구분하여 총 열 개로 나누고, 이를 십간인 '갑을병정무기경신임계'와 각각 짝짓는다. 천간은 관념적, 개념적, 이론적 공간이다. 또 겉으로 드러나기에 남들에게 보여지는, 눈에 띄는 성질이다. 천간은 순수한 오행으로만 이루어진다.

구분	양	음
목	갑목甲	을목乙
화	병화丙	정화丁
토	무토戊	기토己
금	유금酉	신금辛
수	임수壬	계수癸

그림 00-03 천간

지지

사주원국의 아랫줄 네 글자를 이른다. 음양으로 구분된 오행 열 개에 토의 기운 두 개를 더해 총 열두 개이고, 십이지인 '자축인묘진사오미신유술해'와 각각 짝짓는다. 지지는 하늘의 뜻이 지상에서 실제 구현된 공간이다. 실제로 말하고 행동하고 생각하는 방식, 현실을 살아가는 성질이다. 지지는 천간과 달리 두세 개의 천간이 혼합되어 이루어진다. 이처럼 지지 속에 숨은 천간을 '지장간'이라 한다.

구분	양	음
목	인목寅	묘목卯
화	사화巳	오화午
토	진토辰, 술토戌	축토丑, 미토未
금	신금申	유금酉
수	해수亥	자수子

그림 00-04 지지

지지와 계절

지지는 글자 하나하나가 음력 한 달을 의미한다. 따라서 순서대로 세 글자가 하나의 계절을 구성하며, 각각 '생지(계절의 시작, 역마) − 왕지(계절의 절정, 도화) − 고지(계절의 끝, 화개)'의 순환을 형성한다.

구분	음력	지지	순환
겨울	12월	해수亥	생지
	1월	자수子	왕지
	2월	축토丑	고지
봄	3월	인목寅	생지
	4월	묘목卯	왕지
	5월	진토辰	고지
여름	6월	사화巳	생지
	7월	오화午	왕지
	8월	미토未	고지
가을	9월	신금申	생지
	10월	유금酉	왕지
	11월	술토戌	고지

그림 00-05 지지와 계절

오행의 상생상극

오행은 저마다 '서로 생生하는 관계'와 '서로 극剋하는 관계'로 맺어진다.

● 상생: 목 ⋯▸ 화 ⋯▸ 토 ⋯▸ 금 ⋯▸ 수 ⋯▸ 목

한쪽이 한쪽을 생하게 해주어 왕성해지는 관계다. 생해주는 쪽 또한 생의 기운을 얼마간 받기 때문에 '상생相生'의 의미를 가진다.

- **목생화**: 봄은 여름을 부른다. 나무는 태양을 향해 자라고, 불의 땔감이 된다.

- **화생토**: 여름은 바로 가을이 되지 않고 간절기(토)를 거친다. 불에 탄 재는 땅으로 돌아가 흙의 양분이 된다.
- **토생금**: 간절기를 지나 가을이 오면 열매가 맺힌다. 흙 속에서 금속이나 바위가 단단하게 뭉쳐진다.
- **금생수**: 가을이 지나면 겨울이 온다. 바위가 가득한 계곡을 흐르며 물이 맑아진다.
- **수생목**: 겨울이 끝나면 봄이 온다. 물은 나무를 자라게 하는 양분이 된다.

● **상극: 목 ···▶ 토 ···▶ 수 ···▶ 화 ···▶ 금 ···▶ 목**

한쪽이 한쪽을 누르고 억압하는 관계다. 극을 하는 쪽 또한 힘을 소모하므로 '상극相剋'의 의미를 가진다. 일반적으로 극을 당하는 쪽의 피해가 더 크다.

- **목극토**: 나무는 땅의 양분을 빼앗아 큰다.
- **토극수**: 흙은 맑은 물을 흐리게 한다.
- **수극화**: 물은 불을 끈다.
- **화극금**: 불은 금속을 녹인다.
- **금극목**: 도끼는 나무를 벤다.

일간이 '목'인 경우 오행의 상생상극 관계를 그림으로 나타내면 다음 그림00-06 과 같다. 바깥쪽 원을 이루는 화살표가 생의 관계, 안쪽의 별 모양을 이루는 화살표가 극의 관계다.

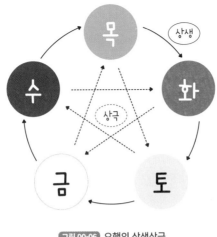

그림 00-06 오행의 상생상극

십신

'나'를 의미하는 일간의 오행을 기준으로 나머지 오행과 맺는 관계에 이름을 붙인 것이다. 각각 '비겁比劫, 식상食傷, 인성印星, 재성財星, 관성官星'이 있다. 이는 일간과 음양이 '일치/불일치'하는지를 따져서 '비견比肩/겁재劫財, 식신食神/상관傷官, 편인偏印/정인正印, 편재偏財/정재正財, 편관偏官/정관正官'으로 구분한다.

예를 들어 일간이 목木인 사람의 십신과 상생상극은 다음 그림 00-07과 같다.

그림 00-07 일간이 목인 사람의 십신과 상생상극

십신의 음양과 일간과의 관계를 구분하면 다음 그림 00-08 과 같다.

구분	일간과의 관계	일간과 음양이 같음	일간과 음양이 다름
비겁比劫	일간과 같은 오행	비견比肩	겁재劫財
식상食傷	일간이 생해주는 오행	식신食神	상관傷官
재성財星	일간이 극하는 오행	편재偏財	정재正財
관성官星	일간을 극하는 오행	편관偏官	정관正官
인성印星	일간을 생해주는 오행	편인偏印	정인正印

그림 00-08 십신의 음양과 일간과의 관계

💛 비겁: 일간(나)과 같은 오행. 식상을 생하고 재성을 극한다.

나의 강한 자아를 의미한다. 사주에 비겁의 기운이 강한 사람은 자아가
아주 뚜렷하고, 주변에 자신과 공감할 수 있는 친구나 동료 또는 나와

경쟁하는 라이벌이 많을 수 있다.

- **비견**: 일간과 오행도 같고 음양도 같은 오행. 나의 친구, 나를 지지해주는 기운, 나의 강한 자아와 고집.
- **겁재**: 일간과 오행이 같고 음양은 다른 오행. 나의 라이벌, 내 경쟁자. 힘겨운 경쟁을 의미하지만 승부욕의 원천이 되기도 한다.

💜 **식상: 일간(나)이 생해주는 오행. 재성을 생하고 관성을 극한다.**

자신이 펼치고자 하는 능력이며 나의 온전한 고유의 기술이다. 손재주, 춤이나 노래, 연기, 그 외 나를 세상에 알릴 수 있는 모든 재능을 의미한다. 식상이 강한 사람은 예술가적 기질이 있고, 사회의 통제에 맞서서 자기 의견을 내는 것을 주저하지 않는다.

- **식신**: 일간과 음양이 같은 오행. 내가 잘 사용하는 기술이며 대중에게도 인정받는 기술.
- **상관**: 일간과 음양이 다른 오행. 내가 잘 쓰지 못하는 기술로 '관성官星을 상傷하게 한다'는 의미에서 상관傷官이라 부른다.

💜 **재성: 일간(나)이 극하는 오행. 관성을 생하고 인성을 극한다.**

무언가를 내 것으로 만들고 싶은 욕심, 소유욕, 물욕, 질투심을 의미한다. 재성이 강한 사람은 갖고 싶은 것, 내가 원하는 것이 무엇인지 분명히 알고 이를 얻기 위해 늘 부지런히 움직인다.

- **편재**: 일간과 음양이 같은 오행. 결과가 불확실하더라도 단숨에 큰 것을 얻고자 하는 성향.

- **정재:** 일간과 음양이 다른 오행. 내가 안정적으로 수익을 얻는 방법을 추구하는 성향. 내 것을 잘 챙기는 힘.

● 관성: 일간(나)이 극을 당하는 오행. 인성을 생하고 비겁을 극한다.

나를 억압하는 힘으로, 나를 있는 그대로 두지 않고 강제하여 따르게 만드는 사회 제도, 시스템, 학교, 회사, 웃어른이다. 관성이 강한 사람은 사회 시스템을 우선하고 거기에 자신을 맞추려 한다.

- **편관:** 일간과 음양이 같은 오행. 편관이 있으면 특수하고 험난한 환경에 있다고 해석한다. 매우 강한 기운으로 칠살七殺이라고도 불린다. 이를 제어할 방법을 찾는 것이 개운법開運法의 핵심이다.
- **정관:** 일간과 음양이 다른 오행. 내가 적당히 받아들일 수 있는 시스템과 압박감을 의미한다.

● 인성: 일간(나)을 생해주는 오행. 비겁을 생하고 식상을 극한다.

하늘이 나를 돕는 기운으로 세상을 이해하고 받아들이는 힘, 하나를 보고도 열을 알아내는 통찰력을 의미한다. 인성이 강한 사람은 똑똑하고 이득을 얻을 방법을 잘 알지만, 행동력이 떨어지는 편이다.

- **편인:** 일간과 음양이 같은 오행. 좋아하고 관심 있는 특정 분야를 고집하고 파고들게 만드는 힘이다. 예술적인 성향을 띠게 한다.
- **정인:** 일간과 음양이 다른 오행. 반듯하고 정석적으로 공부하며 보편적인 이해를 하도록 돕는 힘이다.

아직 MBTI를 모른다면 일독!

사주와 MBTI는 공통적으로 어떤 사람의 변하지 않는 타고난 본성을
드러내 보여준다. 그래서 이 책에서는 사주의 각 요소가 의미하는 특징
을 우리에게 비교적 친숙한 MBTI를 활용해서 설명해나갈 예정이다.
먼저 MBTI의 각 글자의 의미와 조합 그리고 유형에 관해 알아보자.

MBTI에 쓰이는 각 글자의 의미

MBTI 유형은 네 가지 항목, 여덟 글자로 구성된다. 각 항목은 다음과
같이 대립되는 두 가지 지표로 나뉜다.

● E Extroversion / I Introversion 외향과 내향

E 성향과 I 성향은 사람들이 직관적으로 이해하기 쉬운 영역이다. 흔히
E는 활달하고 사교적인 '인싸', I는 조용하고 소극적인 '아싸'라는 식으
로 알고 있다. 그렇지만 이는 실제와 꼭 들어맞는 설명은 아니다.

  E, 즉 외향형인 사람은 살아가는 데 많은 자극을 필요로 한다. 사람
들과 교류하고 소통하는 것 역시 자극의 한 형태이고, 익스트림 스포츠
나 광범위한 학습 등 여러 가지 요소가 자극으로 작용할 수 있다. 이에
비해 I, 즉 내향형인 사람은 훨씬 적은 수준의 자극만 있어도 충분하다.
오히려 과한 자극에는 스트레스를 받기도 한다. 내향형인 사람은 자신

이 통제할 수 있는 수준의 자극에 만족하며 고요한 상태로 에너지를 충전하는 것을 더 선호한다. 물론 외향인도 충전의 시간이 필요하고, 내향인도 특정 분야에서는 활달하게 에너지를 쏟아낼 수 있다. 그러나 외향인은 약간의 휴식을 갖고 나면 또다시 새로운 것을 찾아 에너지를 쏟고 싶어할 것이고, 내향인은 쏟아낸 에너지만큼의 휴식을 반드시 확보하려고 할 것이다.

♥ SSensing/NiNtuition 오감 중시와 의미 중시

문자 그대로 해석하면 S는 감각형, N은 직관형이다. 세상을 이해하는 근본적인 사고방식이 무엇에 해당하느냐를 따지는 것이다.

S, 즉 감각형인 사람들은 세상을 있는 그대로 느낀다. 오감을 활용해 얻어낸 정보들에 다른 의미를 부여하지 않고 특별한 주석을 달지도 않는다. 이들에게 세상은 자신이 느끼고 파악한 부분들이 모인 합이다. 이들에게 "인생이란 무엇일까?" 같은 추상적이고 통합적인 질문을 던지면 고개를 갸우뚱한다. 그리고 인생의 의미는 사람마다 다르며, 각각의 사람들 자체를 탐구해야 조금씩 알아갈 수 있는 것이라고 생각한다.

N, 즉 직관형인 사람들은 눈앞에 주어진 정보를 넘어선 의미와 가치관까지 고려하며, 현상과 의미 모두를 하나로 연결하는 통합적 사고방식에 능하다. 이들은 적은 정보만 가지고도 그것들을 유기적으로 연결해서 하나의 흐름을 구성한다. 그렇지만 감각형인 사람들에 비해 세세한 요소를 정확하게 인식하는 데 어려움을 느낀다. 이들은 "인생이란 무엇일까?"라는 질문에는 나름의 창조적이고 추상적인 대답을 늘어놓

을 수 있지만, 조금 전 지나친 사람의 인상착의와 뚜렷한 특징을 설명해 보라고 하면 주춤거린다.

♥ T Thinking/F Feeling 논리 중심과 가치 중심

네 가지 항목 가운데 오해가 가장 널리 퍼진 항목이다. 흔히 사람들은 T 성향은 이성적이고 합리적이며, F 성향은 감정적이고 공감력이 높다고 생각한다. 이는 T 성향인 사람들이 무정하고 무심하며 타인의 감정과 사정을 헤아릴 줄 모른다는 인식으로까지 발전했는데, 그 결과 SNS에서 "너 T야?"와 같은 밈이 유행하기도 했다. 그러나 이러한 인식은 사실과 전혀 다르다. T 성향인 사람도 얼마든지 비이성적이고 비합리적으로 행동할 수 있고, T 성향인 사람보다 훨씬 이성적이고 합리적인 F 성향 사람들도 얼마든지 있다.

T, 즉 사고형인 사람들은 주어진 조건을 기반으로 합리적인 결과를 도출하는 과정에서 단선적인 논리를 가장 중시한다. 이들은 필요한 최소한의 조건들만 고려해서 가장 효율적으로 결론을 도출해낸다. 그 외의 것들은 필요에 따라 덧붙이는 부차적인 요소일 뿐이다. T 성향인 사람들이 곤란에 처한 타인을 배려하는 방법은 달래는 말 백 마디를 늘어놓는 것이 아니라 문제 자체를 빠르게 해결해주는 것이다. 즉 'T들은 공감과 위로에 서툴다'는 인식은 T들이 공감하고 배려하는 방식을 이해하지 못해 생긴 오해일 뿐이다.

F, 즉 감정형인 사람들은 의사결정 과정에서 가치에 관한 고려를 훨씬 많이 반영한다. 가치란 때로는 사랑이나 우정이 될 수도 있고, 공

동체의 사기 진작이나 장기적인 나의 평판 등일 수도 있다. 예를 들어 회의 중에 팀원에게 반대 의견을 말해야 할 때 T 성향인 사람들은 '의미 전달' 자체에 초점을 두고 직설적인 화법을 사용하는 경우가 많다. 그러나 F 성향인 사람들은 반대 의견을 듣는 사람의 사회적 체면, 팀 내에서 자신의 위치, 팀 전체의 사기와 회의 분위기 등 여러 가지 맥락과 요소를 고려하여 조금 더 신중하고 조심스러운 화법을 사용하고는 한다.

● P Perceiving/J Judging 목적 지향과 일정 지향

이 항목 역시 T/F처럼 오해가 널리 퍼져 있다. 흔히 P 성향인 사람은 무계획적이고 J 성향인 사람은 강박적일 정도로 계획적이라고들 알고 있다. 이 말이 사실이라면 직장생활을 하는 모든 사람은 J일 것이고 백수는 모조리 P일 것이다. 당연히 사실과 전혀 다르다.

P, 즉 인식형인 사람들은 변화하는 외부 환경에 개방적이고 유연한 태도를 보인다. 이들은 최선의 선택을 내리기 위해 가능한 많은 정보를 받아들이려 하고, 그래서 결정을 서두르지 않는 경향이 있다. 이를테면 '가장 원하는 음식을 먹기 위해 배가 고프기 전에는 메뉴 고민을 시작하지 않는' 유형이다. 또 필요할 때 필요한 행동을 취하기 위해 미리 엄밀한 규칙을 정해두거나 일정을 빡빡하게 잡지 않으려 한다. 물론 유능한 P들은 일정에 적응해서 적시에 원하는 결과를 도출해낼 줄 안다. 그러나 이를 위해 '내 방식대로 일하게 해줄 것'을 요구할 가능성이 크다.

J, 즉 판단형인 사람들은 주어진 요소와 조건을 기반으로 결과를 예측하고 판단해서 결정을 빠르게 내리고자 한다. 이를테면 '무엇을 먹든

8시 전에 저녁식사를 끝낸다'라고 생각하는 사람들이다. 이들은 시간의 흐름을 파악하고 배분함으로써 자신에게 주어진 자원을 통제하고 예측 가능한 상황 속에 두려고 노력한다. 따라서 이들은 무질서하고 체계 없는 환경을 좋아하지 않으며, 그런 상황에 놓이는 경우 자기만의 규칙을 만들어서 행동하는 경향을 보인다.

MBTI 글자의 조합으로 알 수 있는 것

MBTI의 유형은 모두 16개다. 각 유형에 관한 설명은 조금 뒤에서 다루고, 여기서는 MBTI의 유형들을 공통 성향으로 묶어서 살피는 방법을 이야기하겠다. 이때는 특히 두 가지의 글자를 조합하여 분류하는 방식이 자주 쓰이는데, 가장 많이 쓰이는 조합은 xSxJ, xSxP, xNTx, xNFx다.

xSxJ에 해당하는 유형은 ISTJ, ISFJ, ESTJ, ESFJ가 있다. 이 조합은 현실적인 S의 특성과 상황에 빠르게 적응하여 결론을 도출하는 J의 특성을 함께 가진 유형이다. 이들은 어느 조직에서든 무난히 적응해서 자기 몫을 해내고 조직이 굴러가게 만든다.

xSxP에 해당하는 유형은 ISTP, ISFP, ESTP, ESFP가 있다. 이 조합은 제반 조건을 파악하는 데 능하고 여러 가능성 가운데 가장 효율적인 방법을 찾아낼 수 있는 사람들이다. 이들은 형식에 얽매이지 않으면서 현실에 적용할 수 있는 해결책을 찾아내는 재주가 있다.

xNTx와 xNFx는 공통적으로 자아를 투영해서 세상을 해석하고, 이에 맞춰 설정한 방향대로 살아가고자 하는 관념적인 성향을 보인다. 그런데 xNTx에 해당하는 사람들은 판단의 기준이 되는 자기 자신, 자아의 실현, 자기를 통한 세계의 해석에 몰두하는, 소위 말하는 '기가 센' 사람들이다. 이들은 논리적이고 토론에 능하며 자기만의 확신으로 세상을 설득하려 한다. 여기에 해당하는 유형은 INTJ, INTP, ENTJ, ENTP가 있다.

xNFx에 해당하는 사람들은 보편적 도덕이나 인류애, 사람들과의 관계 속에서 자아를 찾고 세계와 관계를 맺는다. 이들은 세상에는 나 자신보다 더 중요한 가치가 있을 수 있음을 이해하고 그런 공동체적 가치관을 위해 스스로를 헌신할 수 있다. 여기에 해당하는 유형은 INFJ, INFP, ENFJ, ENFP가 있다.

앞서 말한 네 가지 말고 다른 두 글자끼리의 조합도 얼마든지 가능하다. 예를 들어 IxxJ는 16개 유형 가운데 가장 조용하고 차분하며 신중하고 꼼꼼한 성향을 보인다. ExxP는 가장 대범하며 자유분방하다. ExFx는 상냥하고 사교적이며, IxTx는 독립적이고 비사교적인 편이다. xxTJ와 xxTP는 결론과 가능성이라는 지향의 차이로 인해 논지 전개 방식이 서로 다르게 나타난다.

이렇듯 MBTI 각 글자의 의미를 이해하면 이들이 조합되었을 때 해당 성향을 지닌 사람들이 대략 어떤 특징을 가질 것인지 유추해볼 수 있다. 예를 들어 ISTJ 유형인 사람이 있다고 해보자. 이 사람은 내향적이고 독립적인 IxTx의 성향과, 보수적이며 성실하며 사회에서 요구하는 관습을 잘 수행하는 xSxJ의 성질이 결합돼 있다. ISTJ는 한국에서 가장 많은 인구를 차지하는 유형으로, 조용하고 성실하게 맡은 바를 수행해나가는 '빛과 소금' 같은 사람들이다. 이번에는 정반대인 ENFP 유형의 사람을 보자. 이들은 가치와 정서를 중시하는 xNFx 성향과 틀에 얽매이지 않고 자유분방한 ExxP 성향이 결합돼 있다. 이들은 상냥하지만 자유롭고 도전적인 '아이디어 뱅크' 같은 사람들이다. 딱딱한 시스템에 얽매이는 것보다 인간적인 가치관을 중시하고, 자신의 양심과 신념이 옳다고 여기는 방향으로 나아간다.

MBTI 16개 유형의 특징과 대표적 인물

MBTI 16유형의 특징을 간략히 설명하면 다음과 같다. 자신의 MBTI를 알고 있는 독자라면 여기서 자기 유형의 특징을 읽어보자. 그리고 이 책과 함께 자기 사주를 해석해나가며 내 사주의 어떤 부분이 MBTI의 어떤 성향으로 나타나는지 파악해보면 재미있을 것이다.

● ISTJ 책임감 있는 현실주의자 The Responsibel Realist

조용하고 신중하며, 철저함과 확실성으로 좋은 결과를 얻고자 한다. 구체적이고 사실적이며, 현실적이고 책임감이 강하다. 해야 할 것을 논리적으로 결정하고 흐트러짐 없이 꾸준히 해나간다. 체계적으로 자신의 일, 가정, 삶을 구성해나갈 때 기쁨을 얻고 전통과 성실을 가치 있게 여긴다.

대표적 인물 다아시(《오만과 편견》), 네드 스타크(《왕좌의 게임》)

● ISTP 논리적인 실용주의자 The Logical Pragmatist

현상을 관조적으로 바라보고 유연하게 수용한다. 문제가 발생할 때까지 조용히 관찰하지만, 일단 발생하면 실행 가능한 해결책을 찾기 위해 빠르게 움직인다. 문제의 현실적인 원인을 분석하고, 핵심을 구체적으로 파악하기 위해서 많은 양의 정보를 처리한다. 원인과 결과에 관심이 많고, 사실을 논리적으로 구조화하고자 하며, 효율성에 가치를 둔다.

대표적 인물 박명수, 전지현, 세븐틴 버논, 서태웅(《슬램덩크》), 조로(《원피스》)

● ISFJ 실용적인 조력자 The Practical Helper

조용하고 다정하며, 세심하고 성실하며 책임감이 강하다. 자기 의무에 헌신적이고, 이를 꾸준하게 실현해나간다. 철저하고, 노고를 아끼지 않으며, 사려 깊고 정확하다. 타인, 특히 자신에게 중요한 사람들의 감정에 관심이 많고, 그들과 관련된 구체적인 것을 잘 알아차리고 잘 기억하는 편이다. 직장과 가정에서 정돈되고 조화로운 환경을 만들기 위해 노력한다.

대표적 인물 장도연, 박지성, 최강창민, 세븐틴 정한, NCT 도영, 왓슨(《셜록 시리즈》)

● ISFP 다재다능한 조력자 The Versatile Supporter

정이 많고 조용하며, 정서에 민감하고 친절하다. 지금 현재와 주변에서 일어나는 일들을 즐기고 자신만의 공간과 시간 안에서 일하는 것을 좋아한다. 자신의 가치를 중요시하며, 의미 있는 사람들에게 충실하고 헌신적이다. 논쟁과 갈등을 싫어하며, 자신의 의견이나 가치를 다른 사람들에게 강요하지 않는다.

대표적 인물 유재석, 권정열, 양세찬, 다비치 이해리, 해리 포터(〈해리 포터 시리즈〉)

● ESTJ 효율적인 주최자 The Efficient Organizer

구체적이고 현실적이며 사실적이다. 결론을 짓고자 하고 결정된 것을 이행하기 위해 빠르게 움직인다. 프로젝트를 구조화하고, 사람들을 조직하며, 가능한 가장 효율적인 방법으로 결과를 얻는 것에 초점을 맞춘다. 명확한 일련의 논리적 기준을 가지고 있고, 규칙적으로 그것에 따르며 다른 이들도 그러기를 바란다. 자신의 계획을 추진해나갈 때 영향력을 행사하고자 한다.

대표적 인물 김구라, 배윤정, 헤르미온느(〈해리 포터 시리즈〉)

● ESTP 에너지 넘치는 해결사 The Energetic Problem Solver

상황에 유연하며, 즉각적인 결과에 초점이 맞춰진 현실적인 접근을 선호한다. 이론과 개념적인 설명은 지루해하며, 문제 해결을 위해 활동적으로 움직인다. 지금 현재 벌어지는 일에 관심이 많고, 타인들과 활기차게 만끽할 수 있는 매 순간을 좋아한다. 감각적인 편안함과 스타일을 즐긴다. 현실적이고 실제적인 경험을 통해서 배워나간다.

대표적 인물 소녀시대 효연, 청명(〈화산귀환〉), 프랑키(〈원피스〉), 유명한(〈명탐정 코난〉)

● ESFJ 헌신적인 공헌자 The Supportive Contributor

마음이 따뜻하고, 양심적이고 협조적이며 주변 상황이 조화롭고 화합

되기를 원한다. 목표를 성취하기 위해 결정권을 가지고 일하기 좋아하며, 정확한 시간 안에 업무가 완수되기를 원한다. 혼자보다 타인들과 함께 일하는 것을 좋아한다. 사소한 일들도 성실하게 끝까지 해내며, 자신의 존재와 기여를 인정받기 원한다. 일상생활에서 타인들의 필요를 잘 알아채며, 그것을 제공하기 위해 노력한다.

대표적 인물 손흥민, 황광희, 피오, 슈퍼주니어 규현, 란(<명탐정 코난>), 가영(<이누야샤>)

● ESFP 열정적인 즉흥가 The Enthusiastic Improvisor

사교적이고 다정하며, 수용적이고 긍정적이다. 타인들과의 상호작용과 물질적인 편안함을 추구한다. 타인들과 함께 일하는 것을 즐기며, 상식적, 현실적인 접근으로 일을 재미있게 하고자 한다. 융통성이 있고 자발적이며, 새로운 사람들과 환경에 빨리 적응한다. 사람들과 함께하는 경험을 통해 가장 잘 학습한다.

대표적 인물 지석진, 김호영, 백지영, 손오공(<드래곤볼>), 나미(<원피스>)

● INTJ 형이상학적 계획자 The Conceptual Planner

독창적이고 창의적인 마인드를 지녔으며, 자신의 아이디어를 실현하고 목적을 성취하고자 하는 욕구를 지니고 있다. 사건의 패턴을 빨리 파악하여 광범위한 설명을 해낼 수 있고 앞으로의 전망을 제시한다. 일을 조직화하고, 포괄적으로 수행한다. 회의적이고 독립적이며, 자신과 타인의 업무 수행과 관련해 높은 기준을 가지고 있다.

대표적 인물 강동원, 김윤아, 이수혁, 김범, 스네이프(<해리포터 시리즈>), 베지터(<드래곤볼>)

INTP 객관적인 분석가 The Objective Analyst

이론적이고 추상적이며, 자신의 관심 영역에 논리적이고 이론적인 설명을 하고자 한다. 타인과의 상호작용보다는 아이디어에 더 관심이 있다. 조용하고 유보적이며, 유연성 있고 적응력이 있다. 관심 분야의 문제 해결에 깊이 집중하는 모습을 보인다. 회의적이며, 때로는 비판적이고 항상 분석적이다.

대표적 인물 침착맨, 김대호, 홍진호, G-IDLE 전소연, 셜록 홈즈(〈셜록 시리즈〉), L(〈데스노트〉), 코난(〈명탐정 코난〉)

INFJ 통찰력 있는 선구자 The Insightful Visionary

아이디어, 관계, 물질 안에서 의미와 연관성을 찾는다. 사람들의 동기를 이해하기 원하고, 다른 사람들에 대한 통찰력을 지니고 있다. 자신이 믿는 확고한 가치를 양심적으로 수행한다. 공동의 선을 추구하기 위한 명확한 비전을 개발하고, 자신의 비전을 수행하기 위해 사람들을 조직화하고 동기화시킨다.

대표적 인물 임영웅, 김이나, EXO 카이, 덤블도어(〈해리 포터 시리즈〉), 유정(〈치즈 인 더 트랩〉), 간달프(〈반지의 제왕〉)

INFP 사려 깊은 이상주의자 The Thoughtful Idealist

이상주의자이며, 자신에게 의미 있는 가치나 사람들에게 충성한다. 자신의 가치와 조화를 이룰 수 있는 외부 세계를 원한다. 호기심이 많고, 어떠한 일의 가능성을 보는 경향이 있으며, 아이디어를 수행하기 위한 촉매 역할을 한다. 사람들의 본질을 이해하려 하고, 이들의 가능성을 성취할 수 있도록 돕는다. 자신들의 가치가 위협받지 않는 한 잘 적응하고, 융통성이 있으며, 수용하는 편이다.

대표적 인물 배두나, 엄태구, 구교환, 강호동, 김숙, 조승우, 세븐틴 도겸, 프로도(〈반지의제왕〉)

● ENTJ 결단력 있는 전략가 The Decisive Strategist

솔직하며 결단력 있고 타인들을 이끌고자 한다. 비논리적이거나 비효율적인 절차와 정책을 빨리 간파하고, 조직의 문제를 해결하기 위한 포괄적인 시스템을 개발하고 수행한다. 지식을 확장하고자 하고, 그것을 타인에게 전달하는 것을 즐긴다. 장기 계획과 목표를 설정하고 아이디어와 비전을 뚜렷하게 표현하며 관철시킨다.

대표적 인물 백종원, 이지영, 모니카, 샤이니 키, 라이토(〈데스노트〉)

● ENTP 진취적인 탐험가 The Enterprising Explorer

상황을 바르게 이해하고, 활기차고 기민하며 거리낌 없이 표현한다. 새롭고 도전적인 문제를 해결하는 데 흥미를 느끼며, 개념적 가능성을 창출한 뒤 전략적으로 그것을 분석한다. 사람들과 상황의 전반적인 흐름을 읽어내고자 한다. 일상적인 일은 지루해하며, 똑같은 일을 똑같은 방식으로 처리하는 경우가 드물다. 관심의 폭이 넓고, 한 가지 흥미는 또 다른 것으로 바뀌기 쉽다.

대표적 인물 리정, 코드 쿤스트, NCT 쟈니, 토니 스타크(〈MCU〉), 정대만(〈슬램덩크〉)

● ENFJ 인정 많은 중재자 The Compassionate Facilitator

따뜻하고 감정이입을 잘하며, 표현이 활발하고 책임감이 있다. 타인의 정서, 욕구, 동기에 관해 높은 관심을 가지고 있다. 모든 사람의 잠재성을 찾는 동시에 그것을 실현시킬 수 있도록 돕는다. 집단 안에서 다른 사람들과의 상호작용을 촉진시키며, 성장을 위한 촉매 역할을 한다. 비전과 목표에 대해서 사람들을 동기화시키는 리더십을 발휘한다.

대표적 인물 오바마, 김연경, 이찬원, 효진초이, 세븐틴 민규, 오마이걸 승희, 상디(〈원피스〉)

● ENFP 창의적인 동기 부여자 The Imaginative Motivator

열정적이고 따뜻하며 상상력이 풍부하다. 세상을 가능성이 풍부한 곳으로 바라본다. 사건과 정보를 잘 연관지으며, 자신만의 패턴을 기반으로 자신감 있게 일을 진행시킨다. 타인들로부터 칭찬받기를 원하며, 감사와 지지를 잘 표현한다. 자발적이고 융통성이 있고 열정적이며, 때때로 즉흥적으로 유창한 언변을 발휘한다.

대표적 인물 이효리, 하하, 재재, 세븐틴 부승관, 다비치 강민경, 나루토(〈나루토〉), 루피(〈원피스〉), 강백호(〈슬램덩크〉)

1부

축하합니다.
인프피로
태어나셨습니다.

: 나를 구성하는 본질의 이해

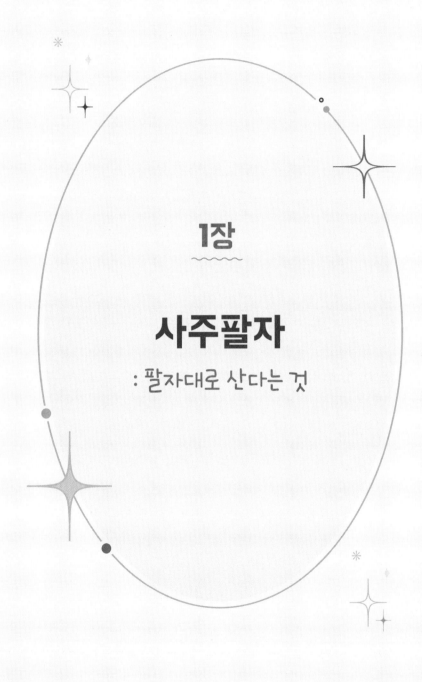

1장

사주팔자

: 팔자대로 산다는 것

연주

	시주	일주	월주	연주
천간	壬 조 임水	戊 조 무土	丙 조 병火	己 습 기土
지지	子 한조 자水	午 난습 오火	子 한조 자水	卯 난습 묘木

그림 01-01 연주

앞서 사주 용어를 설명하며 사주팔자와 사주원국을 간단히 설명했다.(16쪽 참조) 이제 조금 더 자세히 연주, 월주, 일주, 시주에 대해 알아보자. 인터넷에서 만세력을 검색해 자신의 생년월일을 넣고 나오는 사주팔자를 옆에 두고 함께 읽으면 이해가 쉬울 것이다.

사주원국에서 연주의 자리는 그림 01-01 과 같다. 사주에서 네 가지 기둥이 가지는 의미는 역술가마다 조금씩 다르게 해석한다. 연주의 경우 정석적으로는 '어린 시절'을 의미한다고 보고, 조부모의 자리로 여겨 할아버지와 할머니가 내 인생에 어떤 영향을 끼치는지를 나타낸다고 보기도 한다. 내 경우에는 연주의 의미를 '태어나서부터 20살 무렵까지 주어진 인연'으로 해석한다. 그리고 월주는 20세에서 25세까지, 일주는 30세 전후의 시기, 시주는 35세 또는 40세 이후를 나타낸다고 본다.

연주의 특징은 같은 해에 태어난 사람들이 모두 똑같은 연주를 가진다는 점이다. 다음 그림 01-02 를 보자. 음력으로 2000년에 태어난 사람들은 경진 연주에 해당하여 모두 똑같이 사주의 연주 자리에 경금庚 연간과 진토辰 연지가 자리한다.

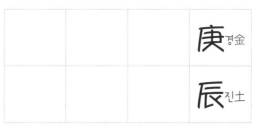

그림 01-02 2000년생의 연주

　　참고로 경금과 진토가 엮이는 경우를 사주에서는 '괴강살魁罡殺'이라고 부르는데, 괴강살이 자리하면 무리를 아우르고 지휘하는 기상이 있다고 본다. 그렇다면 2000년생은 모두 '장군감'일까? 당연히 그렇지 않다. 사주의 모든 요소는 단지 하나만 떼어내어 해석하는 것이 아니다. 사주원국에 자리한 전반적인 요소들의 관계와 위치를 따져 종합적으로 살펴야 한다. 어떤 경우에는 경진 연주가 그다지 기능을 하지 않는 사람도 있을 수 있다.

　　연주와 관련하여 사람들에게 익숙한 개념으로 '삼재三災'가 있다. 삼재란 사람이 9년을 주기로 이후 3년간 신체, 재물, 명예 등이 훼손당할 수 있는 재앙을 맞게 된다는 개념이다. 그런데 삼재란 오늘날의 사주 해석에서는 그리 쓰이지 않는 개념이다. 예를 들어 삼재에 따르면 2024년은 용띠에게 힘든 해에 해당한다. 그러나 사주를 풀이한 결과 연주가 내담자의 인생에 미치는 영향이 미미한 경우 삼재란 아무런 의미가 없어진다. 실제로 내가 내담자들의 사주를 해석하며 삼재보다는 '대운大運'의 영향으로 인생에 큰 변화나 부침, 변동이 생기는 경우를 더 자주 보았다. 대운이란 '큰 운'이 아니라 삶의 큰 흐름이고, 10년을 주기로 인생의 큰 흐름이 바뀌는 시기를 의미한다. 그래서 나는 삼재보다는 그 연도가 내담자에게 어떤 영향을 미치는지를 더 중점적으로 살핀다.

월주

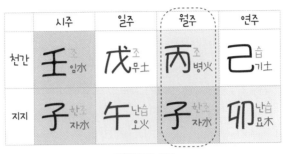

	시주	일주	월주	연주
천간	壬 조 임水	戊 조 무土	丙 조 병火	己 습 기土
지지	子 한조 자水	午 난습 오火	子 한조 자水	卯 난습 묘木

그림 01-03 월주

사주원국에서 월주의 자리는 그림 01-03 과 같다. 월주는 그 사람이 좋아하고, 잘 쓰고, 가까이 두고 상시 활용하려고 하는 기능을 의미한다.

월주가 사주원국에 미치는 영향은 연주와 비교도 되지 않을 만큼 크다. 사주원국에는 '나'를 나타내는 자리가 있는데, 바로 일주의 천간인 '일간'이다. 일간에 가까이 자리한 글자일수록 그 영향력이 큰 것으로 해석한다. 예를 들어 사주원국의 여덟 글자 가운데 어떤 글자가 딱 하나만 있다고 해보자. 이 글자가 연주 내에 위치하는 경우 그 사람의 인생에 미치는 영향은 미미할 것이다. 그런데 이 글자가 월주에 위치하면 훨씬 커다란 영향을 미친다.

일주에 가깝다고 하면 시주 역시 마찬가지일 텐데, 어째서 월주가 가장 커다란 영향을 미치는 것일까? 사주에서 월주가 중요한 이유는 사주가 자연에서 비롯된 학문이기 때문이다. 사주는 명리학命理學에서 기

원한 것으로, 명리학은 인간의 길흉화복이 자연에서 계절이 순환하는 흐름을 따른다고 보았다. 계절은 곧 월月의 변화로 나타난다. 결국 사주에서 가장 중요한 '계절감'을 책임지는 영역이 바로 월주인 것이다.

지지를 구성하는 열두 개의 글자는 1월부터 12월까지 각각의 달에 대응한다. (19쪽 참조) 즉 월주 가운데서도 월지는 사주원국의 계절감과 매우 밀접하게 연관된다. 따라서 사주를 해석할 때도 큰 부분을 차지한다.

연주와 월주를 함께 묶어 '사회궁'이라 부르기도 한다. 이는 말 그대로 어떤 사람이 사회생활을 하면서 사용하는 기능과 영역이다. 반대로 일주와 시주는 나의 사적인 영역으로 내가 혼자 있을 때 발현되는 성질 또는 나와 아주 가까운 사람들만 알고 있는 나의 진짜 모습을 나타낸다.

MBTI를 예로 들면, 어떤 사람이 E 성향인지 I 성향인지, T 성향인지 F 성향인지는 가까이서 조금만 이야기를 나눠보면 금세 파악할 수 있다. 하지만 이 사람이 N 성향인지 S 성향인지는 얼른 알아내기 어렵다. 사주의 사회궁은 E/I, T/F처럼 조금 더 눈에 띄고 뚜렷한 특징, 그리고 일주와 시주는 N/S처럼 내면적이고 파악하기 어려운 부분이라고 생각하면 된다. 연주는 그 사람의 첫인상과, 월주는 적성과 관련이 깊다. 따라서 사주풀이를 통해 직업 상담을 하는 경우 연주와 월주의 모양과 흐름을 보며 내담자가 사회적으로 가지고 있는 성격과 수행할 수 있는 역할을 찾아보게 된다.

여기는 '오행'(71쪽 참조)과 '십신'(137쪽 참조)을 읽은 다음 읽어보세요.

지지와 MBTI

앞서 사주원국에서 월지는 사주를 해석할 때 큰 부분을 차지한다고 언급했다. 지지 가운데서 월지는 연지나 시지에 비해 사람의 성격을 형성하는 데 훨씬 더 큰 영향을 미친다. 다음 그림 01-04 를 보자.

그림 01-04 1995년생인 어떤 사람의 사주

1995년생 돼지띠인 어떤 사람의 사주를 가져온 것이다. 여기서 일간은 음간인 신금辛이다. 지지를 보면 연지와 시지에 해수亥를 가지고 있다. 해수는 물의 성질이기 때문에 생각이 많고 조용한 성향으로 나타난다. MBTI로 치면 N의 성질에 가까우며, 실제로 사주에 수가 많은 사람은 N 성향이 많다.

그런데 이 사람의 월지에는 진토辰가 자리해 있다. 토는 현실적이고 차분한 성향으로 나타나며, MBTI로 치면 S의 성질에 가깝다. 사주에 토가 많은 사람일수록 S 성향인 경우가 많다.

오행의 상생상극을 따져보면 토는 수를 극한다. 또 사주원국에 수와 토가 각각 두 개씩 있지만, 가장 힘이 강한 월지 자리에 토가 중심을 잡고 있어서 이 사람은 N보다는 S 성향이 강하게 나타나게 된다. 실제 이 사람의 MBTI는 ISTJ다. 이처럼 사람의 성향을 살필 때는 월지에 어떤 성질의 글자가 있는지 확인하여 참고할 수 있다.

물론 사주의 각 요소를 MBTI에 일대일로 대응시키는 함수를 완벽하게 만들어낼 수는 없다. 다만 나의 경험칙에 따르면 MBTI를 결정하는 데에는 사주의 오행이 약 60%, 십신이 40% 정도로 작용한다. 이는 특히 S/N과 T/F를 구별하는 데 영향을 미치며, E/I와 P/J 구별은 음양의 개수와 더 관련이 있다.

	시주	일주	월주	연주
천간	壬 조임水	戊 조무土	丙 조병火	己 습기土
지지	子 한조자水	午 난습오火	子 한조자水	卯 난습묘木

그림 01-05 일주

사주원국에서 일주의 자리는 **그림 01-05** 와 같다. 사주원국에는 '나'를 나타내는 자리가 있는데, 바로 일주의 천간인 '일간'이다. 여기서는 무토 戊가 일간에 해당한다. 일주는 나 자신이 포함된 영역이어서 사주 가운데서도 가장 중요한 요소로 여긴다.

그렇지만 일주만 가지고 사람의 성향을 이렇다 저렇다 말하는 것은 내가 가장 싫어하는, 단편적이고 부정확한 사주 풀이법이다. 왜 일주가 내 사주 전체를 설명할 수 없는지, 그렇다면 일주는 어떤 의미를 품고 있는지 알아보자.

사주에서 '나'라는 사람은 내가 태어난 해, 태어난 달, 태어난 날짜에 하늘로부터 내려온 사람이다. 이를 보여주는 것이 바로 일간이다. 일간은 바로 '나 자신, 내 영혼, 나의 핵심 성질'에 해당한다. 그래서 사주원국의 나머지 일곱 자리에서 일간과 다른 어떤 오행이 우세하더라도,

일간에 자리한 딱 하나의 글자는 나를 구성하는 성격의 기본이 된다.

예를 들어 다음 그림 01-06 처럼 일간으로 신금辛을 갖는 사람이 나머지 사주원국에는 목을 많이 가지고 있다고 해보자. 이 사람은 사주원국에 아무리 목이 많아도 본인의 성격 자체는 금의 영향을 크게 받는다. 물론 목이 많으니 확장하고 뻗어나가는 목의 특징은 가질 수 있을 것이다. 하지만 이 사람은 원래 금의 성질인 냉정함과 효율을 따지는 성질을 기본으로 가지고 있으며, 따라서 MBTI로 치면 T가 나오는 경우도 얼마든지 있을 수 있다.

	辛 신金	甲 갑木	
	卯 묘木	寅 인木	

그림 01-06 일간이 신금이고 목의 기운이 많은 사주

물론 일간으로 갑목甲을 가지는 사람이 나머지 사주원국에 금의 기운이 강하여, 본질은 xNFx임에도 T가 나올 수 있다. 그러나 실제로 사주를 보다 보면 일간의 성질을 따라 "저는 ENFJ예요"라고 말씀하시는 분들을 종종 본다. 그만큼 일간은 그 사람의 성격을 형성하는 기본이 된다.

그러나 일주가 나의 모든 성격을 결정할 수는 없다. 다음 그림 01-07 을 보자.

이 사람은 일간으로 갑목甲, 일지로 인목寅을 가진다. 일간과 일지의 성격이 비슷하므로 자아가 강한 사람이 될 가능성이 크다. 다만 이는 사주팔자를 이루는 기둥 네 가지 중 한 기둥만 읽은 것으로, MBTI로 비유하자면 MBTI를 구성하는 네 글자 중 한 글자만 추측해낸 것과 같다. ESTJ와 INTP는 'T' 한 글자를 공유하지만, 이 둘의 성격이 비슷하다고 볼 수는 없다. 마찬가지로 '어떤 일주는 성격이 어떠하다'라고 주장하는 것은 'MBTI에 T가 포함된 사람은 모두 성격이 어떠하다'라고 주장하는 셈이다. 아주 일부분은 맞을 수도 있겠지만, 전체적으로 사실과 다를 가능성이 훨씬 크다.

이러한 이유로 사주는 어설프게 배우지 말아야 한다. 섣불리 한두 가지 용어를 배우고서 "나는 경진일주랑 성격이 안 맞아", "나는 신금일간이랑은 잘 못 지내" 같은 선입견을 품지 말아야 한다. 사주는 사주원국의 큰 그림을 살핀 다음, 세부 요소를 하나씩 알아가야만 의미가 있다.

어쨌든 분명한 점은 일주가 사주 중 가장 핵심이 되는 기둥이고, 일간에 자리한 글자가 무엇이냐에 따라 기본이 되는 성격의 해석이 달라진다는 것이다. 그러므로 자기 사주를 깊이 이해하는 것이 목적이라면 자기 일간의 글자가 갖는 의미를 깊이 탐구해보는 것이 의미가 있다.

일간이 '하늘에서 내려온 나'를 의미한다면 일지는 '하늘에서 내려온 내가 만나는 사람'을 의미한다. 다시 말해 일지는 배우자의 자리다. 따라서 일지의 십신은 나에게 배우자가 어떤 사람인지를 나타낸다.

십신의 개념은 뒤에서 자세히 설명할 예정이다. 다만 우선 여기서 설명에 필요한 개념만 간략히 언급하면, 관계에 관한 사주의 전통적인 해석에서 십신의 '재성'은 여성적인 성향을, '관성'은 남성적인 성향을 의미한다. 그리고 '인성'은 나를 돌보고 도와주는 성향을 의미하고, '비겁'은 또래나 친구 같은 존재를 의미한다.

만약 일지 자리에 '정인'이 온다면 내 배우자는 나를 보살피고 챙기는 성향을 보이는 사람일 것이다. 이 자리에 온 글자가 '비견'이라면 내 배우자는 나와 연배나 성향이 비슷해 친구처럼 지낼 수 있는 사람일 것이다. 이때 이 관계는 쌍방이 아니라 나를 기준으로 자신이 느끼는 배우자의 관계에 해당한다. 다시 말해 배우자가 느끼는 나와의 관계는 내가 생각하는 배우자와의 관계와는 다소 다를 수 있다. 이러한 이유로 사주를 통해 궁합을 풀이할 때는 양쪽 사주를 각각 살펴 배우자 자리를 해석해야 한다.

시주

	시주	일주	월주	연주
천간	壬 조 임水	戊 조 무土	丙 조 병火	己 습 기土
지지	子 한조 자水	午 난습 오火	子 한조 자水	卯 난습 묘木

그림 01-08 시주

사주원국에서 시주의 자리는 그림 01-08 과 같다. 앞서 연주와 월주는 사회궁이라 하여 외부에 드러나 보이는 사회적인 모습이고, 일주와 시주는 개인적인 모습에 해당한다고 언급했다. 이 가운데서도 시주는 아주 내면적이고 비밀스러운 영역이며, 부모와 자식 또는 아주 오랜 시간을 함께한 가까운 친구 정도만 알고 있는 숨겨진 나의 모습을 의미한다. 이를테면 사적인 취미 같은 것이 시주의 영역이다.

시주가 나타내는 나의 모습은 겉으로 잘 드러나지 않기 때문에, 내가 내담자의 시주 부분을 해석해주면 '대체 그걸 어떻게 알았느냐?', '혹시 제 친구랑 아는 사이냐?' 등 놀랍다는 반응을 보이고는 한다.

여기는 '십신'(137쪽 참조)를 읽은 다음에 읽어보세요.

심화

시주가 보여주는 나의 진짜 모습

만약 어떤 오행이나 십신이 다른 부분에는 없고 오직 시주에만 있다면 겉으로 보이는 이미지와 실제 자신의 모습이 상당히 차이를 보이는 경우가 많다.

관성이 시주에만 있는 여성이 있다고 해보자. 여성의 사주에서 관성은 남자와의 연애운으로도 작용한다. 이 사람의 경우 연주, 월주, 일주에는 관성이 없으니 남들의 눈에 이 여성은 남자에게 무심하거나 연애 자체에 관심이 없는 사람으로 보일 것이다. 그런데 시주에 관성이 있다면 이 사람은 실제로는 남자를 싫어하지도 않고, 막상 기회가 생긴다면 거리낌 없이 연애를 시작할 수도 있다. 다만 이런 경우 연애를 지극히 사적인 영역으로 여기기 때문에 자신의 연애담을 남들에게 떠들고 다니는 것을 좋아하지 않을 수 있다.

이번에는 식상이 시주에만 있다고 해보자. 식상은 세상에 펼칠 수 있는 나의 재주와 재능, 기술을 의미한다. 그런데 식상이 시주에만 있으면 글을 쓰거나 곡을 만드는 창작활동을 하더라도, 그것을 직업으로 삼지 않고 개인적인 취미로만 즐기는 형태로 나타나게 된다.

식신 가운데 '상관'은 체제에 저항하는 양상을 보이는데, 상관이 월주에 자리한 사람은 부당한 일을 당하면 직접 나서서 따지면서 체제에 적극적으로 대항하는 모습을 보이곤 한다. 그런데 상관이 시주에만 자리해 있다면, 겉으로는 순종적으로 보일 수 있으나 내심으로는 관의 영역인 '남자', '상사', '자신을 옭아매는 시스템'을 매우 싫어한다. 다만 이러한 분노를 아주 가까운 사람들에게만 털어놓거나 비공개 SNS 등으로 은밀하게 해소하고 마무리하는 정도에 그치곤 한다.

사회궁에 재성이 없는 사람은 물욕이 없고 사심도 없는 선비처럼 보일 수 있다. 그러나 이 사람의 시주에 재성이 있다면 집에는 비싼 와인이나 위스키 컬렉션이 있다거나, 자기가 챙겨야 할 물질적 보상을 나름대로 잘 챙기고 있을 수 있다.

연주와 월주의 십신이 보여주는 성향이 일종의 균형을 이루고 있을 때, 일주와 시주에 어떤 십신이 자리하느냐에 따라 어느 한쪽으로 기우는 경우가 많다. 예를 들어 어떤 사람의 연간에는 정관, 월간에는 상관이 있다고 해보자. 이런 사람은 시스템을 이해하고 받아들이는(정관) 동시에 시스템에 반항하는(상관) 성질도 함께 가지고 있다. MBTI로 설명하자면 J의 성질과 P의 성질을 둘 다 50%씩 가지는 셈이다. 이때 일주와 시주에 상관이 있으면 이 사람은 시스템에 반항하는 성향으로 기운다. 그런데 정관이 있다면 회사에서는 과도한 업무와 지시에 다소 반항하는 모습을 보이지만, 개인적으로는 할당된 목표를 달성하기 위해 집에서도 일하는 모습을 보일 수 있다. 만약 시주에 있는 관성이 편관이라면 무리를 할 만큼 이 성향이 매우 집요해지고 강력해진다.

네 개의 천간 자리 중 연이은 두 자리에 같은 글자가 위치하는 경우가 있는데, 이를 '병존並存'이라 한다. 병존이 나타나는 경우 해당 글자의 성향을 아주 강하고 세게 나타낸다고 보면 된다. 그런데 이 병존이 일간과 시간이 연이은 '일시병존'인지, 일간과 월간이 연이은 '일월병존'인지에 따라 그 사람의 성향을 주변에서 인지하고 있는지 여부가 달라질 수 있다.

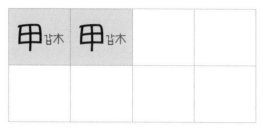

그림 01-09 일간과 시간에 자리한 갑갑병존

예를 들어 그림 01-09 처럼 일간과 시간에 '갑갑병존甲甲竝存'을 가지는 사람이 있다고 해보자. (그리고 연주와 월주에는 양간을 가지지 않는 경우다.) 이 사람은 사회궁의 스케일이 크지 않기 때문에 겉으로는 조용하고 얌전하게 보인다. 그러나 갑갑병존은 본래 '아주 큰 리더십'과 '무한대로 발휘되는 다정한 오지랖'을 의미한다. 갑갑병존인 사람은 소외당하는 사람들을 자기가 손수 다 챙겨야 직성이 풀린다. 그런데 갑갑병존이 일주와 시주에 있으면 그 사람의 리더십은 가까운 주변 친구들만 나서서 챙기는 선에서 그칠 수 있다. 이런 경우 갑갑병존임에도 MBTI가 ISFP같은 내향인으로 나올 수 있다.

여기까지 연주, 월주, 일주, 시주까지 사주의 네 가지 기둥에 관해 알아보았다. 이처럼 어떤 사람의 연주와 월주, 일주를 알면 그 사람의 사회적인 모습과 개인적인 모습을 대략적으로 살필 수 있다. 여기에 시주 두 글자가 더해지더라도 그 사람의 아주 내밀하고 은밀한 성향이나 개인적인 취미 같은 세세한 면모는 추가될지언정 틀 자체가 변화할 가능성은 작다. 생년월일만 알고 생시를 모르는 유명인들의 사주를 역술가들이 풀이할 수 있는 이유다.

내가 사주 상담을 할 때는 내담자에게 직업이나 전공을 먼저 물어보지 않는다. 이를 듣고 나면 정답지를 미리 알고 시작하는 것이나 다름없다. 그러면 내담자들 입장에서도 신뢰가 가지 않고 재미도 없을 것이다. 나는 내담자들에게 먼저 연주, 월주, 일주, 시주의 네 가지 기둥, 그리고 천간과 지지의 의미를 간략히 설명해준다. 다음으로는 글자들의 위치를 고려했을 때 사회생활은 이러한 면모를 보이지만 개인적으로는 이런 성향도 있을 것이라는 풀이를 들려준다. 그러면서 이때 어울리는 직업이나 전공은 이러이러하다고 예시를 든다. 이후에야 내담자의 직업이나 전공을 물어본다.

이때 나타나는 반응은 두 가지다. 하나는 나의 해석과 너무 잘 맞아떨어져서 놀라는 경우, 다른 하나는 본인의 전공이나 직업이 나의 해석과 영 동떨어진 경우다. 재미있는 점은 후자의 경우 사주를 보러 온 이유를 물어보면 태반이 자신의 진로가 본인의 적성이나 성향과 맞지 않아서 고민이 깊다고 대답한다는 점이다. 그러면 나는 내가 해석한 이 사람의 성향에 맞추어 어느 계열이 본인의 타고난 성향과 잘 맞을 수 있는지 상담해주고, 때로는 적극적으로 추천도 해준다.

이 책을 읽는 독자들 가운데서도 진로와 적성과 관련한 고민이 있다면 자신의 연주와 월주, 일주와 시주를 유심히 들여다보았으면 한다.

2장

음양

: 사주를 알려면 음양부터

사주의 기본, 음양

사주를 보러 오시는 분들이 자주 묻는 질문이 있다.

"제가 돈을 좀 벌 수 있을까요?"
"내년 공무원 시험에 합격할 수 있을까요?"
"이번에 이직하는데, 새로 만난 동료들이랑 잘 지낼 수 있을까요?"

이러한 질문을 던지시는 분들은 흔히 '돈은 재성', '시험 합격은 관성', '인간관계는 인성'으로 연관지어 자기 사주에 재성이나 관성 또는 인성이 얼마나 포함되어 있는지 궁금해하곤 한다. 먼저 언급하자면 재성은 부자가 되는 운명과 직결되지 않고, 시험 합격은 관성과 무관하지 않지만 결정적이지는 않으며, 인간관계는 인성과 크게 관련이 없다. 또 사주에서 재성, 관성, 인성 등의 십신은 물론 중요하기는 하지만, 이보다는 각각의 오행이 가지는 영향이 더 크다. 게다가 십신과 오행 외에도 다른 중요한 개념들이 여럿 있다.

이번에는 사주 해석의 가장 기초이자 큰 틀이라 할 수 있는 '음양陰陽'에 대해 알아보자.

먼저 기억해둘 것은 사주의 모든 요소가 '양'과 '음'의 두 가지 성질로 나뉜다는 점이다. 이때 양과 음은 단지 '서로 반대인 것'이라기보다는, 어떠한 흐름을 '크게 벌이는 경향'과 '작게 단속하는 경향'이라고 이해하면 된다.

사주에는 '목, 화, 토, 금, 수'라고 하는 '오행五行'이 존재하는데, 각 오행마다 양의 성질을 가지는 것과 음의 성질을 가지는 것이 있다. '양의 성질을 가지는 목, 음의 성질을 가지는 목, 양의 성질을 가지는 화, 음의 성질을 가지는 화…' 등으로 나뉘는 식이다.

양과 음의 성질을 가지는 오행 열 개를 '십간十干'이라 불리는 열 개의 글자, '갑을병정무기경신임계'와 각각 짝지으면 '천간'이 된다. 천간은 하늘에 투영된 순수한 오행의 기운으로, 사주원국의 여덟 글자 중 윗줄 네 글자의 구성 요소가 된다. 천간의 음양은 다음 그림 02-01 과 같다.

구분	양	음
목	갑목甲	을목乙
화	병화丙	정화丁
토	무토戊	기토己
금	경금庚	신금辛
수	임수壬	계수癸

그림 02-01 천간의 음양

사주원국의 여덟 글자 중 아랫줄 네 글자는 '지지地支'라고 부른다. 지지는 열두 마리 동물을 나타내는 십이지, 즉 '자축인묘진사오미신유술해'를 각각 오행과 짝지은 것이다. 흔히 나이를 구분할 때 '양띠, 말띠, 용띠' 등으로 구분하는 그것이다.

지지는 땅에서 이루어지는 사람의 실제 행동양식을 의미한다. 지지는 그 내부에 '숨어 있는 천간들'인 지장간支藏干을 갖는다. 하늘에서는 오직 한 가지로 구성된 순수한 기운인 천간이 땅에서는 두세 가지가 하나로 엮인 실타래가 되어 무늬를 만들고, 서로 다양한 관계를 맺어간다고 이해하면 된다.

오행이 지지와 짝지어질 때는 토의 기운만 두 가지 더 추가되어 모두 열두 개로 십이지와 하나씩 대응한다. 지지 역시 절반은 음의 성질을, 나머지 절반은 양의 성질을 띤다. 지지의 음양을 표시하면 다음 그림 02-02 와 같다.

구분	양	음
목	인목寅	묘목卯
화	사화巳	오화午
토	진토辰, 술토戌	축토丑, 미토未
금	신금申	유금酉
수	해수亥	자수子

그림 02-02 **지지의 음양**

천간이 내면적이고 관념적인 영역이라면, 지지는 사람이 실제로 말하고 행동하고 행동하는 방식, 현실로 구현되는 모습이 된다. 그래서 같은 오행이어도 천간에 분포하는지 지지에 분포하는지, 그것이 음의 성질인지 양의 성질인지에 따라 의미하는 바가 달라진다. 예를 들어 어떤 사람의 천간, 특히 연간와 월간에 관성이 자리해 있는데 지지에는 없다고 해보자. 이때 관성은 '사회의 시스템을 받아들이는 성향'을 의미한다. 천간과 지지 가운데서 사람의 실제 행동과 더 밀접한 것은 지지이기 때문에, 이 사람은 겉으로 보이는 이미지에 비해 실제로는 시스템의 제약으로부터 더 자유롭게 살아가는 성향을 보이게 된다.

음양과 오행, 천간과 지지에 관해 간략하게 알아보았으니, 이제부터 본격적으로 음과 양에 관해 알아보자.

음과 양의 성질

음의 성질

사주원국에 음간, 즉 음의 성질에 해당하는 글자가 많으면 그 사람은 음의 성질을 강하게 갖게 된다. 음의 성질은 실체적이고 현실적이며, 꼼꼼함을 특징으로 삼는다. 눈앞에 맡겨진 일이 있으면 정확하게 그 일을 해결하고, 그 이상의 큰 비전이나 나아갈 방향에 대해서는 나중에 생각하는 편이다. 그래서 음의 성질이 강한 사람들은 '꼼꼼하고 실속이 있다'는 것이 장점이 된다. 이들은 자기가 감당할 수 없을 정도로 큰일이나 여러 가지 일을 벌이는 것을 좋아하지 않고, 일을 하나씩 확실하게 처리하고 나서 다음 단계로 넘어가는 것을 선호한다.

다만 이들은 양의 성질이 강한 사람들에 비해 시야가 조금 좁아지는 경향이 있다. 새로운 변화를 시도하거나 삶의 영역을 확장하는 행위를 꺼리기도 한다. 어떤 이들은 겁이 많고 소심한 모습을 보이기도 하고, 자신의 이익부터 먼저 챙기는 이기적인 성향을 보일 수도 있다.

물론 사주원국에 음간이 많은 모든 이들이 이런 성향을 지니게 되는 것은 아니다. 음양과 오행은 서로 영향을 주고받는 관계여서 사주에 어떤 오행을 가지고 있느냐에 따라 성향이 달라질 수 있다. 예를 들어 사주에 음간이 많아도 오행 중 '목'과 '화'가 여럿 포함된 경우가 있는데, 목과 화는 발산하고 확장하는 성질의 오행이어서 음간의 성질이 어느 정도 상쇄된다. 오히려 일을 크게 벌이는 성향을 보이기도 한다. 그러나

오행 중 '금'이나 '토'의 음간을 많이 가진 경우에는 확실하게 보수적이고 현실적인 성향으로 발현된다. MBTI로 치면 'xSxJ' 성향에 가깝다.

사주원국의 여덟 글자에서 천간과 지지의 음양 조합은 반반이거나 5+3 정도로 엇비슷한 경우가 대부분이다. 그러나 6+2나 1+7로 어느 한쪽이 훨씬 많은 경우 그 사주는 더 많은 쪽의 성질이 강해지는 모습을 보인다. 이 가운데 여덟 글자를 모두 음의 성질로 가지는 경우를 '음팔통陰八通'이라 한다. 이러한 사주는 음의 성질을 아주 크게 발현시키게 된다. 이런 사람은 자기의 전문 분야 밖의 일은 신경쓰지 않고, 스스로 안전하다고 느낄 수 있는 구역 밖으로 나가는 것도 좋아하지 않는다. MBTI로 보자면 'IxxJ' 성향 또는 'xSxJ' 성향에 가깝다고 볼 수 있다.

양의 성질

양간, 즉 양의 성질에 해당하는 글자는 무엇이든 확장하고 규모를 키우려는 성향을 보인다. 하나를 보아도 열 가지를 생각하고, 한 가지 일로는 성에 차지 않을 만큼 손이 크다. 양의 성질이 강한 사람에게 일거리 하나를 던져주면 이걸로 모자라지 않겠냐며 다른 일들까지 끌어모아 프로젝트를 키우는 경우가 생기기도 한다.

양간의 장점은 시야가 넓고 행동력이 좋다는 것이다. 누군가 계산기를 두드리며 실속을 따질 때 양의 성질이 강한 사람들은 일단 일어나서 움직인다. 우물쭈물하는 사람들의 행동을 독려하기도 하고, 그 결과 아무나 엄두를 낼 수 없는 일을 성공시키기도 한다.

그러나 이들은 벌인 일을 마무리하는 능력이 상대적으로 부족한 편이다. 앞서 음의 성질을 가진 사람들은 일을 하나씩 확실하게 처리하고 다음으로 넘어가는 성향이 있다고 설명했다. 양의 성질을 가진 사람들은 상대적으로 뒷심이 부족하여 일단 손에 잡히는 대로 마구 일을 벌인 뒤, 제대로 마무리하지도 않고 다른 관심사를 찾아 훌쩍 떠나 버릴 수도 있다. MBTI로 보자면 'ExxP'나 'ENxx'에 가깝다고 볼 수 있겠다.

사주를 잘 모르는 사람도 어디선가 들어 아는 개념으로 '역마살驛馬煞'이라는 것이 있다. 사주에 역마살이 강한 사람은 한 자리에 가만히 있으면 좀이 쑤시는 성향을 보이게 된다. 사주에서 역마살을 나타내는 글자는 천간의 '무토戊'와 지지의 '인목寅' 등이 있다. 이 둘은 모두 양간이다. 특히 지지에 해당하는 역마인 경우 숨은 천간인 지장간들도 모두 양간으로 갖는다. 물론 모든 양간이 역마인 것은 아니지만, 역마를 상징하는 글자들은 모두 양간이다. 그래서 사주에 양간이 많을수록 역마가 강할 가능성도 커진다고 할 수 있다.

사주원국의 여덟 글자가 모두 양의 성질을 가지면 '양팔통陽八通'이라 한다. 꼭 여덟 글자 모두가 아니라 일곱 글자 정도라도 양의 성질이 아주 강하게 드러난다.• 이런 사람이 내담자로 찾아오면 진로 상담이 범상치 않게 된다. "제가 진로를 고민하고 있는데요. 미국에 가서 박사학위를 마저 따야 할지, 아니면 독일에 가서 일을 시작해야 할지 모르겠습니다"라는 식으로 범위가 지구 단위로 커진다.

• 다른 모든 글자가 양간이어도 일간이 음간인 경우는 다르게 해석한다. 자기 자신을 의미하는 일간의 성질이 가장 강하게 발현되기 때문이다.

실제 사주에서의 음양

이제 실제로 사주에 음양이 적용되는 사례들을 알아보자.

앞서 사주의 연주, 월주, 일주, 시주의 의미를 설명하며 연주와 월주를 묶어 '사회궁'이라고 설명했다. 이때 나머지인 일주와 시주는 '사회적인 나'가 아닌 '보다 내밀한 나의 개인적인 모습'을 나타낸다.

사회궁과 나머지 부분이 가지는 음양이 서로 다른 경우 그 사람의 사회적인 모습과 개인적인 시간을 보낼 때의 모습이 확연하게 차이를 보이기도 한다. 특히 나의 일간에 해당하는 오행과 사회궁에 포함된 오행이 서로 같은데 음양만 다른 경우 차이가 훨씬 뚜렷해진다.

사회궁은 음간인데 시주에서는 양간이 강하고 역마가 강하게 들어온 경우, 회사에서는 조용히 앉아 일하다가 쉬는 날만 되면 배낭을 챙겨 캠핑이나 여행을 떠나는 모습이 나타날 수 있다. 또 반대로 사회궁은 양간이고 일주와 시주가 음간이면 회사에서는 정력적으로 일하고 집에 돌아와서는 침대에 누워 꼼짝도 하지 않기도 한다. 이렇듯 나는 내담자의 외향/내향 여부를 판단할 때 이 음양의 크기와 위치를 살펴 참고한다. 결과는 대부분 잘 들어맞았다.

어떤 사람의 직업이나 전문 분야에서도 양간이 강한지 음간이 강한지에 따라 강점이 다르게 나타나기도 한다. 내담자 가운데 건축 계열에 종사하는 분이 있었는데, 사주원국에 음간이 일곱 개로 거의 음팔통에 가까운 사주였다. 그리고 사회궁에 신금辛이 편재로 자리해 있었다.

뒤에서 자세히 이야기하겠지만, 우선 간단히 설명하면 신금이 의미하는 바는 '보석'이다. 잘 벼려진 것, 높은 가치를 가진 것을 뜻한다. 그리고 편재가 의미하는 바는 높은 안목과 심미안이다. 즉 사주에서 이 사람은 값비싸고 좋은 물건을 알아볼 줄 알고, 사용하는 물건이나 걸치는 옷가지, 먹는 음식 등 물질적인 것을 좋은 품질로 추구할 줄 아는 사람으로 해석된다. 이를 직업에 적용하면 내담자는 건축 분야 가운데서 부유한 이들을 대상으로 고급스러운 인테리어 설계를 하거나 리모델링을 하는 쪽으로 갔을 때 재능을 펼칠 수 있다. 내담자에게 이런 해석을 들려주자 그분은 실제로 자기가 가장 흥미를 갖고 있고 강점인 분야가 인테리어라고 답했다.

만약 이분의 사주에 양간이 강하게 자리했다면 어땠을까? 그렇다면 이분은 고작 집 한두 채를 다루는 것으로는 자신을 만족시키기가 어려울 것이다. 대규모 아파트 단지를 설계하거나, 아예 도심을 설계하고 전체적으로 조감하는 것에 훨씬 더 흥미를 갖고 잘 해낼 가능성이 크다.

여기는 '십신'(137쪽 참조)과 '합과 충'(207쪽 참조)을 읽은 다음에 읽어보세요.

일간과 사회궁의 음양 크기가 다르다면

일간과 사회궁의 음양 크기가 다른 사주의 모습을 실제 사례로 살펴보자. 다음 그림 02-03 어느 연예인의 사주원국이다.

	시주	일주	월주	연주
			2000년 4월 11일 · 음력 2000년 3월 7일 · 곤명 25세 · 용띠	
십신		아신	상관	상관
천간		己 습 기土	庚 습 경金	庚 습 경金
지지		亥 찬습 해水	辰 난습 진土	辰 난습 진土
십신		정재	겁재	겁재
장간		戊 甲 壬 겁재 정관 정재	乙 癸 戊 편관 편재 겁재	乙 癸 戊 편관 편재 겁재

그림 02-03 일간과 사회궁의 음양 크기가 다른 사주

이 사주원국을 보면 일간과 사회궁의 음양 크기가 다르다. 이 사주의 일간을 보면 기토己이고, 기토는 음간이다. 그리고 사회궁인 월주와 연주의 지지 자리에 진토辰가 하나씩 자리해 있는데, 그 하단에 표시된 지지의 지장간을 보면 양간인 무토戊가 포함되어 있다. 이를 해석하면 이 사람의 본성은 토의 성질을 음의 성향으로 가지고 있지만, 대외적으로는 토의 성질을 양의 성향으로 드러내보이게 된다. 즉 혼자 있을 때는 조용하거나 남들 앞에 나서지 않지만, 사회생활을 할 때는 앞장서서 사람들을 이끌며 리더 역할을 하는 것이다.

조금 더 자세히 살펴보면 이 사람의 연간과 월간에는 경금庚이 자리해 있는데, 경금은 양간이다. 십신의 관계로 볼 때 금은 토에게 '식상'에

해당하며, 기토는 음간이고 경금은 양간으로 음양이 다르기 때문에 식상 중에서도 '상관'에 해당한다. 어떤 사람의 사주에 경금이 상관으로 자리해 있다면 그 사람이 가진 재능이 매우 특출나고 남들의 눈에 잘 띈다는 뜻이다. 즉 이 사람은 본인의 일간은 작은 음간이지만, 사회궁의 모든 것이 양간이어서 남들에게 주목받고 대외적으로 활동적인 모습을 드러내보이게 된다. 이 경우 MBTI는 I가 아닌 E가 나오는 경우가 많다. 참고로 이 사주는 걸그룹 에스파의 리더 카리나의 사주다. 그녀는 자신의 MBTI가 ENTP 또는 ENFP라고 밝혔다.

이처럼 음양을 이해하고 나면 사주원국에서 각각의 개별적인 글자에 얽매이지 말고 전체적인 작용을 이해해야 함을 알게 된다.

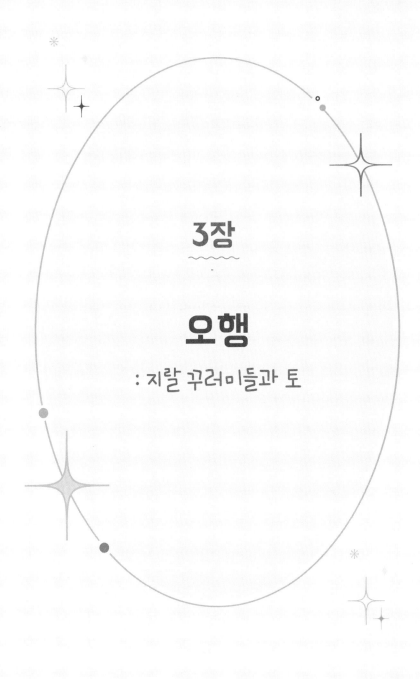

3장

오행

: 지랄 꾸러미들과 토

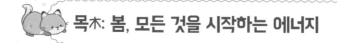

목木: 봄, 모든 것을 시작하는 에너지

만약 누군가 "딱 15분 동안 사주의 요소 가운데 한 가지만 공부해서 사주를 봐주어야 한다면 무엇을 공부해야 할까?"라고 묻는다면 나는 "오행"이라 답할 것이다. (물론 먼저 그런 방법 따위는 애초에 없다고 말해줄 것이다.) 그만큼 오행은 명리학에 기반을 둔 사주풀이에서 핵심 중의 핵심에 해당한다.

먼저 알아볼 것은 오행의 첫 번째 자리를 담당하는 '목木'이다. 중력은 거스를 수 없는 세상의 섭리다. 지구상에 발붙이고 살아가는 생물 가운데 중력을 무시하고 살 수 있는 존재는 없다. 그런데 중력을 거스르고 하늘로 올라가는 에너지의 흐름이 있다. 바로 나무다. 봄에 새싹을 틔워 올리고 태양의 빛을 받아 위로 자라나는 나무는 홀로 중력을 거스른다. 흐름을 거슬러 새로운 시작을 알리는 것이 나무다. 그래서 나무는 오행의 첫 번째에 자리하고, 계절로는 시작을 알리는 봄을 의미한다.

사주팔자에서 목의 기운이 강한 사람은 세상을 거스른다. 목이 거스르는 세상의 흐름이란 무엇일까? 과거의 농경 사회를 지나 현대는 자본주의가 지배하는 세상이 됐다. 이제 자본의 흐름이 곧 세상의 섭리이고, '돈이 되는 일'을 하는 것이 지금 세상의 자연스러운 이치다. 그리고 목은 이러한 세상의 흐름에 거스른다. MBTI로 설명하자면 지금 세상의 섭리에 순응하는 사람들은 'xSTx', 즉 현실적이고 합리적이며 계산적인 성향을 보인다. 그러나 목이 강한 사람들은 'xNFx', 즉 이상적이고 관념적인 길을 제시하고 금전적 이득 외의 다른 중요한 가치들을 주장하곤 한다.

목이 많은데 금이 없는 사주라면 이런 경향이 더 강해진다. MBTI에서 'F'의 성질을 보이는 목과 반대로 금은 'T'의 성질을 보인다. 사주 안에 목과 금이 섞여 있다면 서로의 성향이 어느 정도 상쇄된다. 그런데 목이 많고 금이 없는 사람들은 돈이 되는 일에는 도통 관심이 없다. 돈보다는 사람, 우정, 사랑, 꿈, 환경 등 다른 가치를 추구하는 것에 망설임이 없는 모습을 보인다. 예를 들어 이공계에 진학할 때, 금이 있는 사람들은 성적이 좋다면 의대 진학을 고려한다. 그런데 목이 강하고 금이 없는 사람들은 천문학과나 물리학과 같은 기초과학 분야를 지망하고는 한다. 아예 이과를 졸업하고서도 다시 역사학과나 철학과에 가겠다고 하는 경우도 있다. 이런 사람들이 살면서 주변으로부터 가장 많이 듣는 말은 "너 그걸 해서 대체 뭐 해먹고 살래?"다. 실제로 내가 상담을 진행하면서 내담자에게 이러한 질문을 많이 들어보지 않았느냐고 물어보면 백이면 백 고개를 끄덕였다.

'돈이 되지 않는 길'을 가는 목의 성향은 강자끼리 어울리는 대신 약자에게 마음을 주는 형태로 발현되기도 한다. 특히 갑목甲이 이런 양상을 보이는데, 양간인 갑목은 강력한 리더십을 가지고 있지만 이는 약자를 보듬어 챙기는 형태로 발현된다. MBTI로 치면 ExFJ 유형의 리더십을 가지는 셈이다. 갑목의 기운이 사주 전체에 강하게 작용하는 사람이면 MBTI가 ENFJ로 나타나는 경우가 많다.

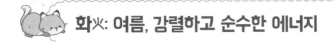

화火: 여름, 강렬하고 순수한 에너지

하늘에 뜬 태양은 그 자체로 불火의 기운이다. 앞서 목이 의미하는 것은 세상을 거스르는 힘의 시작이라고 언급했다. 중력을 거스른 목의 에너지는 사방으로 확상하고 위로 뻗어나간다. 그 목의 에너지가 향하는 방향의 정점이 화의 상징인 태양이다. 또한 봄은 여름을 향해 흘러간다. 봄이 향하는 계절인 여름은 곧 화의 계절이 된다.

태양은 어디서나 눈에 띄고 잘 보인다. 마찬가지로 화의 기운이 강한 사주를 가진 사람은 눈에 띄고 솔직하다. 외향과 내향을 가릴 것 없이 자기표현에 스스럼이 없고 무슨 생각을 하는지 투명하게 잘 보인다. 또한 세상 어디에나 밝은 기운을 퍼뜨리는 것처럼 성격이 밝고, 아이디어가 많으며 창의적이다.

사주로 MBTI를 보는 요령은 여러 가지가 있는데, 사주에서 화의 기운은 특히 N과 S를 구분하는 데 유용하게 쓰인다. 대체로 사주에 화가 많은 사람은 N 성향, 화가 없는 사람은 S 성향이 나올 가능성이 크다. 화가 없고 목이 많으면 'xSFx', 화가 없고 금이 많으면 'xSTx'가 나오곤 한다. 물론 사주원국 내의 작용에 따라서는 화가 많은 사주여도 S가 나오기도 한다.

오행에서 화와 수는 MBTI에서 N 성향과 밀접하다. 화 또는 수가 많은 사람은 N 성향을 보이기 쉽다. 그런데 사주에서 화와 수는 서로를 배척하며 충돌한다. 앞서 목을 설명하면서 목과 금의 대립이 F와 T의 대립으로 나타난다고 언급했다. 이때 화−수의 충돌과 목−금의 충돌은 그 양상과 의미가 조금 다르다.

목−금의 충돌은 매우 현실적인 영역에서의 충돌이고, '그래서 무엇을 어떻게 할 것인지'를 놓고 서로 강하게 충돌한다. 그 결과 목과 금의 충은 사주의 흐름 전체에 강한 영향을 미친다.

화−수의 충돌은 N끼리의 이념적인 충돌이다. 일종의 가치관에 관한 다툼으로, '어떻게 하는 것이 옳은가'에 관한 상념의 얽힘에 가깝다. 주변 사람들에게는 보이지 않는 머릿속의 복작거림, 모순의 충돌에서 오는 정신적인 고통이다. 이는 목과 금의 충돌처럼 현실로 드러나지 않기 때문에 사주에 미치는 영향은 비교적 크지 않다.

결론적으로 사주에서 목과 금이 많으면 고민과 갈등이 현실적인 행동으로 드러나는 사람, 화와 수가 많으면 내면에 회의와 번민이 많은 사람으로 판단할 수 있다.

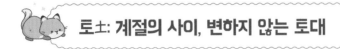

토土: 계절의 사이, 변하지 않는 토대

우리는 모두 대지에 발을 붙이고 살아간다. 해가 뜨고 지고, 풀과 나무가 자라고 시들고, 바위가 굳었다 깨지고, 물이 흘렀다 말라도 그 토대가 되는 대지는 모든 흐름의 중심에서 변함없이 굳건하다. 토의 시간은 여름에서 가을로 넘어가는 환절기로, 오행 중 유일하게 토만 계절을 따로 가지지 않는다.

토는 기본적으로 다른 오행의 성질과 강하게 부딪치지 않는다. 오히려 다른 오행과 계절들 사이에서 변화의 과정을 연결해주고 받아주는 토대 역할을 한다. 그래서 지지에서 다른 오행은 모두 양지와 음지를 하나씩만 가지고 있지만, 토는 양지로 진토辰와 술토戌, 음지로 축토丑와 미토未로 지지를 둘씩 가지며 계절의 변화에 연결고리로 자리한다. (18~19쪽 참조)

토는 방위로 보면 동서남북의 중심에 있는 오행으로, 많은 사주 이론서들이 토가 없는 사주는 '중심이 없는 사주'라고 표현한다. 내가 현대식으로 바꾸어 해석할 때는 '슈퍼스타 사주'라고 설명하는데, 자기 개성이 너무 강하게 치달려 중심을 잡기 어려워하는 사주라는 의미다.

고집 센 수동적 평화주의자, 토

각자의 개성을 뚜렷하게 가지고 속된 말로 '지랄을 부리는' 나머지 오행들 사이에서 토는 그 성질머리를 받아주는 역할을 한다. 여기에서 받아준다는 의미는 '받아주기만 한다'는 의미이지 적극적으로 달래거나 융화시킨다는 뜻은 아니다. 단지 그 자리에서 묵묵히 참고 있는 것에 가깝다.

토가 많은 사람은 기본적으로 논란을 일으키는 것을 좋아하지 않는다. 싸우는 것을 피곤하게 여기고, 반대 의견을 제시하여 갈등을 일으키느니 "그래, 네가 맞는 것 같다"라고 말하며 어물쩍 넘어가는 쪽을 택한다. 나서서 싸움을 뜯어말리지도 않고, 싸움이 일어날 것 같은 상황은 회피한다. 그래서 나는 토의 성질을 '수동적 평화주의자'라고 표현한다.

토의 또 다른 특징은 고집이 매우 세다는 점이다. 토의 기운이 강한 사람은 자기가 나서서 분란을 일으키지는 않지만, 그렇다고 자기 고집을 쉽게 꺾지도 않는다. 이를테면 소개팅에 입고 나갈 옷으로 친구 열 명이 A라는 옷을 추천해주면, "그렇구나" 하고선 자기 마음대로 B를 입고 나가는 종류의 고집이다. 그래서 토의 기운이 강한 사람들은 종종 "이럴 거면 혼자 결정하지 왜 물어봤느냐?"라는 말을 듣는 경우가 있다.

토는 다른 오행을 받아주는 성향이 있다 보니 자신은 적극적으로 움직이지 않는 편이다. 사주에 토가 많은 경우 내향적 성향을 보일 수 있고, 조용하고 무난하게 남들의 이야기를 일단 들어주는 유형인 'IxFx'가 많다. 그리고 어느 정도 현실적인 성향이 있어 S가 많은 편이기도 하다.

여기는 '십신'(137쪽 참조)을 읽은 다음에 읽어보세요.

심화

인내심이 강한 토

사주에서 관성은 기본적으로 나를 힘들게 하는 성질이다. 그렇지만 일간이 어느 오행에 속하는지에 따라 관성에 해당하는 오행이 작용하는 양상도 달라질 수 있다. 다음 그림 03-01 을 보자.

	토	목(관성)	

그림 03-01 토의 일간에 목이 관성인 사주

토를 일간으로 갖는 사람에게 목의 관성이 찾아온 경우다. 이때 토의 오행을 갖는 일간은 목의 오행을 갖는 관성에게 기운을 빼앗길 것이다. 그러나 모든 것을 그러려니 하고 받아들이는 토의 특성상 그저 '인생이 원래 그러한가 보다' 하며 무난히 넘어간다. (목의 성질이 다른 오행들보다 부드러운 편이기 때문에 더욱 무난할 것이다.) 이처럼 일간이 토인 경우 다른 오행과 충이 나더라도 그렇게까지 힘들어하지는 않는다. 이처럼 토의 특징은 아주 잘, 그리고 오래 참는다는 것이다.

그런데 만약 목의 일간을 가진 사람에게 금의 관성이 찾아왔다고 해보자. 이는 나무가 돌이나 도끼에 찍히는 격이어서 일간이 매우 힘듦을 느끼게 된다. 그런가 하면, 수를 일간으로 갖는 사람이 토의 관성을 갖는 경우 오히려 그 사람에게 좋게 작용하기도 한다. 내면으로 침잠하는 성질을 가진 수의 기운을 토의 현실적인 성향이 잡아주기 때문이다. 물론 사주원국 내 글자들의 전반적인 위치와 나머지 오행 및 십신의 작용을 살펴야 완전하게 설명할 수 있지만, 대략적인 작용이 이러하다는 것만 이해하면 된다.

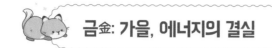

금金: 가을, 에너지의 결실

봄에 싹을 틔운 나무는 여름내 무럭무럭 자란 뒤 가을이 다가오면 열매를 맺는다. 결실을 수확하는 가을은 바로 금의 계절이다. 가을에 나무는 양분을 끌어모아 열매를 맺어 아래로 떨구고, 이후 이파리까지 모두 떨구어 장차 다가올 겨울을 대비한다. 이처럼 결실을 거두는 것, 그리고 현실적이면서 합리적인 선택이 금이 가지는 특징이다.

사주에 금이 많은 이는 열매를 줍는 사람이다. 물론 나무에서 떨어진 열매는 상처 없이 깨끗한 것도 있겠지만 벌레 먹은 것, 썩거나 덜 익은 것들도 섞여 있다. 열매를 줍는 사람은 당연히 가장 가치 있는 것만 골라 줍는다. 사주에 금이 많은 사람에게는 주어지는 것이 많고, 또 자신에게 가장 가치 있는 것을 잘 알아보고 골라낸다. 그래서 금이 많은 이들은 질투의 눈빛을 받거나 "재수 없다"는 소리를 듣기도 한다.

MBTI에 익숙한 사람은 여기까지만 듣고도 금이 어느 글자와 상통하는지 짐작할 것이다. 짐작대로 금이 많은 사람은 T 유형이 많다. "너 T야?"라는 밈이 유행할 정도로 T 성향이 강한 사람은 다소 이기적이고 남에게 잘 공감하지 못한다는 인식이 있다. 마찬가지로 사주에 금이 많은데다 사주원국 내의 작용까지 겹쳐 더욱 강하게 작용하는 경우에는 다른 사람의 가치관과 사정을 잘 배려하지 못하는, 소위 '재수 없는' 사람으로 인식될 수 있다.

사주에 금이 많으면 돈을 잘 벌까?

금은 목과 상극을 이룬다. 앞서 목이란 세상의 이치를 거스르는 힘이라고 언급했다. 돈이 진리인 자본주의 사회에서 돈의 흐름을 따르지 않고 강자보다 약자를 들여다보는 것이 목의 성질이다. 그렇지만 금은 세상의 이치를 민감하게 파악하고 최선의 선택을 한다.

'과연 어떤 사주가 돈을 많이 버는가?'는 사람들의 유구한 관심거리이자 역술가들의 논쟁이 끝나지 않는 이슈다. 이와 관련해 재성財星을 보고 읽는 법에 사람들의 관심이 몰리기도 했지만, 내가 생각하기에는 금이 가장 중요하다. 사주에 금이 많아야 그 사람은 자기 실속을 챙기려든다. 금이 많고 사주의 흐름까지 잘 풀려 있으면 적어도 재물 방면으로 걱정할 것은 없다고 본다.

그러면 사주에 목이 많은 사람은 재물 쪽으로는 망하는 사주일까? 그렇지는 않다. 목이란 가능성을 보는 성질이다. 아무도 가지 않는 블루오션을 개척하는 성질은 목의 것이다. 그래서 0.1%의 초대박은 목 쪽에서 터진다. 반면 금은 기존의 사회질서에서 가장 가치 있는 것을 찾아간다. 대기업에 들어가 승승장구한다거나 돈을 많이 버는 전문직의 길을 선택하는 것이 금의 모습이다.

진로를 고민하는 내담자의 사주에 금이 가득한 경우 나는 '원하는 대로 하라'고 말해준다. 이런 사람은 주변에서 잔소리하지 않아도 알아서 돈이 되는 길을 찾아간다. 애초에 목이 많은 사주처럼 현실과 꿈 사이에서 갈등하는 진로 고민을 가져오는 경우도 많지 않고, 찾아오더라도 이미 "회계사 시험을 준비 중입니다", "업무 쪽 자격증을 준비하고 있어요"라고 말하는 경우가 대부분이다. 진로와 관련해 내가 해줄 일은 언제쯤 합격운이 들어오는지 봐주는 정도다.

이렇다 보니 목만 많고 금이 없는 사주와, 금만 많고 목이 없는 사주는 서로를 잘 이해하지 못한다. 상담 중에 내가 "당신과 대척점에 있는 사주는 이러합니다"라고 말해주면 "그렇게 사는 사람도 있어요?" 하며 황당해하는 대답을 듣곤 한다. 당연히 있다. 꿈은 상관없이 돈을 좇는 사람도, 돈은 상관없이 꿈을 좇는 사람도 있다. 예전에 사주에 금이 없고 목이 많은데, 목이 좋은 기운이기까지 한 내담자가 있었다. 이 사람은 농업대학 출신으로 지금은 산림·농업과 관련한 직장에서 연구직으로 일하고 있다. 대기업의 식품 직군으로 간다는 선택지도 있었지만 이 사람은 자신이 원하는 길을 선택했다. 돈이 문제가 아니라 자신이 좋아하는 분야에 몸담고 있다는 자체가 즐거웠던 것이다.

우리는 누구나 자신의 생만 살아갈 수 있기에 자신의 관점에 익숙해지고 나면 다른 사람의 생을 이해하기가 어려워진다. 하지만 세상에는 나와 다른 가치관을 갖고 살아가는 사람들이 분명히 존재한다. 또 우리는 그런 사람들과 어울려 살아가야 한다. 나를 이해하고 남을 이해하도록 돕는 것이 사주의 역할이고, 역술가의 역할이다.

수水: 겨울, 침잠하는 에너지

수확의 계절이 끝나면 겨울이 온다. 나무는 이파리를 떨구어 겨울나기를 준비하고, 동물들은 땅속으로 굴을 파고 들어가 겨울잠을 자고, 사람은 내년 농사를 준비하며 집 안에 틀어박힌다. 한 해를 마무리하고 다음 해에 찾아올 봄을 준비하는 겨울이 수의 계절이다.

'물'이라고 하면 연상되는 이미지는 다양하다. 누군가는 싱그러운 봄비를 떠올릴 수도 있고, 다른 누군가는 여름의 뜨거운 바닷가를 떠올릴 수도 있겠다. 그러나 사주에서의 수는 심해처럼 아주 깊고 차가운 물이다. 한없이 가라앉으며 내려가는 성질을 갖고 있다. 사주에 수가 많은 사람은 생각이 깊고 총명한 기질을 갖고 있지만, 한편으로 음울하고 어두우며 내면으로 파고드는 내향적인 성질을 지녔다. 그래서 수가 많은 사람은 우울감에 빠지지 않도록 마음을 다스리는 데 주의할 필요가 있다.

오행에서 수와 반대되는 성질을 가진 것은 화다. 화가 많은 사람은 밝은 기운을 발산하며, 아주 솔직하고 투명해서 그 속이 누구의 눈에도 있는 그대로 드러나 보인다. 그러나 수가 많은 사람은 겉으로 보아서는 무슨 생각을 하고 있는지, 무엇을 좋아하고 싫어하는지 드러나 보이지 않는다. 이 때문에 수가 많은 사람은 주변에서 '의도를 모르겠다', '신비로워 보인다'는 평가를 받고는 한다. 이는 의도한 것이 아니다. 수가 많은 사람들은 비밀스럽고자 하는 것이 아니라, 그저 자기 심리나 의도를 표현해야겠다는 자각 자체가 없다.

수가 가지는 내향성은 토가 가지는 내향성과도 다르다. 예를 들어 같은 INFP인 두 사람 가운데 한 사람은 사주에 토가 많고 다른 한 사람은 수가 많다고 해보자. 토가 많은 사람이 가지는 내향성은 적당히 무던하고, 친구들의 이야기를 잘 들어주지만 큰 영향은 받지 않고, N이더라도 N의 성향이 강하지는 않은, 그냥 가만히 누워 있는 것을 좋아하는 모습으로 나타난다. 만약 남들이 "나는 네 이런 점이 마음에 들지 않아"라고 말하면 "아, 그랬구나(쳇)" 하고 지나가는 것이 토의 모습이다.

그런데 수가 많은 사람은 N의 성향이 극대화된다. 생각이 여러 갈래로 끝도 없이 이어지고, 이런 생각을 이해해줄 사람이 없어 고독하다. 정작 자신을 신비롭고 매력적이라고 생각하는 사람이 주변에 많더라도 군중 속의 고독을 느끼는 것이 수의 내향성이다. 수가 많은 사람이 만약 "나는 네 이런 점이 마음에 들지 않아"라는 말을 들으면 "아, 그랬구나(큰일이네. 나 이제 어떻게 살아야 하지)" 하며 자신의 인생에 관해 깊은 고민에 빠져들게 된다.

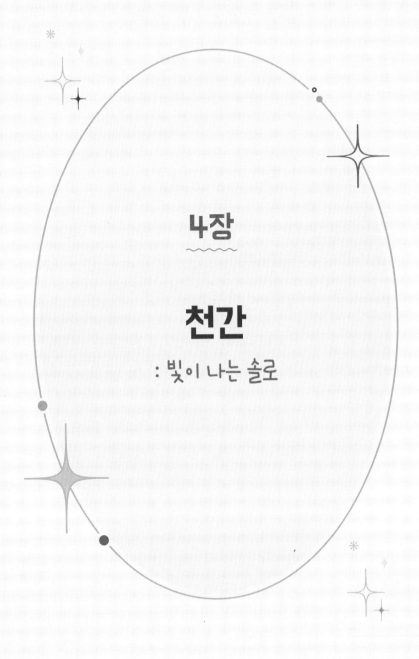

4장

천간

: 빛이 나는 솔로

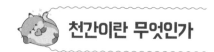

천간이란 무엇인가

앞서 살펴본 음양은 MBTI로 치면 'E/I', 'S/N', 'T/F', 'P/J'라는 네 가지의 항목이 각각 어떤 대립되는 성향을 보여주는지를 이야기한 셈이다. 그리고 오행에 관한 설명은 'E, I, S, N, T, F, P, J'라는 각각의 글자가 어떠한 특징을 가지는지를 이야기한 것과 마찬가지다.

이제부터 살펴볼 천간과 지지는 'xSxJ, xSxP, xNTx, xNFx'처럼 글자가 조합되었을 때 어떠한 성향을 나타내는지를 이야기하는 것과 비슷하다. 다른 것이 있다면 MBTI의 조합은 글자끼리의 결합이지만, 천간과 지지는 음양오행이 순서와 시간을 나타내는 전통적 개념인 '십간十干'과 '십이지十二支'와 결합한다는 점이다.

사주四柱는 용어 자체가 연주, 월주, 일주, 시주를 나타낼 만큼 '시간'과 밀접하게 연관된 체계를 가진다. 태어남과 동시에 확정된 생년월일시가 그 사람의 본질을 드러내고 운명을 결정한다고 보는 것이 사주의 관점이다. 그래서 사주에는 예로부터 동아시아 문화권에 살았던 사람들이 연과 월과 일, 그리고 시를 나타내기 위해 쓴 개념과 표현들이 많이 쓰인다. 천간과 지지 역시 그러한 표현들 가운데 하나일 뿐, 어렵게 생각할 것은 없다.

옛사람들은 순서를 표현하기 위해 '갑을병정무기경신임계'라는 열 개의 글자를 사용했다. 이를 십간이라 한다. 십간은 하늘을 나타내는 것으로 여겨 '천간天干'이라고도 불렀다. 그리고 날짜와 시각을 표현하기 위해서는 '자축인묘진사오미신유술해'라는 열두 개의 글자를 사용했다. 이를 십이지라고 한다. 십이지는 땅을 의미한다고 여겨 '지지地支'라고도 불렀다.

천간의 순서와 에너지의 흐름

먼저 알아볼 것은 천간이다. 천간은 하나의 오행이 각각 양간과 음간을 하나씩 가짐으로써 모두 열 개로 이루어진다. 천간의 음양을 표시하면 다음 그림 04-01 과 같다.

구분	양	음
목	갑목甲	을목乙
화	병화丙	정화丁
토	무토戊	기토己
금	경금庚	신금辛
수	임수壬	계수癸

그림 04-01 천간의 음양

이는 앞서 음양을 설명하면서 제시한 그림 02-01 을 다시 가져온 것이다. 이처럼 천간의 순서는 오행의 순서인 '목-화-토-금-수'를 그대로 따르며, 양의 성질이 음의 성질보다 앞선다. 즉 '갑목甲 - 을목乙 - 병화丙 - 정화丁 - 무토戊 - 기토己 - 경금庚 - 신금辛 - 임수壬 - 계수癸'로 나열된다. 이는 곧 자연의 에너지가 흐르고 변화하는 순서와 같다. 갑목부터 시작해 위로 올라가면서 내부를 채워가던 에너지는 무토에서 정점을 이룬다. 이후 기토부터 아래로 내려가며 내부를 비우다가 계수에서 하강을 마무리한다. 이는 다시 갑목의 상승으로 이어지는 순환구조를 이룬다.

천간과 지지의 차이점

천간은 오직 순수한 한 가지의 오행으로만 이루어진다. 다음의 그림 04-02 를 보자.

2000년 1월 1일 0시 0분 · 음력 1999년 11월 25일 · 곤명 26세 · 토끼띠			
	시주	일주	월주	연주
십신	편재	아신	편인	겁재
천간	壬 조 임水	戊 조 무土	丙 조 병火	己 습 기土
지지	子 한조 자水	午 난습 오火	子 한조 자水	卯 난습 묘木
십신	정재	정인	정재	정관
장간	壬 癸 편재 정재	丙 己 丁 편인 겁재 정인	壬 癸 편재 정재	甲 乙 편관 정관

그림 04-02 2000년 1월 1일 0시 0분의 사주원국

이는 사주 사이트에 임의로 2000년 1월 1일 0시 0분을 입력하여 뽑은 사주원국이다. '천간'이라고 표시된 열의 오른편에는 크게 '임壬, 무戊, 병丙, 기己'라는 글자가 쓰여 있다. 이처럼 천간은 순수하게 오직 하나의 에너지로만 이루어진다.

그런데 그 밑의 '지지'라고 표시된 열에는 오른편으로 '자子, 오午, 자子, 묘卯'라는 네 개의 글자가 있고, 그 아래쪽의 '장간藏干'(지장간)이라고 표시된 열의 오른편으로는 '임壬 계癸', '병丙 기己 정丁', '임壬 계癸', '갑甲 을乙'이라고 표시된 것이 보인다. 이는 지지의 글자 하나 속에 숨은 두세 개의 천간을 표시한 것이다. 이처럼 지지는 서로 다른 오행으로 구성된 여러 개의 천간이 섞여 이루어진다.

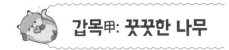

갑목甲: 꿋꿋한 나무

오행의 목은 음양을 따져서 양간이면 갑목甲, 음간이면 을목乙이 된다.

갑목은 모든 것이 시작되는 기운을 나타낸다. 그래서 갑목의 계절은 초봄이다. 서양 속담 중에 '가장 어두운 시간은 해가 뜨기 바로 직전이다.'라는 말이 있는데, 이처럼 가장 추운 겨울을 깨뜨리고 봄을 불러옴으로써 역동적인 변화를 일으키는 것이 갑목의 기운이다.

사주의 글자들이 가지는 의미를 어떠한 이미지로 비유하는 것을 '물상'이라고 한다. 추상적인 자연과 에너지의 흐름을 다루는 사주의 글자들을 현실에 존재하는 물체로 비유하면 조금 더 이해하기 쉽다. 갑목의 물상은 겨울의 얼어붙은 땅을 뚫고 솟아오르는 '나무'다. '갑甲'이라는 한자 자체도 봄에 땅을 뚫고 올라오는 싹을 형상화한 것이다.

이 싹은 세상과 타협하지 않는 거목의 싹이다. 앞서 오행에서 목은 중력을 거스르고 올라가는 에너지를 상징한다고 설명했다. 갑목의 기운을 가진 사람은 세상에 완강히 저항한다. 부러질지언정 굽히지 않는다. 상사나 시스템에 이의를 제기하는 것을 두려워하지도 않는다. 또 목은 드러나지 않은 가능성을 보고 새로운 것을 창조하는 성질이 있다. 그래서 갑목은 아이디어를 떠올리고 기획한 것을 추진하는 행동력이 타의 추종을 불허한다.

비전을 설정하고 생각한 바를 뚝심 있게 밀어붙이는 갑목은 그 자체로 리더의 성향을 지녔다. 특히 일간(나)의 자리를 갑목으로 갖는 사람은 굉장한 리더십이 있다. 그런데 갑목의 리더십은 기본적으로 세상의 섭리에 저항하는 특징을 가진다. 이때 세상의 섭리란 특히 약육강식의 이치를 말하는데, 갑목은 이 시스템에 저항하여 소외당하는 사람을 챙기고 약자를 보호하는 리더십을 발휘한다. 따라서 실속이나 이득을 챙기는 행위와는 거리가 멀다. MBTI로 치면 'xNFx', 특히 ENFJ 성향에 가깝다. 사주에 갑목의 기운이 강한 사람은 본인이 내향성이 강한 I더라도 주변의 가까운 지인들에게는 오지랖 넓게 도움을 주려고 하는 사람이 된다. 특히 금이 없고 갑목의 기운이 강한 경우, 내가 당하는 것은 다 참아내지만 내 주변 사람이 당하는 순간에는 불같이 들고 일어나는 모습을 보이곤 한다.●

　　사주의 천간 자리에 갑목과 갑목이 나란히 자리하는 경우를 '갑갑병존甲甲竝存'이라고 부른다. 병존이 발생하면 해당 글자의 성질이 매우 강하게 발현된다. 어떤 해설에서는 병존에 관해 부모와 자식의 생이별이라느니, 고아 사주라느니 별의별 설명을 달아두기도 하는데, 신경 쓸 필요 없다. 다만 그렇게 과장해서 표현할 정도로 해당 성질이 강해지는 현상이라 생각하면 된다. 즉 사주에 갑갑병존이 있는 사람인 경우 갑목의 리더십을 아주 강력하게 발휘하게 된다. 걸핏하면 나서고, 오지랖이 주체할 수 없이 넓어지고, 남들을 엄청나게 챙기면서 온갖 일을 도맡는 모습을 보일 가능성이 커진다.

● 사주로 MBTI를 파악할 때 주의할 점이 있다. 지금처럼 천간으로 MBTI를 유추할 때는 해당 사주에서 그 천간이 하나만 존재하는 경우를 전제로 삼는다는 점이다.

을목乙: 담쟁이덩굴

을목乙은 완연한 봄이자, 따뜻하고 사랑스러운 기운이다. 갑목이 목의 위로 성장하는 가운을 나타낸다면 을목은 사방으로 확장하는 기운을 나타낸다. 을목의 물상은 풀이나 꽃과 같은 작은 식물이며, 그 가운데서도 을목의 성질을 가장 잘 담아내는 것은 '담쟁이덩굴'이다. 가로막는 것이 있어도 이를 부드럽게 타고 넘는 담쟁이덩굴은 유연하면서 생존력과 적응력이 강한 을목의 기운을 꼭 닮았다.

갑목의 기운이 강한 사람은 자신과 대립하는 무언가를 만났을 때 물러서지 않는다. 그러다 보면 자신이 다치거나 부러지기도 한다. 갑목과 충돌하는 대표적인 기운이 나중에 설명할 '경금庚'인데, 사주에서 갑목과 경금이 부딪치는 여성 내담자를 만나면 나는 "평소에 회사에서나 남자친구와 다툼이 잦고 마음고생이 있으시죠?"라고 물어본다. 대다수가 "그렇다"고 말하며, "나도 왜 자꾸 그렇게 되는 것인지 모르겠다"라고 답한다. 그러면 나는 사주에 이러한 충돌이 일어나고 있어서 그렇다고 설명해준다.

반면에 을목은 싸우지 않는다. 갑목과는 충돌하는 경금도 을목과 만나면 오히려 잘 어우러진다. 경금의 물상은 '거대한 바위'다. 나무가 바위를 마주하면 부러지지만, 담쟁이덩굴은 바위를 타고 오르면서 뒤덮는다. 충돌하는 대신 유들유들하게 받아넘기면서 결국 상대를 끌어안는 것이 을목의 방식이다.

그래서 사주에 을목의 성질이 강한 사람의 MBTI 유형은 'IxFJ'나 'IxFP'가 나오는 경우가 많다. 아이돌 그룹인 세븐틴은 멤버가 모두 열세 명인데, 이 가운데 목의 성질이 강한 사람들이 여럿 있다. 멤버 중 민규와 디노는 갑목 일간을 가지며, 두 사람은 모두 MBTI가 모두 ENFJ다. 이들은 필요하면 앞장서서 상황을 주도하고 사람들을 잘 챙기는, 마치 '학생회장' 같은 면모를 지니고 있다. 멤버 중 정한과 원우는 을목 일간을 가진다. 이 둘은 같은 상황에서도 민규와 디노보다는 조금 더 부드럽고 차분한 면모를 보여준다. 정한의 MBTI는 ISFJ이고, 원우는 INFJ다.

앞서 양의 성질이 확장하고 규모를 키우려는 특징을 보인다면 음의 성질은 단속하고 내실을 다지려는 특징이 있다고 언급했다. 음간인 을목은 물론 음의 성질을 가지고 있지만, 목의 성질 역시 가지고 있어서 일을 벌이는 경향을 보인다. 대표적인 경우가 천간 자리에 을목이 나란히 자리한 '을을병존乙乙並存'이다. 이러한 사주를 가지는 사람은 소소하게 끊임없이 일을 벌인다. 블로그를 시작했다가, 인스타그램으로 옮겼다가, 한동안 틱톡에 유행하는 챌린지를 따라 하다가, 난데없이 요즘 노래를 배우러 다닌다고 말하기도 한다. 종사하는 업종이나 취미가 쉽게 질려서 자주 바꾸는 행동이 을을병존이 보여주는 모습이다.

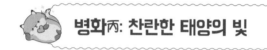

병화丙: 찬란한 태양의 빛

오행의 화는 음양을 따져서 양간이면 병화丙, 음간이면 정화丁가 된다.

화가 상징하는 것은 태양이다. 태양의 에너지는 빛도 있고 열도 있다. 이때 빛은 양간으로, 열은 음간으로 구분한다. 즉 양간인 병화의 물상은 바로 초여름 태양이 뿌리는 '찬란한 빛'이다.

여기서 우리가 천간에 관해 한 가지 알고 넘어가야 할 것이 있다. 기본적으로 양간은 양의 성질을 지니고 음간은 음의 성질을 지닌다. 하지만 모든 음간이나 양간이 100% 그 기운만 지니는 것은 아니다. 사주는 본래 기운의 흐름과 변화를 이야기하는 학문이다. 각각의 천간은 엄밀하게 나뉘어 있지 않고 흐름의 연장선 위에 존재한다. 예를 들어 갑목은 양간이지만 100% 양의 기운만으로 이루어지지는 않는다. 겨울을 깨고 봄을 불러오는 갑목은 애초에 그 변화가 음에서부터 비롯되므로 음의 기운 역시 가지는 것으로 본다.

그렇지만 병화는 이러한 흐름에서 예외다. 병화는 양 중의 양이다. 발산하고 확산하며 화려하고 솔직한 화의 기운을 오직 양의 성향으로만 드러낸다. 하늘 가장 높은 곳에 올라 세상 모든 곳에 빛을 퍼뜨리는 태양이 병화의 모습이다.

그래서 병화는 밝고 당당하며 화려한 성질을 지녔다. 병화의 기운을 가지는 사람은 성격이 화끈하고 명랑하며 아이디어가 넘친다. 늘 배짱이 있고 솔직하며 당당하다. 이들은 남의 시선을 신경쓰지도 않고, 자기가 주목받고자 남들을 의식하지도 않는다. 그저 지극히 자연스럽고 당당한 방식으로 내가 세상의 중심이라 여긴다.

병화는 MBTI로 치면 ENTP 그 자체다. 아이디어가 많고 반짝거린 다는 점에서는 ENFP 성향으로도 종종 나타나는데, 사주에 목과 화가 많고 금이 없는 경우가 특히 그렇다. 그렇지만 병화는 금과 잘 어울리는 성질을 지녀서 F보다는 금과 상통하는 T 성향이 더 잘 나타난다.

천간의 양간에 해당하는 다섯 글자는 기본적으로 리더십을 갖고 있다. 그런데 다른 양의 천간들이 남들에게 '이리 따라오라'며 손짓한다면, 병화는 남들을 신경쓰지 않는다. 그저 자기 혼자 하고 싶은 것을 할 뿐인데 그 모습이 아주 강렬한 매력을 내뿜어 사람들이 저절로 따르는 것에 가깝다. 병화는 세상의 규범에 얽매이지 않는 사고방식을 가졌기 때문에 혼돈과 혁명의 에너지를 가지고 있다. 그래서 수직적인 관계로 얽히는 것을 좋아하지 않고 자신에게 다가온 사람들과도 수평적 관계를 맺으려 한다. 따라서 병화에게는 리더십이라는 표현보다는 '자유로운 카리스마'라는 표현이 더 어울린다. 이는 'ENxP' 유형의 리더에게 자주 찾아볼 수 있는데, 〈스트릿 우먼 파이터〉의 아이키(ENFP)와 리정(ENTP) 그리고 〈원피스〉의 루피(ENFP)가 이에 해당한다.

오행의 목과 화는 모두 발산하는 성향을 가지고 있다. 차이점은 목의 발산이 현실에서의 실행과 행동력으로 나타난다면 화의 발산은 머릿속의 수많은 아이디어로 나타난다는 점이다. 목의 기운이 강한 사람들은 가만히 앉아 있지 못하고, 화가 강한 사람들은 하고 싶은 게 너무 많아 걱정이다. 그래서 병화 일간을 가진 사람이 사주에 목이 없으면 아이디어를 뽑아내기만 하다가 실행으로 이어지지 못하고, 갑목 일간을 가진 사람이 병화가 없으면 무엇을 하고 싶기는 한데 대체 무엇을 해야 좋을지 모르는 지경에 빠지는 경우가 있다.

사주의 천간에 병화가 나란히 자리하는 경우를 '병병병존丙丙並存'이라 한다. 이는 하늘 아래 두 개의 태양이 뜬 격으로 썩 좋게 해석하지 않는다. 솔직하고 투명한 병화의 모습이 너무 과하여 의도치 않게 문제를 일으킬 수 있다고 본다. 때로는 적당히 속내를 감추고 언행을 고를 필요가 있는데, 이러한 점에서 화와 대립하는 수의 기운이 오히려 사주에 좋게 작용할 수 있다.

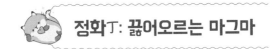

정화丁: 끓어오르는 마그마

정화丁는 완연한 여름의 뜨거운 기온이다. 병화는 화려한 빛을 내뿜지만 거기에 열은 거의 없다. 자신의 기운으로 주변을 뜨겁게 달구는 것은 정화의 몫이다. 겉보기에 정화는 화려하게 빛나지 않는 불이지만, 그 안에 품은 열기는 병화와 비교할 수 없이 뜨겁다. 병화의 물상은 '어둡게 끓어오르는 마그마', 한마디로 '조용한 또라이'라 할 수 있다.

병화와 정화는 마찬가지로 발산하는 화의 기운을 담고 있다. 하지만 그 양상은 음양에 따라 다르게 나타난다. 양간인 병화는 자신을 마음껏 표출하고, 음간인 정화는 두드러지지 않게 꾸준하고 세심히 자신을 드러내는 편이다.

정화의 열기는 '신념' 또는 '가치관'을 의미하며, 특히 정의로운 도덕성으로 나타난다. 갑목과 마찬가지로 정화는 세상의 법칙, 약육강식이 지배하는 세상에 저항하는 성질을 지녔다. 정화는 을목과는 다른 의미로 따뜻하고 긍정적인 성질을 보여주는데, 그 내면에는 자신의 가치관에 맞지 않으면 결코 따르지 않는 강직함이 자리하고 있다. 그래서 정화는 열 개의 천간 가운데 외유내강이라는 말이 가장 어울린다.

정화의 기운이 강한 사람은 억만금을 받는다고 해도 자신의 신념과 벗어나는 길은 따르지 않는다. 이 기운을 타고난 자녀의 진로를 바꾸고 싶은 부모님이라면 설득을 포기하고 자식을 있는 그대로 받아들이는 편이 좋다. 어차피 말을 듣지도 않고 말을 듣게 만들 수도 없다.

사주원국에 정화가 나란히 자리하면 '정정병존丁丁竝存'이라 한다. 정정병존인 내담자가 진로와 관련해 상담하러 오면 나는 따로 무엇을 제시하지 않는다. 대신 "무엇을 하고 싶으신가요?"라고 질문한다. 정화의 기운이 매우 강한 사람들은 주변에서 길을 제시해주어도 절대 듣지 않고, 세상의 평가와 상관없이 걷고자 하는 길이 이미 마음속에 자리해 있다. 다행히 이들이 가는 길은 어려울지언정 엇나가지는 않는다. 조용한 내면의 신념, 누가 뭐라고 해도 자신의 길을 찾아 나아가는 정화의 성질은 MBTI로 치면 INTJ, INFP와 상통한다.

여기는 '합과 충'(207쪽 참조)을 읽은 다음에 읽어보세요.

심화

화와 수의 충돌

사주에서의 수는 겨울의 차가운 물이다. 열보다는 빛의 기운을 품은 병화는 그래서 상극인 수와 그리 강하게 부딪치지 않는다. 병화는 임수壬와 충돌하여 '병임충'을 만들지만, 이 충돌은 그다지 갈등이 크지 않다. 비유하자면 태양과 바다의 부딪침으로, 태양은 그저 바다를 비출 뿐이고 바다는 그저 빛을 받아들일 뿐이다. 우울한 기운을 품은 수에게 병화의 빛은 오히려 생명의 기운으로 작용하기도 한다.

반면 열을 품은 정화丁는 차가운 수의 기운과 강하게 반목한다. 정화와 계수癸가 충돌하는 경우를 '정계충'이라 부르는데, 이는 마그마와 얼음의 싸움인 격이다. 만화 〈원피스〉에는 마그마의 힘을 가진 등장인물 '아카이누'와 얼음의 힘을 가진 '아오키지'가 어느 섬에서 격투를 벌인 끝에 그 섬이 결국 아무도 살지 못하는 황폐한 땅으로 전락해버린 에피소드가 있다. 이와 비슷하게 정계충이 일어나면 해당 사주를 가진 사람의 마음이 무척 피폐해진다. 그래서 사주에 수의 기운이 강한 사람은 정화의 기운이 강한 사람보다는 병화의 기운을 가진 사람을 훨씬 좋고 편안하게 느낀다.

오행의 토는 음양을 따져서 양간이면 무토戊, 음간이면 기토己가 된다.

사주에서 토를 해석할 때는 특히 '조후調候'라는 개념을 활용한다. 조후란 기후를 헤아린다는 뜻으로 그 기운이 따뜻한지 추운지, 건조한지 습윤한지를 살피는 것이다. 이 관점에 따르면 무토는 무척 메마른 기운을 지녔다. 토의 기운을 양의 성향으로 가지는 무토의 물상은 드넓은 광야, 광활하고 건조한 사막이다.

오행 가운데 토는 다른 오행들을 있는 그대로 받아주는 토대 역할을 한다. 그래서 무토의 기운을 타고난 사람은 담백하고 배포가 넓다. 또 웬만한 고난과 역경도 버텨낼 수 있을 만큼 성정이 굳세고 단단하다.

다만 무토는 양의 성질답게 실속이 다소 부족한 편이다. 배포가 커서 남들을 잘 챙기지만 허세와 허풍이 있다. 생판 모르는 남들을 챙기며 생색을 내는 반면 나와 아주 가까운 사람들인 가족과 배우자에게는 비교적 소홀한 편이다.

또 무토의 굳셈과 단단함은 특유의 '고집스러움'으로 발현된다. 토는 포용성이 있지만 그렇다고 자신을 바꾸지는 않는다. 특히 무토의 경우에는 그 고집이 태산과 같다. 무토의 리더십은 팀원들의 말을 들어준 뒤 "그래, 무슨 말인지는 알겠어. 하지만 지금은 내가 하자는 대로 해야 해"라고 말하는, 생각보다 강압적인 면모가 있는 방식으로 발휘된다.

무토는 다른 천간들과 달리 MBTI 유형으로 분류하기가 어렵다. 무토의 자아는 단단하며 고집스럽기는 하지만, 기본적으로 무덤덤하기 때문에 개성이 뚜렷하지 않다. 이는 무토 일간인 사람에게 편관이 찾아왔을 때 나타나는 특징으로 확인할 수 있다. 사주에서 편관은 일간(나)에게 시련을 안겨주는 요소인데, 이것은 사주원국에 하나만 자리하더라도 가장 먼저 해결해야 하는 요소가 된다. 그런데 무토의 기운이 강한 사람은 편관이 자리하더라도 '이렇게까지 조용할 수가 있나?' 싶을 정도로 별 탈이 없다. 그래서 무토의 기운이 강한 사주는 오히려 편관인 갑목이 하나 정도 있어서 일간의 기운을 일정 부분 소모시켜 주는 편이 좋다.

사주의 천간 자리에 무토가 나란히 있는 경우를 '무무병존戊戊竝存'이라 한다. 앞서 '역마살'을 이야기하며 역마의 기운이 강한 사람은 한자리에 가만히 있으면 좀이 쑤시고 세상이 좁게 느껴진다고 말했다. 무토는 역마의 기운이 아주 강한 대표적인 천간이다. 무토를 나란히 가지는 사람에게는 뉴욕이나 파리가 그리 멀게 느껴지지 않는다. 그런데 토 자체가 그리 역동적인 오행이 아니기 때문에 무무병존이라고 해서 꼭 전 세계를 돌아다니는 사람이 되는 것은 아니다. 다만 밖을 잘 돌아다니지 않는 사람이라도 멀리 외국에서 활동하는 연예인을 '덕질'하는 경우가 제법 나타난다.

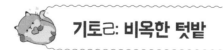

기토己: 비옥한 텃밭

기토己의 한자는 '자기 기己'자를 쓴다. 뜻 그대로 기토가 포용하고 챙기는 것은 내 영역, 내 관심사, 내 사람, 내 친구들이다. 무토의 기운이 강한 사람이 생판 모르는 남들을 챙기면서 허세를 부릴 때 기토의 기운이 강한 사람은 조용히 자기 사람들을 챙긴다. 앞서 양간인 무토의 물상을 '광활하고 건조한 사막'이라 표현했는데, 음간인 기토의 물상은 '작지만 비옥한 텃밭'이다.

무토의 기운이 강한 사람이 대범하고 무심한 성향을 보인다면, 기토의 기운이 강한 사람은 소시민적이고 세심한 성향을 보인다. 주변에서 싸움이 일어났을 때 무토는 그저 허허 웃으며 방관하는 모습을 보이고, 기토는 안절부절못하며 어떻게 말려야 할지 걱정한다. 기토의 기운이 강한 사람은 기본적으로 평화로움을 선호하고 주변의 가까운 사람들로부터 인정받는 것에 기뻐한다. 이들은 소동물을 연상시키는 착하고 다정한 성격으로, MBTI는 IxFP인 경우가 많다. 다만 자기가 불이익을 당해도 일단 꾹 참곤 하여 스트레스 관리에 주의가 필요한 편이다.

사주의 천간 자리에 기토가 나란히 자리하는 경우를 '기기병존己己竝存'이라 한다. 무토처럼 역마의 기운이 있지만, 이 경우는 크기가 작은 역마다. 기기병존인 사람은 쉬는 날마다 전시회를 보러 다니거나, 다른 지역에 사는 친구들을 만나러 소소하게 자주 돌아다니곤 한다.

여기는 '십신'(137쪽 참조)과 '합과 충'(207쪽 참조)을 읽은 다음에 읽어보세요.

왕자님과 공주님의 만남, 갑기합

기토己가 일간인 사람에게 갑목甲은 정관이 되며 '갑기합甲己合'을 이룬다. 사주에서 인연을 살필 때 '관성'을 남자로 해석하는데, 기토가 일간인 여성이라면 이 사람에게 찾아오는 갑목 남성은 아주 반듯하고 성실하며 나를 감싸고 보호해주는 '왕자님' 같은 사람이 된다. 나는 사주를 현대적으로 풀이하고자 하는 사람이라 고리타분한 옛날식 사주 해석의 표현을 피하려고 하는 편이다. 그렇지만 갑기합에 대해서는 '동화 속 왕자님과 공주님의 만남'이라고밖에 표현할 방법이 없다. 로맨스 소설에나 등장할 법한 강하고 씩씩하고 다정한 왕자님(갑목)과 귀엽고 다정하고 조그마한 공주님(기토)의 관계가 갑기합의 모습이다.

기토 일간을 가진 남성이라도 사정이 크게 다르지는 않다. 관성은 시스템이나 사회생활을 의미하기도 하는데, 갑목을 정관으로 가지는 남성은 직장에서나 남자 선배들 사이에서 귀여운 막냇동생처럼 받아들여지고는 한다. 이런 사람의 MBTI는 IxFx가 나오는 경우가 많다.

경금庚: 거대한 바위

오행의 금은 음양을 따져서 양간이면 경금庚, 음간이면 신금辛이 된다.

봄과 여름내 솟아오르며 채워지던 에너지는 이제 가라앉고 비워지는 흐름에 놓인다. 여름을 보내고 다가오는 초가을은 경금의 계절이다.

금의 기운을 양의 성향으로 가지는 경금의 물상은 '거대한 바위'다. 경금은 바위 외에 '큰 쇳덩어리', '큰 칼', '큰 도끼' 등으로도 표현된다.

거대한 바위는 보는 것만으로도 그 무게와 내재한 힘에 압도된다. 경금의 기운이 강한 사람은 이 힘을 가지고 세상을 역동적으로 변화시키려고 한다. 앞서 말한 갑목이 추구하는 변화가 세상에 없던 새로운 것을 만들어내는 창조의 역동성이라면, 경금은 기존에 존재하던 것을 깨뜨리려고 하는 개혁의 역동성이다.

그래서 경금의 리더십은 조직 자체를 혁신하는 방향으로 발휘된다. 과거의 고리타분한 체제를 부순 다음 내가 원하는 시스템으로 바꾸어놓는 경금의 모습은 흔히 "장군감이다"라고 표현된다. 경금이 강한 사주는 MBTI로 치면 'ExTx', 대범하면서 세상과 부딪치는 것을 주저하지 않는 'ExTJ'가 많다. 세상에 저항하기로는 만만치 않은 ExTP도 많이 보이는 편이다. 직종으로는 경찰이나 사법 분야가 잘 어울린다.

사주의 천간 자리에 경금이 나란히 있는 경우를 '경경병존庚庚竝存'이라 한다. 이런 사주를 가진 사람은 일단 세상을 뒤엎으려는 기질이 있다. 기존의 체제에 절대 만족하지 않고, 자신이 부서지더라도 일단 부딪치고 싸우며 도전하려고 한다. 그런데 사실 경금은 둘이 아니라 하나만 가지고 있어도 그 성질이 강하게 나타난다. 경금의 기운은 다루기가 어려운 편이다. 애초에 강력한 힘은 스스로 취해 오만해지기 쉽고, 또 양날의 검과 같아서 잘못 휘두르면 자신이 다치기도 한다. 뜻밖에 강고한 체제를 만나 자신이 깨지거나 부러지는 경우도 있다. 또 의도와 달리 언동이 세게 나가 사람들과 갈등을 빚는 일도 잦다.

그래서 사주에서는 경금이 정화와 함께 있어야 비로소 써먹을 수 있는 기운이 된다고 본다. 정화와 함께하는 경금은, 이를테면 크고 단단한 쇳덩어리를 용광로에서 녹이고 제련하여 사람이 쓸 수 있는 연장으로 만드는 과정에 비유할 수 있다. 이처럼 경금의 기운이 강한 사람은 그 강하지만 설익은 기운을 단련하여 성숙하게 만드는 것이 인생의 한 과제라 하겠다.

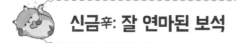

신금辛: 잘 연마된 보석

신금辛의 계절은 무르익은 가을로, 그동안 맺힌 열매를 수확하는 시기다. 열매는 잘 익은 것, 가치가 응축된 것을 의미한다. 그래서 신금의 물상은 바위가 땅속에서 강한 압력과 열을 받아 결정으로 빚어진 '보석'이다. 신금은 보석 외에 '예리한 칼', '펜', '바늘'로 표현되기도 한다.

사주를 보러 오는 내담자들 가운데 다른 곳에서 자신이 '의사 사주'라는 말을 들은 적이 있다고 하는 경우가 있다. 이들이 바로 신금의 기운이 강한 사람들이다. 사주에는 '현침살懸針殺'이라는 개념이 있는데, 한마디로 말하면 '날카로운 기운'이다. 신금의 기운이 강하면 현침살 또한 강하므로 날카로운 것을 다루는 직업을 가짐으로써 이 기운을 해소하면 된다고 해석한다. 물론 신금이 강한 모든 사람이 의사가 되거나, 되어야 하는 것은 아니다. 회계감사나 공학 설계 등 세밀하고 정밀함이 필요한 업무, 가위나 칼을 사용하는 미용업, 또는 날카로운 혀와 펜을 사용하는 평론가 등이 직업으로 어울린다고 보면 된다.

정화와 함께함으로써 제련의 과정을 거쳐야 하는 경금과 달리, 신금은 이미 그 자체로 제련을 마친 칼이다. 특히 신금을 일간으로 삼는 사람은 날 때부터 애어른이나 마찬가지다. 인격적으로 다듬어져 있고, 똑똑하고 논리적이며, 자기중심이 뚜렷하게 잡혀 있다. 또 음의 성질에 속해 꼼꼼하고 예민하며, 손해 볼 짓은 알아서 피하고 실리와 실속을 잘 챙긴다. 기본적으로 금은 MBTI로 치면 T 성향인데, 양간인 경금은 더 외향적인 'ExTx'라면 음간인 신금은 'IxTx'라 할 수 있다.

자신에게 정확하고 냉철한 신금은 타인에게도 그러한 잣대를 들이 민다. 세부적인 것을 따지며 비판적인 성향을 보이기도 하고, '팩트 폭행'으로 남을 잔인하게 상처입히기도 한다. 또 이들은 남이 하는 헛소리나 이치에 맞지 않는 말을 잘 견디지 못한다. 신금의 기운이 강한 내담자에게 "평소에 표정 관리 못 한다는 얘기 자주 들으시죠?"라고 물어보면 "헉" 하는 반응이 돌아온다. 이들은 남들에게 말을 예쁘게 해야 하는 직업군보다는 남들을 지적하고 비판하는 일을 하는 직업군에 종사하는 편이 어울린다.

사주의 천간 자리에 신금이 나란히 있는 경우를 '신신병존辛辛竝存'이라 한다. 이 경우 신금의 날카로운 기운이 매우 강해지기 때문에 해소해줄 필요가 있다. 나는 이러한 사주를 가진 내담자가 진로 상담을 하러 오면 "어차피 꼼꼼하게 굴고 남들을 지적해야 직성이 풀린다면, 한번 그런 직업을 찾아보면 어때요?"라고 얘기해주곤 한다.

여기는 '십신'(137쪽 참조)**을 읽은 다음에 읽어보세요.**

심화

날카롭고 단단한 기운, 신금

금은 차갑고 냉철하며 옳고 그름이 뚜렷한 특징을 보인다. 특히 신금은 매우 날카롭고 강한 기운이기 때문에 십신을 살필 때도 신금의 이러한 성질을 고려하여 해석한다.

식상은 관성을 극한다. 즉 시스템에 반항하고 대항한다. 식상으로 신금이 자리하는 경우 관성에 저항하는 성질이 훨씬 날카롭고 강해진다. 식상으로 갑목을 가지는 사람이 시스템에 저항하는 세기가 3 정도라면, 식상으로 신금을 가지는 사람은 그 세기가 6 이상으로 강해질 수 있다.

신금의 또 다른 특징은 '무관성無官星'의 영향이 적다는 점이다. 관성은 나를 힘들고 괴롭게 하며 시스템에 맞추도록 강제하는 요소다. 그러나 한편으로는 내가 사회나 집단에서 엇나가지 않게 모난 부분을 가다듬고 정리하는 역할도 수행한다. 따라서 관성이 없는 무관성 사주는 다소 무질서하고 자유분방하며 규칙에 얽매이지 않는 성향을 보일 수 있다. 그런데 같은 금 일간이어도 경금 일간의 무관성과 신금 일간의 무관성은 다른 양상을 보인다. 앞서 언급한 것처럼 경금 일간은 아직 제련되지 않은 큰 쇳덩어리기에 관성이 자리함으로써 제어해줄 필요가 있다. 경금 일간이 무관성이라면 자신의 힘에 취해 오만해지거나 남들과 자주 갈등을 빚기도 한다. 그렇지만 신금은 관이 없어도 그다지 무질서해지지 않는다. 신금은 이미 제련된 금이기에 관이 제어해줄 필요가 별로 없기 때문이다.

임수壬: 드넓은 바다

오행의 수는 음양을 따져서 양간이면 임수壬, 음간이면 계수癸가 된다.

가을에 맺힌 열매는 씨앗을 남기고, 이 씨앗은 다음 해 봄에 싹을 틔울 때를 기약하며 땅속에서 잠을 잔다. 한 해의 마무리와 다음 해의 준비가 이루어지는 초겨울은 임수의 계절이다.

수의 기운을 양의 성질로 가지는 임수의 물상은 아주 넓고 큰 물, 즉 '바다'다. 모든 강은 세상의 온갖 것을 그 안에 품고 바다로 흘러간다. 바다는 이를 가리지 않고 받아들인다. 마찬가지로 임수는 남들의 흉이나 흠, 자신과 다른 성향도 어느 정도 포용력 있게 받아주곤 한다.

하지만 임수 역시 수의 기운이기에 생각이 많고 속내를 잘 드러내지 않는다. 수의 기운을 타고난 사람은 그야말로 포커페이스다. 이런 사람을 상대하는 경우 '솔직하지 않다'라고 생각해 멀리하게 되거나, 반대로 '신비롭다'라고 여겨 더 잘 알고 싶고 궁금해하게 되기도 한다. 특히 후자의 경우로 인해 수는 매력을 흩뿌리는 '도화桃花'의 성질을 타고났다고 해석한다. 남의 시선을 끌 의도가 없더라도 인기쟁이가 되곤 하는 것이 수의 기운이 강한 사람의 특징이다.

생각이 많고 깊은 수는 그래서 총명함을 지녔다. 이 총명함은 신금이 가진 논리력과는 다른, 직관력 또는 통찰력에 해당한다. 실제적이고 현실적이기보다는 이념적이고 관념적인 사고에 가깝다. 수의 기운이 강한 사람은 금의 기운이 강한 사람을 만나면 반기는 경향이 있는데(금생

수), 생각이 많아 이리저리 얽힌 사람의 머릿속을 논리적으로 딱딱 깔끔하고 분명하게 만들어주기 때문이다. 수의 기운이 강한 사람의 MBTI 유형은 INFJ가 많고, 마찬가지로 이런 유형인 사람들은 T, 즉 금의 성향을 좋아한다. 반대로 이들은 토의 기운이 강한 사람을 만나면 힘겨워한다(토극수). 토는 현실적인 성향이 있어서 상념에 빠진 수에게 "지금 그런 걸 생각할 때가 아냐. 눈앞의 현실을 보라고"라며 다그치는 격이 된다.

사주의 천간 자리에 임수가 나란히 있는 경우를 '임임병존壬壬竝存'이라 한다. 이들은 강한 도화의 기운을 가져서 신비롭고 자꾸 눈길이 간다. 연예인이라면 폭발적인 인기를 끌고는 하는데, 대표적으로 서태지와 장원영의 사주가 이에 해당한다.

계수癸: 맑은 계곡물

계수癸의 물은 한겨울의 아주 차가운 물이다. 양간인 임수와 달리 음간인 계수는 크기가 작은 물줄기이며, 세상의 부유물이 모두 흘러드는 바다와 달리 처음의 가장 이상적인 맑은 물을 의미한다. '계癸'라는 한자의 모양은 위에서 양쪽 문이 열리고 그 가운데로 하늘이 내려오는 형상을 본뜬 것으로, 계수의 물상은 '계곡물', '이슬', '약수'에 해당한다.

계수의 기운이 강한 사람 역시 수의 특징을 가져서 생각이 많다. 그런데 이들이 하는 생각은 속세의 먼지 가득한 사람 사는 이야기 같은 것이 아니라 관념적인 것, 세상에 존재하지 않는 것이다. 이들은 현실에 비교적 무관심한 반면 철학, 예술, 형이상학 등에 관심이 많다. 예지력과 통찰력이 뛰어나고, 높은 감수성과 독특한 관점을 지녔다. 계수와 비교하면 임수는 차라리 현실적이다.

계수의 기운이 강한 사람은 결벽적일 정도로 깨끗함을 추구한다. 이들이 추구하는 깔끔함은 물질적인 요소가 아니라 정신적인 요소다. 사람을 만나도 가려 만나고, 웬만해서는 일대일 관계를 추구한다. 애초에 인간관계 자체를 그다지 선호하지 않는 편이다. 임수는 포용력이 있어 여러 가지 요소를 받아들이고 이것저것 관심사를 개척해보기도 하지만, 계수는 오직 자신의 관심사 한두 가지에 집중한다.

이처럼 수는 자신의 내부로 침잠하고 고독해지는 경향이 있어서 정신건강에 유의할 필요가 있다. 나는 사주로 건강운을 보지 않는데, 수의 기운이 강한 사람은 예외다. 이들에게는 우울증이나 비관적인 생각에 너무 깊이 잠기는 행동에 주의하라고 꼭 말해준다.

사주의 천간에 계수가 나란히 자리하면 '계계병존癸癸竝存'이라 한다. 매우 내성적인 성향을 보이지만, 계수 역시 도화의 기운을 가지고 있어 사람들의 눈길을 끈다. 또 청렴하고 깨끗한 것을 추구하기 때문에 불미스러운 일에 엮이는 경우가 거의 없다. 이러한 사주를 가지는 연예인으로는 EXO의 도경수가 있다.

지금까지 천간의 글자 열 가지를 하나씩 살펴봤다. 천간을 이해하고 나면 천간의 글자 두세 가지가 섞여 만들어지는 지지의 특징도 이해할 수 있게 된다.

5장

지지

: 듀엣 또는 트리오

지지를 알려면 지장간을 알아야 한다

천간이 하늘에 떠 있는 관념적인 기운이라면, 지지는 그 기운이 땅으로 내려와 서로 상호작용을 일으키는 현상을 의미한다. 우리가 보고 듣고 만지고 느낄 수 있는 현실로 다가온다는 점에서 지지는 천간보다도 우리 삶에 밀접하고 중요하다.

지지와 천간의 또 다른 차이점은, 오직 순수한 하나의 기운으로 이루어지는 천간과 달리 지지는 그 내부에 숨어 있는 여러 개의 천간인 '지장간'을 가진다는 점이다. 다음 그림 05-01 을 보자.

	2000년 1월 1일 0시 0분 · 음력 1999년 11월 25일 · 곤명 26세 · 토끼띠			
	시주	일주	월주	연주
십신	편재	아신	편인	겁재
천간	壬 조 임水	戊 조 무土	丙 조 병火	己 습 기土
지지	子 한조 자水	午 난습 오火	子 한조 자水	卯 난습 묘木
십신	정재	정인	정재	정관
장간	壬 癸 편재 정재	丙 己 丁 편인 겁재 정인	壬 癸 편재 정재	甲 乙 편관 정관

그림 05-01 지장간

이는 앞서 살펴본 2000년 1월 1일 0시 0분에 태어난 어떤 사람의 사주원국이다. '지지'라고 적힌 열의 오른편으로 네 개의 글자가 있다. 그중 '자子'의 아래로 '장간'이라 적힌 열에 '임壬'과 '계癸'라는 두 개의 천간이 적혀 있는데, 이것이 바로 숨은 천간인 지장간이다. 마찬가지로 '오午'라는 지지 아래에는 '병丙', '기己', '정丁'이라는 세 개의 천간이 적혀 있다. 이처럼 지지는 그 안에 두 개 또는 세 개의 천간을 가진다.

이제까지 우리가 오행과 천간을 알아보며 낱개의 글자가 가지는 의미를 이해해왔다면, 지지를 아는 것은 이 글자들이 결합하여 만들어진 '단어'를 이해하는 것과 같다. 사주풀이가 마냥 쉽지 않은 이유는 바로 지장간을 해석하기가 쉽지 않기 때문이다. 하지만 다시 말해 지장간(단어)을 알고 나면, 이제까지 사주에서 알아듣기 어려웠던 개념인 '합合'과 '충沖'이나 '살煞'과 같은 개념(문장)도 이해할 수 있게 된다. 한번 차근히 따라가며 이해해보자.

지지와 계절, 월의 관계

앞서 '월주'의 개념을 설명하며 '지지는 열두 개의 글자가 1월부터 12월까지 십이지로 표현되는 각각의 달에 대응한다'라고 설명했다. 또 '사주 해석에는 월지가 큰 부분을 차지한다'라고도 언급했다. 지지는 사주의 해석에서 중요한 역할을 담당하며, 시간 개념 가운데 특히 월과 밀접한 연관이 있다.

본래 오행은 양과 음을 구분하면 열 개다. 하지만 지지의 경우에는 열두 달에 맞추어 오행 중 토에 양의 글자와 음의 글자를 하나씩 추가하여 일대일로 대응시킨다. 지지의 음양과 오행을 구분하면 다음 **그림 05-02** 와 같다.

구분	양	음
목	인목寅	묘목卯
화	사화巳	오화午
토	진토辰, 술토戌	축토丑, 미토未
금	신금申	유금酉
수	해수亥	자수子

그림 05-02 지지의 음양과 오행

이는 앞서 음양을 설명하면서 제시한 **그림 02-02** 를 다시 가져온 것이다. 일 년은 사계절로 이루어지고, 계절은 다시 세 개의 달로 이루어진다. 따라서 하나의 계절은 세 개의 지지를 갖는데, 이는 각각 계절의 초입, 중간, 말미를 담당한다. 여기에 계절의 기운이 태어나고, 왕성해지고, 갈무리되는 순환의 흐름을 대응시킨 개념이 '생지生支, 왕지旺支, 고지庫支'다. 지지의 계절과 순환을 구분하면 다음 **그림 05-03** 과 같다.

생지, 왕지, 고지의 특징을 표현하는 개념으로 각각 역마驛馬, 도화桃花, 화개華蓋라는 용어가 쓰이는데, 이는 뒤에서 설명하겠다.

구분	음력	지지	순환
겨울	12월	해수亥	생지
겨울	1월	자수子	왕지
겨울	2월	축토丑	고지
봄	3월	인목寅	생지
봄	4월	묘목卯	왕지
봄	5월	진토辰	고지
여름	6월	사화巳	생지
여름	7월	오화午	왕지
여름	8월	미토未	고지
가을	9월	신금申	생지
가을	10월	유금酉	왕지
가을	11월	술토戌	고지

그림 05-03 지지와 계절

토는 양과 음의 글자가 하나씩 추가되어 유일하게 네 개의 지지를 갖는다. 이는 모두 사계절의 사이에서 기존의 계절을 갈무리하고 다음 계절로 흐름을 이어주는 역할을 담당한다.

지장간의 구성과 분포

각각의 지지는 내부에 둘 또는 셋의 지장간을 가진다. 지지마다 가지는 지장간의 구성과 분포는 다음 **그림 05-04** 와 같다.

순환	지지	지장간 구성과 분포		
생지	해수亥	무토(21%)	갑목(16%)	임수(63%)
왕지	자수子	임수(42%)		계수(58%)
고지	축토丑	계수(30%)	신금(10%)	기토(60%)
생지	인목寅	무토(29%)	병화H(29%)	갑목(42%)
왕지	묘목卯	갑목(45%)		을목(55%)
고지	진토辰	을목(30%)	계수(10%)	무토(60%)
생지	사화巳	무토(9%) 경금(33%)		병화H(58%)
왕지	오화午	병화H(33.3%)	기토(33.3%)	정화H(33.3%)
고지	미토未	정화H(27%)	을목(18%)	기토(55%)
생지	신금申	무토(23%)	임수(23%)	경금(54%)
왕지	유금酉	경금(42%)		신금(58%)
고지	술토戌	신금(27%)	정화H(18%)	무토(55%)

그림 05-04 **지장간의 구성과 분포**

지장간 중에서도 지지와 오행이 같고 음양도 같은 천간이 가장 큰 영역을 차지하는 주성분이 된다. 다시 그림 05-01 을 보면 지장간의 천간 가운데 마지막에 자리한 계수癸, 정화丁, 계수癸, 을목乙이 지지에 자리 한 자수子, 오화午, 자수子, 묘목卯와 오행과 음양이 일치하는 것을 확인 할 수 있다. 즉 지장간의 마지막에 자리한 천간이 해당 지지의 주성분이 된다. 지장간의 세세한 분포는 해석이 조금씩 다르지만, 구성과 주성분 이 무엇인지에 관해서는 누구나 이견이 없다.

지지 가운데 '인목寅'을 보자. 인목은 지장간으로 '무토戊 29%', '병화

丙 29%', '갑목甲 42%'를 가진다. 인목은 양과 목의 성질을 가진 지지로, 지장간 중 오행이 목으로 같고 음양도 양으로 같은 천간인 갑목이 주성분으로서 가장 큰 영역을 차지한다. 하지만 인목은 무토와 병화의 성질도 일정 부분 가지고 있으며, 무토와 병화는 사주원국 내의 다른 글자들과도 상호작용을 한다. MBTI에 비유하자면 검사 결과 E 28점, S 15점, T 12점, J 7점인 성향을 보이는 사람의 경우 가장 두드러지는 모습은 E 성향이겠지만 'xSTJ'의 모습 또한 보이게 되는 것과 비슷하다.

생지: 역마의 기운

생지와 왕지 그리고 고지는 해당 지지가 대체로 어떤 특징과 성격을 갖
는지 말해준다는 점에서 지지를 이해하는 기본이 된다.

　하나의 계절이 태어나 시작되는 초입을 '생지生支'라 한다. 생지에
해당하는 지지를 모아보면 그림 05-05 와 같다.

순환	지지	지장간 구성과 분포		
생지	인목寅	무토(29%)	병화H(29%)	갑목(42%)
생지	사화巳	무토(9%)	경금(33%)	병화H(58%)
생지	신금申	무토(23%)	임수(23%)	경금(54%)
생지	해수亥	무토(21%)	갑목(16%)	임수(63%)

그림 05-05 생지에 해당하는 지지

역마

　흔히 역마驛馬를 '정처 없이 돌아다니는 팔자' 정도의 의미로 알고들
있지만, 본래 의미는 '강력한 변화'다. 세상을 뒤집을 만큼 강력하며 존
재감과 활동성이 상당한 기운이라고 생각하면 된다.

　모든 생지는 역마에 해당한다. 생지는 기존의 계절을 깨뜨리고 새
로운 계절을 가져온다는 점에서 강대한 변화의 에너지, 즉 역마의 기운
을 품고 있다.

생지에 속하는 지지인 '인목, 사화, 신금, 해수'는 지장간으로 '임수, 갑목, 병화, 경금, 무토'를 갖는데 이는 모두 양간이다. 역마는 강력한 기운이어서 둘 이상이 함께 붙어 있으면 서로 충돌하는 경우가 많다.

인목

겨울을 깨뜨리고 봄을 가져오는 인목寅은 그 자체로 강력한 변화의 힘을 지녔다. 인목 직전에 자리하는 것은 꽁꽁 얼어붙은 땅인 축토丑인데, 목의 글자인 인목은 이 얼어붙은 땅을 뚫고 솟아오르는 싹의 힘까지 가졌다. 그래서 인목은 아주 강력한 변화의 힘을 상징한다.

사화

사화巳는 초여름의 역마, 봄의 따스함을 여름의 열기로 바꾸는 역마다. 다만 인목처럼 차가웠던 성질을 따스한 것으로 뒤바꾸는 것은 아니기 때문에 역동성보다는 활동성이 좋은 역마라 할 수 있다. 사화의 기운이 있는 사람은 여러 곳을 돌아다니는 성향을 보이곤 한다.

신금

신금申은 인목만큼은 아니지만 버금갈 정도로 강력한 역마다. 겨울을 깨는 초봄이자 세상의 이치를 거스르는 목의 역마인 인목은 세상에 소외받던 것, 이제까지 없던 것을 추구하는 창조의 역동성을 보인다. 그렇지만 신금은 봄과 여름의 따스함과 채워가는 흐름을 끝내고 가을과 겨울의 스산함과 비워가는 흐름으로 돌려세우며 기존의 것을 깨부수는 개혁의 역동성을 지녔다.

해수

해수亥는 역마이면서도 나머지 셋에 비하면 그 성질이 두드러지지 않는다. 그 이유는 오행인 '수'의 특징 때문이다. 수는 본질적으로 아래로 가라앉고 조용한 성질을 지녔다. 그래서 해수의 기운이 있는 사람은 겉으로 보기에는 조용하고 소극적인 모습을 보인다. 그렇지만 이들에게 역마의 기운이 없는 것은 아니어서, 집에서 인터넷이나 SNS를 통해 활동성을 보이거나 해외의 연예인을 '덕질'하는 모습을 보이기도 한다. 이를 나는 현대식으로 '온라인 역마'라고 해석하고는 한다.

여기는 '십신'(137쪽 참조)**과 '합과 충'**(207쪽 참조)**을 읽은 다음에 읽어보세요.**

심화

역마의 충돌

강력한 기운인 역마는 서로 붙어 있으면 충돌을 일으킨다. 천간의 '병존'처럼 지지에서도 역마가 나란히, 예를 들어 인목과 사화가 붙어 있으면 서로 '충沖'이 난다. 얼핏 보면 인목은 목의 글자이고 사화는 화의 글자이니 상생의 기운으로 맺어져 서로 화목할 것만 같다. 하지만 실제로는 그렇지 않은 이유는 지지가 그 내부에 숨은 천간인 지장간을 갖고 있기 때문이다. 인목은 '무토, 병화, 갑목'을, 사화는 '무토, 경금, 병화'를 지장간으로 품고 있는데, 이 가운데 인목의 '갑목'과 사화의 '경금'이 서로 '갑경충甲庚沖'으로 매우 강하게 부딪친다. 그래서 지지 자리의 '인-사寅-巳' 조합은 아주 좋지 않은 충돌로 해석한다.

앞서 천간은 하늘에 떠 있는 기운, 관념적인 기운이라고 언급했다. 그래서 천간끼리의 천간충은 머릿속에서 일어나는 사고의 부딪힘인 셈이다. 반면에 지지끼리 충돌하는 지지충은 현실에서의 갈등과 반목으로 나타난다는 점에서 그 파급력이나 상하는 정도가 훨씬 크다. 역마 가운데 인목과 신금의 부딪힘인 '인신충寅申沖'이 대표적인 예다. 인목은 지장간으로 '무토, 병화, 갑목'을, 신금은 '무토, 임수, 경금'을 가진다. 이 가운데 병화는 임수와 충돌하여 '병임충丙壬沖'을, 갑목은 경금과 충돌하여 '갑경충'을 일으킨다. 병임충은 화와 수의 부딪힘이어서 관념적인 충돌에 그치지만, 갑경충은 목과 금의 현실적인 부딪힘이어서 그 파급력이 상당하다.

이처럼 역마는 그 내부에 충이 나기 쉬운 양간을 지장간으로 가진다. 그래서 역마가 하나만 있어도 주변과 갈등을 빚기 쉽고 둘 이상이면 인생 난이도가 올라간다. 한 해에 두세 번씩 사는 집이 바뀌거나 직업이 계속 바뀐다면 그 사람의 인생이 평탄하다고 보기 어려울 것이다. 또 역마의 기운이 강한 사람들은 흐름을 가다듬기보다는 여러 갈래로 흩뿌리며 발산하고 싶어 한다. 그래서 이런 사람의 사주를 봐줄 때는 직업이나 진로 상담을 더 진지하게 하게 된다.

지지에서 음양의 조화

여성 내담자 가운데 다른 곳에서 '남자로 태어났어야 하는 사주'라는 이야기를 듣고 오시는 분들이 가끔 있다. 사주를 풀이해보면 대체로 양의 기운이 강한 사주에 해당하는데, '양의 기운이 강하니 남성이었어야 했다'라는 해석은 아주 잘못된 것이다. 이 사람은 오히려 여자로 태어난 것이 훨씬 낫다. 물론 명리학에서 기본적으로 남자는 양으로, 여자는 음으로 해석한다. 하지만 가장 중요한 개념은 음과 양의 조화다. 여자가 양의 기운을 가지면 음양이 조화되므로 훨씬 낫다는 것이다.

마찬가지 원리로, 지지에 양간이 너무 많은 사람은 일간이 양간보다는 음간인 편이 낫다고 본다. 예를 들어 어떤 사람이 사주원국에 지지로 생지인 '인목, 사화, 해수'를 가지고 있다고 해보자. 이 사람의 일간이 음간인 '기토己'라면 양의 성질을 띠는 '인목, 사화, 해수'는 이 사람에게 각각 '정인, 정재, 정관'이 된다. 십신에서 '정正'이 붙는 것은 음양이 쏠리거나 치우침이 없이 조화롭다고 해석한다. 그런데 만약 이 사람의 일간이 양간인 '무토戊'라면 '인목, 사화, 해수'는 각각 '편인, 편재, 편관'이 된다. 십신에서 '편偏'이 붙는 것은 기운이 한쪽으로 치우친 것으로 해석한다. 일간이 기토인 사람은 나름대로 평탄한 인생을 걸어간다면, 무토인 사람은 오르막과 내리막을 반복하는 것이나 다름없게 된다.

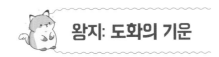

왕지: 도화의 기운

생지가 바꿔놓은 계절은 곧 무르익어 완연한 계절의 중간에 들어서게 된다. 왕지는 그 계절을 한껏 즐거워하며 누리는 시간이다.

왕지에 속하는 지지의 지장간 구성과 분포는 다음 그림 05-06 과 같다.

순환	지지	지장간 구성과 분포		
왕지	자수子	임수(42%)	계수(58%)	
왕지	묘목卯	갑목(45%)	을목(55%)	
왕지	오화午	병화(33.3%)	기토(33.3%)	정화(33.3%)
왕지	유금酉	경금(42%)	신금(58%)	

그림 05-06 왕지에 해당하는 지지

도화

생지가 역마의 기운을 품고 있다면 왕지는 '도화桃花'의 기운을 품고 있다. 흔히 도화라고 하면 '이성을 밝히거나 이성에게 인기가 많은 사람'을 떠올리고는 하는데, 도화의 본래 의미는 '남들의 시선을 끄는 매력'이다. 생지가 가진 역마의 힘이 다른 계절을 가져오는 활동성과 역동성이라면, 왕지가 가진 도화의 힘은 계절의 한복판에서 자신의 무르익은 매력으로 남들의 이목과 관심을 집중시키는 힘이다.

양간으로만 이루어지는 역마와 달리 도화는 양과 음이 섞여 이루어지는데, 양보다 음의 기운이 더 강한 편이다. 자수子는 계수癸, 묘목卯은 을목乙 오화午는 정화丁, 유금酉은 신금辛으로 음간이 주성분을 차지한다. 음간의 기운이 강하면 내실이 있고, 양간보다는 충돌을 덜 일으킨다.

왕지에 속하는 지지의 구성을 보자. 묘목은 갑목과 을목으로 목의 천간만 가지고 있다. 유금은 경금과 신금으로 금의 천간만, 자수는 임수와 계수로 수의 천간만 지닌다. 오화는 예외로 병화와 정화 외에 토(기토)를 가지고 있다. 여기서 기토는 오행의 흐름인 '목—화—토—금—수'를 맞추기 위하여 넣은 기호 정도의 의미로 생각하면 된다. 즉 도화의 기운이 가지는 특징은 그 지지의 오행에 해당하는 기운만 가지고 있다는 점이다. 그래서 도화는 깨끗하고 순수한 기운이다.

묘목

도화는 각 계절이 갖는 이미지를 그대로 가진다. 봄 도화인 묘목卯의 기운이 강한 사람은 귀엽고 사랑스러운 기질로 시선을 잡아끈다. 변화를 좋아하고 끊임없이 새로운 것을 시도해보고 싶어 하는 성향을 지녔으며, MBTI로 비유하면 톡톡 튀고 발랄한 ENFP나 ESFP에 해당한다.

오화

여름 도화인 오화午의 기운이 강한 사람은 뜨거운 가슴과 솔직한 표현으로 시선을 잡아끈다. 이들은 심지가 굳고 단단한 가치관을 지녔다.

신념을 위해 기꺼이 목숨을 걸 수 있는 사람들이다.

유금

가을 도화인 유금酉의 기운이 강한 사람은 날이 잘 선 번뜩이는 칼이 시선을 잡아끄는 격이다. 이들은 날카로움과 단호함으로 가치 없는 것은 단칼에 끊어낸다. 사주에 유금의 기운이 지나치게 강하거나 여러 개가 붙어 있는 경우를 '유유자형酉酉自刑'이라 하는데, 이 경우 강한 기운에 되레 본인이 다칠 수 있다. MBTI로 비유하면 냉정함과 날카로움이 있는 ISTJ나 INTJ에 해당한다.

자수

겨울 도화인 자수子는 도화 가운데 가장 강력한 도화다. 오행 중 수는 기본적으로 사람들의 시선을 끄는 도화의 기운을 가지고 있는데, 자수는 맑고 깊은 물로 청결함과 총명함의 이상적인 매력을 현실에서 드러낸다. 따로 무엇을 하지 않아도 사람들이 저절로 홀리기 때문에 좀 억울함이 있을 수 있다. MBTI에 비유하면 어딘가 신비로워 보이고 생각이 깊은 INFJ에 가깝다.

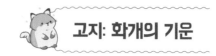

고지: 화개의 기운

하나의 계절이 오래 지속되면 사람들은 자연스럽게 다음 계절을 원하게 된다. 생지가 계절을 불러들이고 왕지가 계절의 기운을 마음껏 퍼뜨리고 나면, 이제 그 계절을 창고 속에 넣어 갈무리할 시기가 찾아온다. 이때를 고지庫支 또는 묘지墓支라고 한다.

그림 05-07 을 통해 고지에 속하는 지지의 지장간 구성과 분포를 보자.

순환	지지	지장간 구성과 분포		
고지	진토辰	을목(30%)	계수(10%)	무토(60%)
고지	미토未	정화(27%)	을목(18%)	기토(55%)
고지	술토戌	신금(27%)	정화(18%)	무토(55%)
고지	축토丑	계수(30%)	신금(10%)	기토(60%)

그림 05-07 고지에 해당하는 지지

고지는 모두 오행 중 토로만 이루어진다. 토는 지지 가운데 유일하게 다른 오행보다 양과 음의 글자를 하나씩 더 가지며, 토에 속하는 네 개의 지지는 지나온 계절을 마무리하는 역할을 담당한다.

화개

고지가 품은 기운은 '화개華蓋'라고 부른다. '빛날 화華'에 '덮을 개蓋'자를 쓰는데, 뻗쳐나가야 할 부귀영화의 기운에 뚜껑을 닫았으니 돈이 되지 않는 일, 인기가 없는 일에 매진하는 셈이고 사람들이 찾는 일도 적어지게 된다. 그래서 화개살의 기운이 강하면 보통 예술성이 강하고 고독한 기운이 있다고 본다.

고지에 해당하는 지지의 또 다른 특징은 내부의 지장간으로 현재와 직전까지 두 계절의 성질을 함께 품는다는 점이다. 또 앞서 토의 천간을 알아보며 토를 해석할 때는 '조후'라는 개념을 고려한다고 말했는데, 이는 토의 지지 역시 마찬가지다. 즉 땅의 성질이 따뜻한지 차가운지, 건조한지 습한지에 따라 전반적인 해석이 달라질 수 있다.

진토

늦봄의 땅인 진토辰는 봄의 을목과 지난겨울의 계수를 품고 있다. 수의 기운을 품은 진토는 물이 가득 들어찬 모내기 때의 논 같은 땅이다.

미토

늦여름의 땅인 미토未는 여름의 정화와 지난봄의 을목을 품고 있다. 화의 기운을 품은 미토는 여름의 열기가 남아 있는 뜨겁고 건조한 땅이다.

술토

늦가을의 땅인 술토戌는 가을의 신금辛과 지난여름의 정화를 품고 있다. 화의 기운을 품은 술토는 여름내 익은 열매가 떨어진, 추수 시기의 아직은 따스한 땅이다.

축토

늦겨울의 땅인 축토는 겨울의 계수癸와 지난가을의 신금辛을 품고 있다. 수의 기운을 품은 축토는 한겨울에 눈이 얼고 녹기를 반복하는 차갑고 습한 땅이다. 축토는 재물창고라고 해석하기도 하는데, 가을의 열매인 신금이 계수 안에 같이 얼어붙어 있다고 보기 때문이다.

토의 해석이 사주 해석의 수준을 보여준다

사주명리학은 농사짓던 시대에 자연을 관찰하여 만든 학문이다. 그래서 농사의 터전인 땅의 온기와 냉기 및 건조함과 비옥함, 즉 조후를 이해하는 것이 중요했다. 즉 지지의 토가 가지는 조후를 이해하기 위해서는 그 토가 지장간으로 가지는 '화'와 '수'를 보아야 한다.

예를 들어 정화 일간을 가진 사람이 지장간으로 정화를 품은 미토를 만나면 이는 일간을 돕는 방향으로 작용한다. 덥고 건조한 곳에서 잘 자라는 토마토 같은 식물을 건조한 땅에 심은 것과 비슷하다. 반면 정화 일간을 가진 사람이 계수를 품은 축토를 만나면 잘 맞지 않고 힘겹다고 느낄 수 있다. 덥고 건조한 땅에서 자라야 할 식물을 한겨울 야외에 심은 격이다.

하지만 이러한 해석이 모든 상황에서 통용되는 것은 아니다. 사주는 기본적으로 음양오행의 조화를 추구한다. MBTI로 치면 E:I, S:N, T:F, P:J의 대비가 모두 50:50인 상태를 가장 바람직한 것으로 여기는 셈이다. 따라서 사주의 온도와 습도에 직접적인 영향을 미치는 화와 수는 한쪽이 너무 강하면 반대쪽 기운을 필요로 하게 된다. MBTI에서 'INxx' 성향이 너무 강하여 우울하고 고독한 생각에 사로잡히는 사람이 'ESxx' 성향을 가진 밝고 활동적인 사람에게 이끌리는 모습과 비슷하다.

이처럼 사주에서 수의 기운이 너무 강한 사람은 반대로 화의 기운을 찾게 되는데, 사주원국 내에 화의 글자가 존재하지 않는 경우 아쉬운 대로 화의 기운을 품은 뜨거운 토에게 매달리는 경우가 있다.

그림 05-08 물이 많은 사주의 미토 일지

그림 05-08 을 보자. 이 사람의 사주에는 물이 너무 많아서 아주 춥고 습하다. 그런데 다행히 일지인 미토가 지장간으로 따스한 열기인 정화

를 품고 있다. 그러니 이 사람은 일지의 미토를 자기 사주에서 좋은 기운으로 받아들여 선호하고 추구하게 된다.

여기는 '십신'(137쪽 참조)를 읽은 다음에 읽어보세요.

지지와 십신으로 해석하는 사주풀이

한 가지 예시를 더 들어보겠다. 다음 그림 05-09 를 보자.

	시주	일주	월주	연주
		1996년 1월 16일 · 음력 1995년 11월 26일 · 곤명 30세 · 돼지띠!		
십신		아신	정관	상관
천간		壬^조임水	己^습기土	乙^습을木
지지		子^{한조}자水	丑^{한습}축土	亥^{한습}해水
십신		겁재	정관	비견
장간		壬 癸 비견 겁재	癸 辛 己 겁재 정인 정관	戊 甲 壬 편관 식신 비견

그림 05-09 **임수 일간의 사주**

이 사주는 양간인 임수壬 일간을 가지니 아주 커다란 물인 바다의 기운을 타고났다. 월주를 보면 천간과 지지 자리에 모두 수의 기운을 극하는 토의 기운이 관성으로 자리한다. 따라서 얼핏 보기에 이 사주는 일간의 기운을 돕는 요소가 부족한 사주라 생각할 수 있다.

그런데 월지인 축토의 지장간을 살펴보면 계수癸와 신금辛을 품고 있다. 앞서 말했듯이 축토는 한겨울의 차갑고 축축한 땅이다. 즉 축토는 겉으로는 일간인 임수를 극하는 것처럼 보이지만, 사실은 지장간으로 품은 계수가 임수를 도와주고 있다고 해석할 수 있다.

전반적으로 이 사주는 차갑고 물이 많아서 따뜻한 기운을 가진 화와 목을 좋아한다. 또 일간을 돕는 기운이 많은 사주이고, 따라서 강한 일간의 기운을 얼마간 빼주는 관성과 재성 및 식상이 본인에게 좋다. 그 결과 일간은 연간에 있는 상관인 을목을 좋아하게 되는데, 이를 해석하면 사람들 앞에서 자신의 재능을 마음껏 펼치는 일이 본인에게 잘 맞는 즐거운 길이다. 이 사주는 블랙핑크 제니의 사주다.

지장간의 화와 수를 파악해서 토의 성질이 사주원국 전체에 어떻게 기여하는지를 해석하는 것은 사주를 업으로 삼는 나에게도 마냥 쉬운 일은 아니다. 그러니 독자 여러분도 지지의 토가 해석하기 어려우면 좌절할 필요는 없다. 다만 '토는 지장간에서 화와 수를 살펴야 하는구나', '토는 같은 토여도 모두 똑같이 작용하지는 않는구나' 하는 정도만 이해해도 충분하다. 그 이상은 전문가를 만나 풀이를 듣기를 권한다.

2부

여기서
막히셨죠?
다 알려드립니다!

: 내 일간과 다른 오행의 관계, 십신

6장

십신

: 공무원 팔자라는 얘기 좀 그만!

십신이란 무엇인가

십신+神은 사주에서 '나'를 의미하는 일간이 사주원국 내의 다른 글자들과 어떤 관계를 맺고 있는지를 말해주는 개념이다. 십신은 십성+星이라고도 불리는데, 의미는 '열 가지의 기운'이다. 열 가지인 이유는 음양을 구분한 오행 열 가지가 십신에 대응하기 때문이다.

십신은 크게 오행으로 묶으면 '비겁, 식상, 재성, 관성, 인성'으로 나눌 수 있다. 일간(나)와의 관계를 따져 나와 같은 오행이면 비겁, 내가 생하는 오행이면 식상, 내가 극하는 오행이면 재성, 나를 극하는 오행이면 관성, 나를 생해주는 오행이면 인성이 된다. 이는 다시 일간과 음양이 '일치/불일치'하는지에 따라 비겁은 '비견/겁재', 식상은 '식신/상관', 인성은 '편인/정인', 재성은 '편재/정재', 관성은 '편관/정관'의 열 가지로 구분한다. 십신의 음양과 일간과의 관계를 표로 나타내면 다음 그림06-01 과 같다.

구분	일간과의 관계	일간과 음양이 같음	일간과 음양이 다름
비겁比劫	일간과 같은 오행	비견比肩	겁재劫財
식상食傷	일간이 생해주는 오행	식신食神	상관傷官
재성財星	일간이 극하는 오행	편재偏財	정재正財
관성官星	일간을 극하는 오행	편관偏官	정관正官
인성印星	일간을 생해주는 오행	편인偏印	정인正印

그림 06-01 십신의 음양과 일간과의 관계

앞서 오행과 천간은 낱개의 글자, 지지는 글자들이 모인 단어와 마찬가지라고 설명했다. 이제부터 알아볼 십신은 글자와 단어가 문장으로 쓰일 때 어떠한 '문법'으로 쓰이는지를 이해하는 것과 비슷하다.

우리가 외국어를 배울 때 단어만큼이나 잘 알아야 하는 것이 문법이다. 처음 보는 외국어 문장을 두고 사전을 뒤져보면 단어의 개별적인 의미는 어렵지 않게 파악할 수 있다. 그러나 문장 전체의 의미를 이해하려면 각각의 단어가 문장에서 무슨 역할을 담당하고 있으며 다른 요소들과 어떤 관계로 맺어지는지를 알아야 한다. 십신은 말하자면 이 규칙에 관한 설명인 셈이다. 일간(나)이 주어라고 하면 이것이 문장 내의 다른 성분들인 목적어, 보어, 동사, 형용사 등과 맺는 관계를 알려주는 것이라 생각하면 된다.

그래서 사주에 어느 정도 지식이 있는 사람이면 다른 사람의 사주 원국을 보고서 "네 사주에는 목이 없네" 같은 식으로는 좀처럼 얘기하지 않는다. 이보다는 "네 사주에는 재성이 없구나" 또는 "인성이 없네"라고 이야기한다. 문장으로 치면 "네가 쓴 문장에는 목적어가 없네" 또는 "이 문장에는 형용사가 없어"라고 말하는 셈이다.

물론 문장에서는 구성성분이 부족하면 '틀린 문장'이 되지만, 사주에서는 '틀린 사주'라는 개념이 없다. 무재성, 무인성, 무관성 등은 단지 그 사주에서 비롯되는 삶의 특징을 일컫는 표현일 뿐이다. 다시 말해 우리는 십신을 앎으로써 그 사주의 내부에서 요소들이 어떠한 규칙에 따라 관계를 맺고 있는지, 그것이 삶으로 드러날 때 어떤 개성을 가지는지를 더 잘 이해할 수 있게 된다.

십신은 얼른 보아서는 이해하기 어려운 개념이어서 처음 사주에 관심을 가지는 많은 이들은 이 지점에서 포기를 선언하고는 한다. 그렇지만 오행을 이해했다면 십신 역시 그리 어려운 개념이 아니다. 한번 차근히 따라가면서 이해해보자.

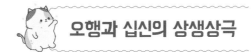

오행과 십신의 상생상극

거창하게 '문법'이라는 비유를 들었지만, 사주의 규칙은 알고 보면 어린 아이도 곧잘 하는 놀이인 '가위바위보'의 규칙과 비슷하다. 가위는 보를 이기고 보는 바위를 이기며 바위는 가위를 이긴다. 반대로 가위는 바위에 지고 바위는 보에 지며 보는 가위에 진다. 사주의 오행과 십신에는 이처럼 각 요소 간에 서로 '생'의 관계와 '극'의 관계가 존재한다.

오행의 상생상극

오행인 '목, 화, 토, 금, 수'는 계절의 흐름에 따른 순서를 가진다. 즉 '목(봄)→화(여름)→토(간절기)→금(가을)→수(겨울)→목(봄)'의 순서로 나열되며 순환구조를 이룬다. 이때 계절의 흐름을 따라 '생의 관계'가 맺어진다. 목은 화를 생하고(목생화), 화는 토를 생하며(화생토), 토는 금을 생하고(토생금), 금은 수를 생하며(금생수), 수는 다시 목을 생한다(수생목). 이를 오행이 가지는 물상과 연결하여 해석하면 다음과 같다.

- **목생화**: 나무는 태양을 향해 자라고, 불의 땔감이 된다.
- **화생토**: 불에 탄 재는 땅으로 돌아가 흙의 양분이 된다.
- **토생금**: 흙 속에서 금속이나 바위가 단단히 뭉쳐진다.
- **금생수**: 바위가 가득한 계곡을 흐르며 물이 맑아진다.

- **수생목**: 물은 나무를 자라게 하는 양분이 된다.

이때 생의 흐름은 계절의 흐름을 따라 하나의 방향으로 흘러가지만, 생의 작용은 마냥 일방적이지는 않고 서로 긍정적인 영향을 주고받는다. 예를 들어 금이 수를 생해준다고 하면 금 또한 생의 긍정적인 기운을 일정 부분 받는다. 이를 '상생相生'이라 한다.

극의 순서는 생의 흐름인 '목→화→토→금→수'를 한 단계씩 건너뛴다. 즉 '목→토→수→화→금→목'의 순서로 나열되며 순환구조를 이룬다. 목은 토를 극하고(목극토), 토는 수를 극하며(토극수), 수는 화를 극하고 (수극화), 화는 금을 극하며(화극금), 금은 목을 극한다(금극목). 이를 물상과 연결하여 해석하면 다음과 같다.

- **목극토**: 나무는 땅의 양분을 빼앗아 큰다.
- **토극수**: 흙은 맑은 물을 흐리게 한다.
- **수극화**: 물은 불을 끈다.
- **화극금**: 불은 금속을 녹인다.
- **금극목**: 도끼는 나무를 벤다.

극의 흐름도 일정한 방향을 이루는데, 이 역시 일방적이지 않고 극의 관계가 만들어내는 부정적인 영향을 서로 주고받는다. 예를 들어 금이 목을 극한다는 것은 도끼가 나무를 치는 격이지만, 단단한 나무를 치고 나면 도끼도 이가 나가고 무뎌진다. 이를 '상극相剋'이라 한다.

오행의 상생상극 관계를 그림으로 표현하면 다음 그림 06-02 과 같다.

그림 06-02 일간이 목인 사람의 오행과 상생상극

십신의 상생상극

십신은 음양을 구분한 오행에 대응한다. 그래서 상생상극의 관계 역시 오행과 비슷하다.

십신의 생의 흐름은 '비겁→식상→재성→관성→인성→비겁'의 순서로 나열되며 순환구조를 이룬다. 비겁은 식상을 생하고, 식상은 재성을 생하며, 재성은 관성을 생하고, 관성은 인성을 생하며, 인성은 비겁을 생한다. 생의 흐름은 서로가 긍정적인 영향을 받아 상생의 관계를 맺는다. 극의 흐름도 오행에서와 마찬가지로 생의 흐름을 한 단계씩 건너뛴다. 즉 '비겁→재성→인성→식상→관성→비겁'의 순서로 나열되며 순환구조를 이룬다. 극의 흐름도 서로가 부정적인 영향을 받아 상극의 관계를 맺는다.

십신과 상생상극의 관계를 그림으로 나타내면 다음 그림 06-03 과 같다. 이는 일간이 '목'인 사람의 경우에 해당한다.

그림 06-03 일간이 목인 사람의 십신과 상생상극

일간이 목인 사람에게 비겁은 같은 오행인 '목', 식상은 '화', 재성은 '토', 관성은 '금', 인성은 '수'다. 만약 자신의 일간이 금이라면 비겁은 같은 오행인 '금', 식상은 '수', 재성은 '목', 관성은 '화', 인성은 '토'가 될 것이다.

오행의 상생상극을 나타낸 그림 06-02 와 십신의 상생상극을 나타낸 그림 06-03 을 비교해보면 다른 점이 보인다. 후자를 보면 비겁을 '비견/겁재'로 나눈 것처럼 요소마다 둘씩 구분해두었는데, 바로 음양에 따라 나눈 것이다. 일간을 기준으로 음양이 같으면 '비견, 식신, 편재, 편관, 편인', 음양이 다르면 '겁재, 상관, 정재, 정관, 정인'으로 구분한다.

알아두어야 할 것은 이제부터 이야기할 정관이나 편관, 이어질 정재, 편재, 정인, 편인, 식신, 상관, 비견, 겁재 등의 설명은 그것이 가진 개별적인 특징이라는 점이다. 예를 들어 사주에 정관이 둘, 편관이 하나가 있다고 해서 '정관의 기운이 더 많으니까 정관의 설명이 나에게 들어맞겠지?'라고 생각하면 곤란하다. 사주원국 내에 존재하는 모든 글자와 형국은 모두 그 나름의 기능을 하고 다른 요소들과도 상호작용을 한다. 즉 사주를 바르게 해석하려면 개별적인 요소에 집중하지 말고 종합적인 판단을 내려야 한다.

또 하나 내가 이 책을 통틀어 강조하고 싶은 것은 '사주 해석에 순서가 있다는 점'이다. 먼저 음양, 다음으로 오행, 그다음이 십신으로 이 책의 순서와 같다. 이러한 순서로 보아야만 내 사주가 나에게 어떻게 작용하는지를 바르게 이해할 수 있다.

신강과 신약

본격적으로 십신에 관한 설명에 들어가기에 앞서, 사주 용어 가운데 '신강身強'과 '신약身弱'에 관해 설명하겠다.

내담자에게 사주를 설명해주다 보면 신강이나 신약이 무엇인지 궁금해하는 질문을 듣고는 한다. 사주를 공부하던 시절에 나 역시 같은 물음을 가졌다. '신강하면 몸이 강하다는 뜻이니까 좋은 것이고, 신약하면 몸이 약하다는 뜻이니까 나쁜 것인가?' 하고 생각했다. 하지만 십신을 알고 난 다음에는 그런 생각이 싹 사라졌다.

신강한 사주란 사주원국에서 일간의 기운을 돕는 기운이 많은 경우를 이른다. 즉 십신을 이루는 비겁, 식상, 재성, 관성, 인성 중 일간(나)과 같은 오행인 비겁과 일간을 생해주는 인성이 사주원국 안에 더 많이 자리하고 있다면 그 사주는 신강한 사주라 할 수 있다.

반대로 신약한 사주는 일간이 기운을 쓰게 만들거나 일간의 기운을 빼앗아가는 기운이 많은 경우를 이른다. 즉 사주원국 안에 일간이 생해주는 식상, 일간이 극하는 재성, 일간을 극하는 관성이 더 많다면 그 사주는 신약한 사주라 할 수 있다.

사주는 자연의 섭리를 기반으로 사람 역시 음양의 조화와 균형을 이루어야 한다고 보는 학문이다. 사람은 기온이 너무 차면 얼어 죽고, 기온이 너무 뜨거우면 열사병으로 죽는다. 생은 과한 냉기와 과한 열기 사이의 어딘가에 존재하는 것이다. 마찬가지로 사주의 관점에서 너무 신강한 사주도 너무 신약한 사주도 바람직하지 않다. 나를 돕는 기운이 많은 신강한 사주는 넘치는 기운을 쏟아낼 십신의 기운이 필요하고, 신약한 사주는 부족한 기운을 보태줄 십신의 기운이 필요하다. 즉 신강한 사주라면 일간의 기운을 다소 소모시킬 수 있는 식상과 재성 그리고 관성이 좋은 기운이 된다. 신약한 사주라면 일간의 기운을 보태주는 비겁과 인성이 좋은 기운이다.

이때 사주 내의 기운을 적절한 수준으로 맞추는 데 쓰이는 좋은 기운을 '용신用神'이라 부르고, 오히려 사주의 기운을 더 극단으로 밀어붙이는 꺼림칙한 기운을 '기신忌神'이라 부른다. 이외에 용신을 도와주는 '희신喜神'과 기신을 도와주는 '구신仇神', 그리고 때에 따라 용신과 희신 또는 기신과 구신 어느 쪽에도 도움을 줄 수 있는 '한신閑神'이라는 개념도 있다. 하지만 이는 너무 전문적인 내용이니 용신과 기신 정도 외에는 이런 것이 있다는 정도만 알고 넘어가도록 하자.

결국 신강과 신약은 특별히 무엇이 좋거나 나쁜 것이 아니다. MBTI에 비유하면 단지 외향과 내향의 성향을 구분하는 정도에 불과하다. 다만 아무래도 신강한 사주는 도움이 되는 기운이 식상, 재성, 관성으로 세 종류가 있고, 신약한 사주는 비겁과 인성으로 두 종류뿐이어서 신약한 사주에 도움이 되는 기운이 사주원국 안에 더 적게 분포할 가능성은 있다.

관성: 세상이 나를 끌어들이는 힘

관성官星은 일간(나)을 극하는 오행이다. 이때 일간과 음양이 같은 것을 '편관偏官'이라 하고, 일간과 음양이 다른 것을 '정관正官'이라 한다. 만약 내 일간이 양간인 갑목이라면 양의 성질을 가지는 경금庚과 신금申이 편관이고, 음의 성질을 가지는 신금辛과 유금酉이 정관이다.

'관성이 나를 극한다'는 것은 관성이 아무 이유 없이 나를 힘들게 하고 괴롭힌다는 의미가 아니다. 그보다는 관성이 나에게 수행해야 할 과업을 제시하고 일정한 틀에 맞추도록 제어하며 다스린다는 뜻으로 보아야 옳다. 살면서 우리는 그저 좋아하고 하고 싶은 일을 하기도 하지만, 싫어하고 꺼리는 일을 꼭 해야만 하는 순간도 맞이한다. 더 자고 싶지만 등교나 출근을 해야 하고, 더 놀고 싶어도 학교와 직장에서 나에게 요구하는 일을 해내야 한다. 백수로 지내던 사람도 취직하고 나면 회사의 요구에 따라 정해진 시간에 출근하고 때가 되면 퇴근해야 하며, 옷차림도 편한 옷 대신 단정한 옷을 갖춰 입게 된다. 이렇듯 나를 자유롭게 두지 않고 시스템이 요구하는 모양대로 강제하는 것이 관성이다. 이는 물론 나에게 부담과 압박을 주지만, 그 일을 완수함으로써 우리는 사회에서 제 몫을 하는 한 사람으로 살아갈 수 있다. 그래서 관성은 꼭 나쁜 의미로만 이해할 것은 아니다.

관성의 유무에 따른 사고방식의 차이

사주에서 관성은 사회, 회사, 조직 등 공적인 영역의 시스템을 비롯해 상사, 선배, 손윗사람 등 나를 제어하고 억제하는 모든 것을 의미한다.

사주에 관성이 하나도 없는 사람과 관성을 하나라도 가지고 있는 사람의 사고방식은 완전히 다르다. 사주에 관성을 하나라도 가지고 있다면 체제가 나를 제어하는 작용과 의미를 이해할 실마리가 있는 셈이다. 그래서 이 체제가 왜 존재하는지, 내가 왜 이런 제어에 따라야 하는지를 본능적으로 이해한다. 사주에 관성의 기운이 어느 정도 있다면 오히려 체제의 제어에 따라 몸을 맡기는 것을 더 편하게 느끼기도 한다.

MBTI를 잘 아는 독자라면 여기서 관성의 기운이 MBTI의 J 성향과 상통한다는 사실을 파악했을 것이다. 주어진 일을 제때 제대로 수행해야 한다는 압박감, 계획과 지시사항에 따르는 성향, 규율이 없다면 만들어서라도 준수하는 J의 모습은 관성과 통한다. 그래서 사주 내에 관성이 어느 정도 있는 사람이라면 MBTI를 검사했을 때 J로 나타나는 경우가 많다. 이때 관성이 J 성향으로 나타나려면 그 부담과 압박이 그리 크지 않고 일간(나)에게 어느 정도 도움이 되는 수준이어야 한다. 즉 사주 원국에 관성이 두 개 미만이거나, 관성이 나를 생해주는 자리에 들어가 있어야 한다. 이런 사주를 가지는 사람은 직장에 잘 적응하고, 자기 직장과 직업에 만족스러워하는 경향을 보인다.

반대로 관성이 없는 사람은 체제와 서열, 위계질서의 필요를 잘 느끼지 못한다. '나이가 벼슬이냐?', '직급이 낮다고 이의 제기를 하면 안 되느냐?', '이런 허례허식이 다 뭐냐?' 하는 사고방식이 기본으로 깔려 있다. 그래서 관성이 없는 사람들은 일반적인 회사 생활보다는 자영업을 하거나 자기 사업을 운영하는 경우가 많다. 물론 관성이 있는 사람은 꼭 월급쟁이가 된다는 뜻은 아니다. 관성의 기운이 강한 사람이 사업을 운영하면 책임감을 매우 강하게 가진다. 사람 하나를 고용하더라도 '내가 이 사람의 인생을 책임져야 한다'라고 생각하곤 한다.

관성과 합격운

내담자 가운데 "사주에 관성이 들어와 있으면 합격운이 있나요?"라고 묻는 경우가 있다. 이는 반드시 그렇다고 할 수도 없고, 아니라고 할 수도 없다.

공부, 학문, 시험의 영역에 관성은 분명 영향을 미친다. 사주에 관성이 있는 사람은 "공부 머리가 있다"라거나 "시험운이 좋다"라는 말을 듣는 경우가 많다. 이들은 시험이라는 체계가 어떤 답을 요구하며 어떤 방식의 공부를 해야 하는지 잘 이해한다. 그러나 관성이 없는 사람은 시험공부를 '점수를 따기' 위한 공부로 여기지 않는 경향이 있다.

예를 들어 기말고사를 치기 위해 수학을 공부한다고 하자. 관성이 있는 사람은 출제될 문제의 유형과 풀이법에 익숙해지기 위해 기본과 응용문제를 계속해서 파고든다. 시험에 나오는 범위가 아니라면 거들떠보지도 않는다. 그런데 관성이 없(고 특히 인성이 있)는 사람은 미적분 문제를 풀다가, 갑자기 미적분을 누가 발명했는지 궁금해져서 인터넷을 검색하고는, 그 수학자의 생애에 대한 다큐멘터리를 찾아서 보는 '탐구심'

을 난데없이 발휘하곤 한다. 그러니 기말고사에서 높은 점수를 받는 사람은 관성이 있는 사람일 것이다. 결국 관성이 있는 사람은 단지 지성이 뛰어나다기보다는, 시험에 통과하기 위해 무엇을 공부하고 무슨 답을 내어야 하는지 잘 이해하기 때문에 합격운이 따른다고 볼 수 있다.

역술가들이 관성이 있으면 좋은 자리로 꼽는 곳이 있는데, 1위가 연간이고 2위가 월간이다. 앞서 언급한 것처럼 연주와 월주를 묶어 '사회궁'이라 하는데, 관성이 사회궁에만 있는 경우를 '관운이 있다'고 하여 공적인 자리에서 일할 가능성이 있다고 본다.

그렇다면 관성은 왜 사회궁의 천간 위치에 있는 것이 좋다고 할까? 관성은 그 사람이 사회의 시스템을 받아들여 자기화할 줄 아는 성향을 나타낸다. 기왕 사회에 자신을 맞추어간다면, 내가 일하는 모습이 남들의 눈에 잘 보여야 인정도 받고 주목도 받을 수 있다. 사회궁은 내 모습이 남들의 눈에 잘 띄는 자리이기 때문에 이곳에 관성이 있어야 좋다고 본다. 사회궁 중에서도 지지보다는 천간이, 천간에서도 월간보다는 연간이 더욱 남들의 눈에 띈다. 그래서 관성이 있으면 좋은 자리가 첫째는 연간, 둘째가 월간인 것이다.

정관

정관正官을 설명하기 전에, 앞으로 여러 번 이야기하게 될 '편偏'과 '정正'의 개념을 먼저 설명하겠다. 편과 정을 구분하는 기준은 일간의 음양이다. 일간과 음양이 같으면 '편', 음양이 다르면 '정'이다. 앞서 **그림 06-01**

(138쪽 참조)을 보면 관성과 재성 및 인성을 일간과 음양이 일치하면 '편재, 편관 편인', 일간과 음양이 다르면 '정재, 정관, 정인'으로 나눈 것을 볼 수 있다.

의미를 살펴보면 '편偏'은 한자 그대로 '치우침'을 뜻하고, '정正' 역시 한자 그대로 '바름'을 뜻한다. 즉 정인, 정재, 정관이 반듯하고 균형 잡힌 상태라면, 편인, 편재, 편관은 치우쳐서 균형이 잡히지 않는 상태를 이른다.

그런데 언뜻 생각하면 이상하다. 내 일간과 음양의 성질이 같으면 더 좋을 것 같은데, 왜 '정'이 아니라 '편'이라고 이를까? 대학에서 조별 과제를 진행하는 상황을 예로 들어보자. 나를 포함해 조원 모두가 내향인이어서 모두 입을 꾹 닫는 바람에 마침 가장 연장자였던 내가 나서야만 하는 경우가 있고, 나 혼자만 내향인이고 다른 조원들은 모두 외향인이어서 조용히 나에게 주어진 일만 하면 되는 경우가 있다. 내향인에게는 어느 쪽이 힘들까? 당연히 전자일 것이다. 외향인의 경우도 마찬가지다. 나는 외향인인데 어쩌다 외향인뿐인 모임에 참석한 적이 있다. 이날 서로 자기 말만 하기 바빠서 무슨 말을 하는지 들리지 않을 지경이 됐다. 그래서 할 말이 있는 사람은 손을 들고 말하자고 했는데, 결국 모두가 손을 든 채로 자기 말만 실컷 떠들어대다 모임이 끝났다. 우리는 외향인뿐인 모임은 참 난감하다고 말하며 헤어졌다.

사주는 바로 이러한 원리를 따른다. 사주는 자연에서 기인한 학문이어서 음양의 기운이 서로 보완을 이루며 조화로운 상태를 바람직하다고 여긴다. MBTI로 비유하자면 내 안의 I와 E, S와 N, T와 F, P와 J 성향이 전부 50:50으로 아주 조화롭게 어우러졌을 때를 가장 좋은 상태라고 보는 것이다. 일간이 양간이라면 십신은 음간일 때, 일간이 음간이라면 십신은 양간일 때 음양이 조화된다. 반대로 일간과 십신의 음양이 같다면 기운이 '치우쳤다'고 판단한다. (이와 달리 식상은 일간과 음양이 같은 것을 좋은 것으로 본다. 자세한 설명은 뒤에서 하겠다.)

정관은 일간과 음양이 다른 관성이다. '정'이 붙었으니 음양이 조화로워 모범적이고 적당한 균형을 갖춰 치우치지 않았음을 의미한다. 즉 정관이란 적당한 압박감과 적절한 균형을 가리킨다.

관성은 전반적인 인생을 살아가는 방식이어서 직업과도 상당히 밀접하다. 그래서 진로상담을 할 때면 관성을 가장 중점적으로 살핀다. 정관이 있는 사람이 일하는 스타일은 회사에서는 일, 그 외에는 개인적인 시간으로 쓰며 일과 삶의 균형을 추구하는 모습으로 나타난다. 그래서 이들은 적당히 안정적인 일, 이미 체계와 시스템이 마련되어 있으며 자신은 그곳에 소속되어 일하기만 하면 되는 직종이 어울린다. 기업의 사무직이나 공무원 등 일하는 시간이 9 to 6 정도로 일정하고, 규격 외의 일이 그다지 발생하지 않는 무난한 직장이 여기에 해당한다.

편관

관성의 음양이 일간의 음약과 같으면 '편관偏官'이라 이른다. 사주에서 편관은 '칠살七殺'이라고도 부른다. 십신 가운데 일간으로부터 일곱 번째에 위치하는 부정적 기운이라는 의미인데, 특히 사주원국에서 편관을 제어하는 기운이 없어 날뛰는 경우를 가리킨다. 칠살에 관하여 여러 역술가들이 이런저런 설명을 하고 있지만, 간단히 말해서 이것이 있으면 인생의 난이도가 걷잡을 수 없이 올라간다고 생각하면 된다.

편관이란 관성의 기운이 치우쳐 과도하게 강한 것이다. 시스템이 나를 아주 강력하게 제어하는 모양새이므로 '따라야 한다', '해내야 한다'는 강박을 훨씬 강하게 느끼게 된다. 편관은 사주원국에서 한 글자만 자리해도 전체 사주에 영향을 강하게 미칠 정도로 힘이 세다.

앞서 사주에 관성이 있는 사람은 MBTI에서 J 성향을 보이기 쉽다고 언급했다. 그렇지만 관성이 있는 사람이 모두 J 성향을 가지는 것은 아니다. 다음 그림 06-04 를 보자.

	시주	일주	월주	연주
		1998년 1월 16일 · 음력 1997년 12월 18일 · 건명 28세 · 소띠		
십신		아신	비견	편재
천간		癸 습 계水	癸 습 계水	丁 습 정火
지지		亥 한습 해水	丑 한습 축土	丑 한습 축土
십신		겁재	편관	편관
장간		戊 甲 壬 정관 상관 겁재	癸 辛 己 비견 편인 편관	癸 辛 己 비견 편인 편관

그림 06-04 관성이 많은 사주

이 사주는 음간인 계수癸를 일간으로 가진다. 수는 토를 관성으로 삼는데, 이 사주에는 연지와 월지 자리에 음의 성질을 가지는 축토丑가 둘이나 자리하여 편관의 기운이 강하다. 참고로 이 사주의 주인은 연예인이다. 뒤에서 설명하겠지만 남들 앞에 자기 재주를 펼치는 직업을 가지는 경우 식상이 그 역할을 한다. 그런데 이 사주에는 놀라울 만큼 식상이 없다. 천간과 지지뿐만 아니라 지장간의 자리에도 존재하지 않는다. 편관은 일간을 마구 채찍질하고 압박하는 성질이니, 이 사주의 주인은 연예인이 되고자 어마어마하게 열심히 연습하고 노력하여 자신의 재능을 한계까지 갈고닦아 끌어올렸을 것이다.

이처럼 관성, 특히 편관의 기운이 너무 강하다면 그 사람은 완벽주의의 모습을 보일 수 있다. 주어진 기한을 맞추려는 J식 완벽주의와 달리, P식 완벽주의는 어느 것 하나라도 마음에 들지 않으면 결과물을 내놓을 수 없다고 여긴다. 공들여 구운 도자기를 망설임 없이 깨뜨리는 도예가나, 몇 년에 한 번씩만 앨범을 내는 아티스트를 떠올리면 이해하기 쉬울 것이다. 또 완벽주의 성향이 스스로 너무 부담스럽다면 그 압박감을 면하고자 반대 성향을 원할 수 있다. 그 결과 MBTI가 P로 나타나게 된다. 이 사주의 주인은 아이돌 그룹 세븐틴의 부승관이며, 그의 MBTI는 ENFP다.

편관이 있는 사람의 직업 상담

편관의 기운이 있는 사람은 특수한 체계가 존재하며 특정한 자격이나 조건을 만족시켜야 소속될 수 있는 직종이 어울린다. 이러한 직종은 내부의 압력으로 강하게 다져지고 결속된 채, 사명감을 발휘하여 그들만이 해낼 수 있는 업무를 수행해내곤 한다. 대표적인 직업군으로는 군인, 경찰, 검찰, 교도관, 법조인, 의료인, 교사, 보육원, IT, 건축, 디자인 등이 있다.

편관은 아주 특수한 조직에서 강도 높게 일하는 사람의 사주에서 자주 찾아볼 수 있다. 그래서 편관의 기운이 강하면 서열이 확실하고 강도 높은 신체활동을 동반하는 직업이 적성에 맞을 가능성이 크다. 한번 다음 그림 06-05 를 보자.

1991년 12월 9일·음력 1991년 11월 4일·건명 34세·양띠				
	시주	일주	월주	연주
십신		아신	정인	편인
천간		癸 계水	庚 경金	辛 신金
지지		丑 축土	子 자水	未 미土
십신		편관	비견	편관
장간		癸 辛 己 비견 편인 편관	壬 癸 겁재 겁재 비견	丁 乙 己 편재 식신 편관

그림 06-05 편관이 많은 사주

이 사주는 음간인 계수癸를 일간으로 가진다. 수에게 관성은 토이니, 연지에 있는 미토未와 일지에 있는 축토丑를 편관으로 가진다. 편관이 둘이나 있어 그 기운이 강하다. 그런데 나머지 네 개의 글자에 수를 비겁으로, 금을 인성으로 가지고 있다. 비겁과 인성은 일간(나)을 돕는 기운이니 이 사주는 신강한 사주에 해당한다. 이 경우 편관은 신강한 사주의 넘치는 기운을 소모시켜주는 용신으로 작용하여 사주의 주인은 편관을 좋아하게 된다. 뒤에서 설명하겠지만 사주에서 관성은 남성 또는 남성의 세계를, 재성은 여성 또는 여성의 세계를 의미한다. 그런데 이 사주는 지장간에도 재성이 없다. 그러면 이 사람은 더더욱 남자들의 세계에 몰두하게 된다. 이 사주의 주인은 아이돌 그룹 샤이니의 민호다. 그는 연예계에서 운동을 잘하고 매우 좋아하며, 승부욕이 넘치는 것으로 유명하다.

양의 편관과 음의 편관

편관은 해당하는 글자가 양인이 음인지에 따라 그 양상이 서로 다르게 나타난다. 앞서 사주에 음의 성질이 강한 사람은 꼼꼼하고 디테일에 강하다고 설명했다. 이런 사람에게 음의 편관이 있는 경우 그 꼼꼼함이 심해져서 강박적인 완벽주의 성향으로 나타난다. 이런 사람들은 실제 직업으로 아주 세밀한 것을 다루는 일을 하거나 신체의 특정 부분을 치료하는 일을 하는 경우가 많다. 반면 양의 성질이 강한 사람의 사주에 양의 편관이 자리하면 이 사람은 사방팔방의 일을 전부 끌어모아서 자기가 맡고는 한다. 팀 전체가 나누어 할 일인데도 동료의 몫까지 모조리 검토하고 손질해야 직성이 풀리는 식이다. 그 결과 야근을 밥 먹듯이 하기도 하고, 퇴근해서도 업무와 관련한 공부에 몰두하기도 한다.

내가 내담자들의 사주를 해석할 때도 양의 편관과 음의 편관은 서로 다르게 구분하여 이야기해준다. 양의 편관을 가진 사주는 뒤에서 설명할 '갑경충' 정도를 제외하면 충이 발생하는 경우는 그리 많지 않다. 무엇보다도 양의 편관을 가진 사람들은 자기 몸을 갈아서 맡은 바를 해내는 방식에 익숙해질 대로 익숙해져 있다. 이미 자신에게 별다른 불만이 없는 상태이기 때문에 내가 크게 조언해줄 것이 없다. 기껏해야 "왜 이렇게 빡빡하게 사세요. 조금 더 자기를 아껴 주세요." 정도로 가볍게 말하는 것이 전부다.

그러나 음의 편관을 가지는 경우는 다르다. 이런 사주의 경우 '을신충'이나 '정계충'처럼 충이 나는 경우가 많다. 오행 가운데 토가 조금 섞여서 기운이 완화된다면 다행이지만, 편관이 일간 바로 옆의 월주 자리에 붙어 있는 식으로 가까이 자리한다면 내담자의 인생이 무척 고달파진다. 이들은 주변에서 요구하는 책임과 의무를 굉장히 힘겹게 느낀다. 무언가 일을 해낼 때 남들보다 에너지 소모가 많고 스트레스도 과중하다. 이런 사람들은 자신이 가진 강박을 조금이라도 내려놓고 긴장을 완화해줄 필요가 있다. 그래서 나는 이런 분들에게 "반드시 자신에게 여유를 주고, 의식적으로 몸과 마음을 쉬게 해야 한다"고 말해준다.

사실 편관을 가진 사람들은 이러한 조언이 귀에 잘 들어오지 않는다. 따로 마음먹지 않아도 저절로 그렇게 되는 것, 힘든 줄 알아도 바꾸거나 극복하기 쉽지 않은 것이 타고난 사주팔자이기 때문이다. 타고난다는 점은 MBTI 역시 마찬가지다. 정식으로 수행한 MBTI 검사 결과는 시간이 지나도 달라지지 않는다.

그렇다면 우리는 바꿀 수도 없는 팔자를 왜 군이 알아야 할까? 이 역시 MBTI를 알아야 하는 이유와 같다. 나 자신의 본질과 성향을 이해하고 내가 무슨 상황에서 어떻게 반응하는 사람인지 이해한다면, 앞으로 우리 인생에 찾아오는 수많은 갈림길에서 어떤 선택을 내릴 것인지 결정하는 데 도움이 되기 때문이다. 그래서 나는 내게 오는 내담자들에게 본인의 사주가 남들에 비해 어떤 점이 특이한지, 본인이 어떠한 삶의 방식을 취하는 이유가 무엇인지를 특히 공들여 설명해준다.

관성은 왜 남자를 의미할까

관성은 남자 또는 남성의 세계를 의미한다. 한번 남자들이 유독 좋아하는 남자 유명인을 떠올려보자. 아마 대부분 프로게이머인 페이커(이상혁)나 축구선수 손흥민을 떠올리지 않을까. 인터넷 커뮤니티나 오픈채팅방 등에서 남자들이 이들을 부르는 호칭은 주로 '형' 또는 '형님'이다. 자신이 페이커나 손흥민보다 나이가 많더라도 존중과 인정의 의미를 담아 '형님'으로 대접한다. 즉 남자들의 세계에서는 '나보다 잘났으면 형님'이다.

그런데 왜 '형님'일까? 그것은 남자들이 사회적 관계를 형성할 때 서열과 위계질서를 중심에 두기 때문이다. 바로 이러한 모습이 관성의 성질과 상통한다. 관성은 사회의 서열과 질서 그 자체이기 때문이다. 그래서 남성과 여성을 막론하고 사주에 관성이 있다면 남자들의 사회가 어떻게 돌아가는지, 남자들의 생태계에 어떤 방식으로 접근하면 환영받는지 본능적으로 이해한다. 그래서 남자들과 좋은 교우관계를 맺어가곤 한다.

반대로 관성이 없는 사람이면 남자들의 서열 문화, 형님과 동생을 가르는 문화를 그다지 좋아하지 않고 순응하지도 않는 모습을 보이곤 한다. 그래서 나는 사주에 관성이 없는 내담자가 직업이나 진로상담을 요청하면 남자가 절대다수를 차지하는 직종은 피할 것을 권한다. 특히 군대처럼 서열주의가 극도로 작용하는 조직은 본인의 적성에 맞지 않으니 피하라고 알려준다.

관성과 연애운

사주에서 관성은 남성을 의미하므로 연애운이나 궁합을 볼 때도 요긴하게 쓰인다.

남성을 만나고자 하는 여성 또는 남성 내담자가 오는 경우 우선 사주에 관성이 어떻게 들어와 있는지를 확인한다. 유형을 나누자면 첫 번째는 관성이 일간을 제외한 천간과 지지의 일곱 자리 가운데 어느 자리를 차지하는 경우, 두 번째는 천간과 지지에는 없지만 지장간에 위치하는 경우, 마지막 세 번째는 아무 곳에도 없는 '무無관성'인 경우가 있다. 첫 번째 경우에는 연애운이 있고, 내담자 또한 남성을 만나고 싶어 하는 것이어서 적극적으로 접근해보라고 말한다. 두 번째 경우에는 적극적으로 연애를 권하지는 않고 적당한 남자가 다가온다면 한번 만나보고 괜

찾으면 사귀어보라고 권한다. 세 번째는 내담자 본인이 남자를 원하지 않으니 연애가 성사되기 어렵다고 말해준다. 이 경우에는 관성이 없어서 남성의 사고방식을 이해하기가 어렵기도 하다.

다음으로는 일간과 관성의 음양을 확인한다. 사주명리학에서는 보통 음의 일간을 여성으로 상정하고, 음양이 조화되도록 양의 성질을 갖는 정관 남자가 오면 합슴이 맞는 좋은 인연이라 해석한다. 기토己 일간은 갑목甲과 합하고, 을목乙 일간은 경금庚과 합하고, 신금辛 일간은 병화丙와 합하고, 계수癸 일간은 무토戊와 합하고, 정화丁 일간은 임수壬와 합하는 구조다.

반대의 경우도 있다. 음의 일간에 음의 성질을 갖는 편관 남자가 오면 충이 나서 서로 기운을 상하게 하니 좋지 않은 인연으로 본다. 정화 일간이 계수와 만나는 경우, 을목 일간이 신금辛과 만나는 경우 등이 있다. 게다가 이 편관이 사주원국에서 일간(나)과 먼 자리에 있는 경우 굳이 연애할 것을 권하지 않는다. 사주에 관성이 있으니 남자를 만날 수는 있겠지만, 그 남자가 내담자를 힘들게 할 가능성이 크다.

한편 모든 편관이 일간과 반드시 충이 나는 것은 아니다. 사주에서 정正은 보편적이고 모범적인 것, 편偏은 일반적이지 않고 기준에서 벗어난 것을 의미하는데, 충이 나지 않는 편관을 가지는 사람은 남자 취향이 조금 독특하다고 해석할 수 있다.

관성과 십신의 관계

관성과 다른 십신과의 관계를 설명하기 전에, 각각의 십신이 어떤 특징을 가지는지 알아두면 다음의 설명을 더 잘 이해할 수 있을 것이다. 그러니 앞서 살펴본 사주 용어(21쪽 참조)에서 각각의 십신에 관한 설명을 다시 한번 읽어두기를 권한다.

먼저 관성과 식상의 관계다. 관성은 사회의 기존 질서와 시스템을 뜻하고, 그래서 사회 전체의 흐름에서 벗어나는 '튀는' 것들을 제어하려 든다. 그런데 식상은 나의 개성을 표현하는 것이고 하고 싶은 말을 하게 하는 성질이다. 기존의 위계질서에 반기를 드는 것이 식상이기 때문에 '식상은 관성을 극한다'고 한다. 관성이 없고 식상이 많은 사람은 평등을 추구하고 아랫사람과도 격의 없이 지내곤 한다.

재성은 한마디로 말하면 행동력이다. 조금이라도 얻을 것이 있다고 판단하면 앞뒤 가리지 않고 뛰어드는 것이 재성이 강한 사람의 모습이다. 관성은 의무감과 압박감으로 작용하는데, 재성의 행동력은 이를 뛰어넘는다. 이를테면 직장에서 상사가 부하에게 어떤 업무를 지시했는데, 부하가 "시키는 거 다 했습니다. 그런데 이거까지 하면 더 성과가 좋을 것 같은데, 바로 검토 좀 해주시겠습니까?"라고 도리어 일감을 제안해오는 격이다. 부하가 닦달하니 상사는 물론 피곤하긴 하겠지만, 일을 열심히 하겠다는데 마다할 이유는 없을 것이다. 이를 두고 '재성은 관성을 생한다'고 한다.

다시 상사와 부하의 비유를 가져와서 이야기하면, 관성의 입장에서 인성은 얼핏 게을러 보이고 아무것도 안 하는 것 같지만, 결과를 놓고 보면 스마트하게 일을 잘 처리해두는 '믿을맨'이다. 인성과 비교하면 재성은 '머리가 없는 손발'이다. 관성이 재성이라는 부하를 표현하는 말이 "열심히 하긴 해"라면, 인성이라는 부하를 표현하는 말은 "어쨌든 잘해"다. 가만히 둬도 성과를 잘 내니 관성의 입장에서 인성을 좋아하지 않을 수 없다. 인성이 일하기 좋도록 편의를 봐주는 것도 기꺼울 것이다. 이를 두고 '관성이 인성을 생한다'고 한다.

십신의 관계에서 관성은 일간(나)을 극하는 기운이고, 인성은 일간을 생해주는 기운이다. 그런데 사주원국에서 인성이 관성보다 많거나, 일간을 인성이 둘러싸고 그 바깥에 관성이 위치하는 경우 관성이 인성을 생하고 인성이 일간을 생하는 구조가 만들어진다. 이러한 사주를 가지는 사람은 사주에 관성이 아무리 많아도 압박과 부담에서 비교적 자유롭고 사회생활에서 처신을 아주 능숙하게 잘하는 사람이 된다.

지금까지 관성에 관해 알아보았다. 다른 사주책을 보면 십신을 설명하며 대체로 흐름의 순서에 따라 '비겁→식상→재성→관성→인성'의 순서를 취할 것이다. 그러나 이 책에서는 관성을 가장 앞에 두었다. 사주에서 관성이 미치는 영향이 그렇게 크고 중요하기 때문이다. (오죽하면 내가 훗날 자식을 낳을 일이 있으면 관성의 위치를 고려해서 출산일을 정하고 싶다고 생각했을 정도다.) 이 책이 만약 사주를 가볍게 이해하는 책이 아니라 깊은 이론서였다면 편관 하나만 가지고도 챕터 하나를 할애할 만큼 상세하게 설명했을 것이다. 그만큼 관성은 십신을 이해하는 핵심이니 꼼꼼히 읽어두기를 권한다.

재성: 채워지지 않는 갈증

사람들이 사주를 볼 때 아주 관심 있게 들여다보는 것 중 하나가 '재성 財星'이다. 그럴 수밖에 없는 것이, 재성은 한자부터 '재물 재財'자를 쓴다. 내 사주에 재성이 있다고 하면 마치 내가 곧 부자가 될 것 같은 생각이 드는 것이다. 실제로 사주 상담을 하다 보면 가장 많이 듣는 것이 "재성은 재물복 아닌가요?", "재성이 많으면 돈이 많다는 뜻 아닌가요?"라는 질문이다. 이런 질문을 받으면 나는 "아닙니다"라고 답해준다. 그렇다면 재성이란 무엇일까?

재성은 재물복이 아니다

재성은 내 일간이 극하는 오행이다. 만약 내 일간이 목이라면 토가 재성이 된다. 극한다는 것은 대상이 나에게 만만하여 털어먹을 수 있다거나, 탐스러워서 가지고자 안달한다는 뜻이기도 하다. (자연히 극을 당하는 대상은 나에게 시달려 힘겨워하게 된다.)

사주에서 재성이란 권력, 소유욕, 욕심을 의미하며, 재성이 많은 사람은 욕심이 많고 이를 행동으로 표출하는 사람이라 할 수 있다. 재성이 곧 재물복 아닌 이유는 욕심을 낸다고 해서 모든 재물이 곧 내 것이 되지는 않기 때문이다. 물론 사주에 재성이 없어서 욕심을 부릴 줄 모르는 사람보다는 재성이 있어서 욕심을 부릴 줄 아는 사람이 재물을 얻을 가능성이 더 큰 것은 맞다. 하지만 우리가 시도하는 모든 투자가 성공으로 이어지지는 않듯 욕심이 많다고 반드시 재물을 얻을 수 있는 것은 아니다. 또 물건에 대한 소유욕이 있는 사람이면 내다팔지도 못할 물건을 사들이느라 돈을 물 쓰듯 써버릴 수도 있다. 그래서 재성이 곧 부자의 보증수표는 아니다.

재성과 다른 십신의 관계

재성의 기운이 강한 사람을 잘 설명하는 말은 '목마른 사람이 우물 판다'라는 속담이다. 이들은 욕심을 채우기 위해 가치가 있는 것을 찾아 나서는 성향이 강하다. 생각하기 전에 본능적으로 몸이 움직인다. 생각보다 행동을 중시하고, 가능성을 탐색하는 것보다 일단 손에 잡히는 것을 먼저 해결하려고 한다.

'재성이 인성을 극한다'는 말은 이런 재성의 행동력에서 비롯된다. 뒤에서 설명하겠지만 인성은 가만히 누워서 머리만 굴리려는 성향을 가지고 있다. 재성은 인성의 게으름을 가만히 두고 보지 못한다. "그렇게 가만히 생각만 하면 뭐가 나오느냐, 일단 움직여야 뭐라도 손에 잡힐 것 아니냐" 하며 인성을 닦달하는 것이 재성의 모습이다.

이런 모습으로부터 떠올릴 수 있는 MBTI의 글자는 바로 'S'다. S는 MBTI를 구성하는 여덟 글자 가운데 현실에 뿌리를 두고 사고하며 숲 보다는 나무를 보고 움직이는 경향을 의미한다. 따라서 S 성향이 강한 사람들은 철학, 예술, 인문학보다는 현실의 살아가는 이야기나 직장과 일상 이야기에 더 흥미를 보인다. 또 주어진 시간과 자원 같은 현실적인 문제를 다루는 데 능하다. 바로 이러한 모습이 재성의 기운이 강한 사람의 모습과 상통하며, 이들은 실제로도 검사를 해보면 S가 많이 나온다.

즉물적이며 자신의 욕심에 충실하다는 점에서 재성은 자본주의 세계의 중심에 서 있다. 작금의 유행과 새로운 트렌드는 재성의 기운이 강한 사람들을 자극한다. 유행하는 패션, 화장품, 맛있는 디저트, 여가활동, 스포츠 등은 이들이 돈을 써서라도 따라잡고 싶은 것들이다. 그래서 재성이 발달한 사람은 MBTI로 'xSFx'가 나오곤 한다. 'xSFx'는 트렌드에 민감하고 인스타 맛집이나 핫플레이스 등을 소상히 알고 있는 경우가 많다.

재성은 왜 여자를 의미할까

사주에서 관성은 남성 또는 남성들의 세계, 재성은 여성 또는 여성들의 세계를 의미한다. 그래서 여성을 만나고자 하는 남성 또는 여성의 연애운을 확인할 때는 재성을 보게 된다. 그런데 왜 재성은 여성을 의미하는 것일까?

앞서 설명한 것처럼 관성이 남성을 의미하는 이유는 남성의 세계가 가진 서열, 위계, 상하관계의 수직적 질서가 관성의 성질과 상통하기 때문이다. 남자들의 세계에서 '형님'은 극도의 존칭이자 커뮤니티 내에서의 질서 그 자체다. 반면 여자들의 사회는 수평적 구조를 가진다. '언니'가 무조건적인 존경의 호칭은 아니며, 동생이라고 마냥 무시당하지도 않는다. 여자들의 사회를 관통하는 개념은 '인기'다. 무엇이 가장 좋고 사랑받으며 트렌디한지를 파악하고 그것에 몰리는 것이 여자들의 사회에서 벌어지는 현상이다. 권위보다는 다수의 선택에 더 가치를 두는 것이 여자들이 움직이는 방식이고, 그래서 인기가 곧 권력이 된다. 재성이 유행과 트렌드와 밀접하다는 사실 또한 인기와 상통한다. 인기를 끄는 유행은 많은 사람들이 욕심을 내고 따라잡고 싶어 하기에 자연히 돈이 따른다. 재성의 기운이 강한 사람은 유행에 민감하기에 이를 활용하여 돈이 되는 일을 잘 찾아낼 수 있다.

재성은 여성과 여성의 세계와 연관되기 때문에 사주에 재성이 많은 사람은 여자를 이해하고 상대할 줄 안다. 아이돌 그룹 샤이니의 키는 재성의 기운이 강한 대표적인 연예인이다. 키는 사주에 관성이 없고 재성이 많다. 그렇다고 키가 여자를 이성으로서 아주 좋아한다는 의미는 아니고, 그보다는 여성을 존중하고 편안하게 대할 줄 알며 여성의 마음을 이해하고 그들의 세계에서 잘 어우러져 지낼 줄 안다는 뜻이다. 실제로 키는 함께 방송에 출연하는 여자 연예인들과 친구처럼 잘 지내며 화장품과 패션 등 여성들에게 인기 많은 분야에서 트렌드를 잘 아는 인물로 평가받는다.

정재

재성의 음양이 일간의 음양과 다른 경우 '정재正財'라 이른다. 만약 일간이 양간인 갑목이라면 음의 성질을 가진 기토己와 축토丑 그리고 미토未

가 정재다.

정재가 의미하는 것은 자신이 감당할 수 있을 만한 수준의 욕심이다. 정재의 기운이 강한 사람은 100% 확률로 1억을 받는 버튼과 10% 확률로 100억을 받는 버튼이 있다고 하면 대체로 전자를 고른다. 또 어느 달은 이천만 원을 벌고 어느 달은 백만 원만 버는 프리랜서의 삶과 꾸준히 삼백만 원을 버는 직장인의 삶을 고르라면 대다수가 직장인의 삶을 고른다. 지나치거나 모자라지 않는 중간을 추구하는 것이 정재의 성향이다.

다음 그림 06-06 은 정재만 있는 어느 연예인의 사주다.

	시주	일주	월주	연주
1972년 8월 14일 · 음력 1972년 7월 6일 · 건명 53세 · 쥐띠				
십신		아신	상관	정관
천간		丁 정火	戊 무土	壬 임水
지지		丑 축土	申 신金	子 자水
십신		식신	정재	편관
장간		癸 辛 己 편관 편재 식신	戊 壬 庚 상관 정관 정재	壬 癸 정관 편관

그림 06-06 정재만 있는 사주

이 사람은 일간으로 음간인 정화丁를 가진다. 따라서 월지 자리에 있는 신금申이 이 사주의 유일한 정재다. 이러한 사주를 가지는 사람은 딱히 일을 늘리려는 욕심을 부리지 않는다. 또 벌어들인 돈을 차곡차곡 모아둘 뿐 헤프게 써버리지도 않는다. 자신이 벌어들인 몫에 만족하며, 그것을 활용해 더 큰 돈을 벌기보다는 잃지 않는 방향을 추구한다. 이 사주의 주인은 '국민 MC' 유재석이다.

내담자들로부터 이야기를 들어보면, '정재의 기운을 가지는 사람은 돈 벌 사주가 못 되고 편재여야만 사업으로 대박을 친다'라고 풀이를 받은 경우가 있었다고 한다. 그러나 유재석을 보고 벌이가 좋지 않다고 할 사람은 아무도 없을 것이다.

누군가가 돈을 버는 것은 그저 그 사람의 능력에 달렸을 뿐이다. 사주에 재성이 정재인지 편재인지, 아니면 있는지 없는지는 실제로 그 사람이 돈 많은 삶을 살 것인지와는 그다지 관련이 없다. 재성은 다만 그 사람이 가치 있다고 생각하는 것을 어떤 방식으로 추구하는지를 말해줄 뿐이다. 유재석처럼 정재만 있는 사람들은 'Low risk, Low return'을 선호하고 안정적인 방식을 추구한다.

다른 십신들과 마찬가지로 정재를 해석할 때도 음양오행에 따라 결과가 달라진다. 예를 들어 어떤 사람의 정재가 양간인 갑목甲이라고 하자. 이는 갑목의 '가능성을 보고 배포 있게 확장하는 성질'을 보이는 정재다. 그래서 비교적 안전한 투자를 여러 가지 방향으로 시도하는 모습으로 나타날 수 있다. 이번에는 정재가 음간인 신금辛이라고 해보자. 이는 신금의 '아주 세밀하고 꼼꼼하며 신중한 성질'을 보이는 정재다. 이런 사람의 투자는 알짜배기 적금만 들어서 반드시 만기를 달성하는 방향으로 나타날 수 있다.

편재

재성의 음양이 일간의 음양과 같은 경우 '편재偏財'라 이른다. 만약 일간이 양간인 갑목이라면 양의 성질을 가진 무토戊와 진토辰 그리고 술토戌가 편재다.

정재가 감당할 수 있을 만한 균형 잡힌 욕심이라면 편재는 감당하지 못할 만큼 욕심이 넘쳐 돈을 펑펑 쓰는 것을 의미할까? 이는 꼭 맞는 해석이 아니다. 편재의 편향성은 가치가 있는 것에 대한 판단이 다른 어떤 것보다도 앞서는 모습으로 발현된다. 그것을 갖기 위해 어떤 값을 지불하게 되더라도, 어떤 수고를 들여야 하더라도 용납할 수 있을 만큼 '무엇이 가장 아름답고 나에게 가치가 있는지'에만 집중하는 것이 편재의 모습이다.

편재의 기운이 강한 사람은 쉽게 말해서 '눈이 높은 사람'이다. 안목이 높고 심미안이 까다로워서 자신을 만족시킬 수 있는 가장 좋고 비싼 것을 망설임 없이 선택한다. 그래서 편재가 있으면 부자라기보다는, 가난하면 안 되는 성향을 가지고 태어난 것이라고 볼 수 있다. 이들은 무작정 돈을 헤프게 쓰기로 작정한 것이 아니라 눈이 높다 보니 씀씀이가 그에 맞춰지는 것이다.

다음 그림 06-07 은 편재가 강한 사주에 해당한다.

	시주	일주	월주	연주
십신		아신	비견	편관
천간		丁 습 정火	丁 습 정火	癸 습 계水
지지		酉 한조 유金	巳 난조 사火	酉 한조 유金
십신		편재	겁재	편재
장간		庚 辛 정재 편재	戊 庚 丙 상관 정재 겁재	庚 辛 정재 편재

그림 06-07 편재가 강한 사주

이 사주는 일간으로 음간인 정화丁를 가진다. 화에게 재성은 금이니, 일간과 음양이 같은 유금酉이 일지와 연지에 편재로 자리한다. 유금의 지장간을 살펴보면 주성분은 역시 음간인 신금辛이다. 신금은 '잘 연마된 작은 보석'을 물상으로 가지는데, 이것이 편재로 작용하니 이 사람은 눈이 높고 사람들이 탐낼 만한 것을 식별하는 안목이 있다. 또 뒤에서 설명할 '삼합三合'의 작용으로 인해 월간의 사화巳 역시 유금의 영향에 놓인다. 그래서 이 사주는 사실상 편재가 두 개를 넘어 세 개에 가깝다고 해석해야 하는 사주다. 이처럼 재성이 강하기 때문에 이 사람은 끊임없이 부지런히 활동하고 결과물을 만들어내려 한다. 또 전반적으로 화의 기운 역시 강해서 아이디어가 넘쳐난다. 천간 자리의 정정병존으로 본인의 확고한 가치관이 있고 지향하는 바가 뚜렷하여 프로듀서의 역량이 있다. 이 사주는 가수 아이유의 사주다.

아이유의 사주로 알 수 있듯이 편재는 일종의 재능이다. 심미안은 아무나 타고나는 것이 아니다. 만약 심미안을 타고나더라도 그것을 적절히 발휘할 수 있는 영역에서 활동할 수 없다면 그 재능이 사장되고 만다. 따라서 사주에 편재의 기운이 강한 사람은 저가형 프랜차이즈 업종 대신 희소성이 있고 고급을 추구해야 하는 직업에 종사해야 보람을 얻을 수 있다.

편재 역시 음양오행에 따라 해석이 달라진다. 편재에 해당하는 글자가 양간인 경우, 이 사람은 큰돈을 다루는 대기업의 재무팀이나 회계 부서에서 일하는 경우가 많다. 특히 양간인 갑목을 편재로 갖는다면 사업체를 크게 확장하거나 대규모 프로젝트를 발족시키는 식으로 일을 벌이는 모습을 보이곤 한다. 반대로 음간인 을목을 편재로 가지는 경우에는 고급 위스키를 수집하거나, 파인다이닝 또는 오마카세처럼 아주 비싸고 맛있는 식당에 음식을 먹으러 다니는 취미를 가지는 모습으로 나타나기도 한다.

이처럼 일간과 십신은 음양오행에 따라 해석이 달라진다. 그러니 십신의 명칭에만 주목하지 말고 음양과 오행을 먼저 살피라는 말은 아무리 많이 해도 지나치지 않다.

인성: 하늘이 내린 지성

'가장 돈을 많이 버는 사주는 어떤 사주인가?'라는 질문의 답은 정말 많은 사람들이 궁금해하고 역술가들도 저마다 의견이 분분하다. 앞서 '재성'이라는 의견에 대해서는 "재성은 욕심을 내고 가치 있는 것을 찾아나서는 성향이지, 그것이 곧 돈이나 재물은 아니다"라고 답했다. 그렇다면 사주에서 무슨 요소가 부자가 될 가능성과 가장 밀접할까? 최근 사주학에서는 이제부터 설명할 '인성印星'이 결정적인 역할을 하는 것으로 보는 의견이 늘어나고 있다. 그러면 지금부터 인성이 무엇인지 한번 알아보자.

인성이 어머니라고?

인성은 나를 생해주는 오행이다. 음양을 따져서 일간(나)과 같은 음양을 가지면 편인偏印, 다른 음양을 가지면 정인正印이라 한다. 만약 내 일간이 양간인 갑목이라면 편인은 양의 성질을 가진 임수壬와 해수亥이고, 정인은 음의 성질을 가진 계수癸와 자수子가 된다.

전통적인 사주학에서는 인성을 '나를 살리는 기운', 즉 '어머니'라고 풀이한다. 또 '바를 정正'이 붙은 정인을 좋은 것이라 여기고, '치우칠 편偏'이 붙은 편인을 나쁜 것이라고 여긴다. 즉 정인은 '친어머니'여서 나를 건강하고 바른길로 이끌지만, 편인은 '새어머니'여서 내가 제멋대로 살게 내버려둔다고 해석한다. 나는 이런 해석에 절대 동의하지 않는다. 친어머니라고 반드시 나를 올바른 길로 이끄는 것도 아니고, 새어머니라고 꼭 나를 수수방관하지도 않는다. 실제로 사주 상담을 하면서도 인성이 어머니라는 해석이 들어맞지 않는 경우를 자주 확인했다.

물론 내가 전통적인 사주의 해석 모두를 부정하는 것은 아니다. 관성이 남성을, 재성이 여성을 의미하는 것은 현대에도 충분히 통용되는 해석이다. 하지만 정인은 친모, 편인은 계모라는 해석은 말도 되지 않는다. 애초에 사주 해석에 가족을 도입하는 전통적인 해석은 현대 사회에는 거의 들어맞지 않는다. 과거에 연주는 조부모의 자리, 월주는 부모의 자리라고 해석하고는 했는데, 이는 삼대가 모여 사는 것이 일반적이었던 농경 사회에서나 통하는 이야기다. 현대 사회는 1인 가구가 점차 늘어나고 있으므로 나는 십신을 가족관계로 풀이하지 않는다.

인성의 의미와 특징

그렇다면 인성은 무엇을 의미하는가? 내가 보기에 인성은 '하나를 보고 열을 아는 힘'이다. 조금 더 솔직하게 이야기하면, '타고난 머리'다.

인성이 강한 사람은 사물이나 현상을 이해하는 능력이 탁월하다. 물론 사주 해석에서 십신보다 먼저 살펴야 하는 것은 오행이기에 단지 인성이 많다고 반드시 똑똑하고 이해력이 좋다고는 할 수 없다. 하지만 사주에 인성이 많은 사람은 상황판단에 능하고 무엇이 자신에게 이득이 되는지를 잘 이해할 가능성이 크다.

이는 인성의 특징인 관찰과 탐구하는 성향에서 온다. 하나의 현상을 두고 재성이 강한 사람은 '가만히 앉아서 생각만 한다고 뭐가 나오겠어?'라고 여기고 일단 뛰어든다면, 인성이 강한 사람은 하나의 현상으로부터 열 가지의 다른 유형을 떠올리고 이를 다룰 더 많은 방법을 탐구한다. 그래서 인성이 강한 사람은 늘 머릿속에 생각과 고민이 많고, 이를 관통하는 진리에 관한 관념적이고 철학적인 사고에 빠져든다.

인성의 성질은 MBTI에서 N의 성향과 유사한 점이 많다. 나무를 보는 것보다 숲을 보는 경향, 현실에서 관념적인 주제를 추출하여 사고의 모델을 두고 생각하는 것을 즐기는 성향이 그러하다. 따라서 사주에 인성이 강한 사람은 MBTI 검사를 해보면 N 성향이 많이 나타난다.

다음 그림 06-08 은 인성이 있고 재성이 없는 어느 연예인의 사주다.

	시주	일주	월주	연주
1982년 12월 14일 · 음력 1982년 10월 29일 · 건명 43세 · 개띠				
십신		아신	상관	상관
천간		辛 조 신金	壬 조 임水	壬 조 임水
지지		未 난조 미土	子 한조 자水	戌 한조 술土
십신		편인	식신	정인
장간		丁 乙 己 편관 편재 편인	壬 癸 상관 식신	辛 丁 戊 비견 편관 정인

그림 06-08 인성이 있고 재성이 없는 사주

이 사주는 음간인 신금辛을 일간으로 가진다. 금에게 인성은 토이고, 재성은 목이다. 이 사주에는 목이 없으므로 재성이 없고, 음의 성질을 가지는 미토未를 편인으로, 양의 성질을 가지는 술토戌를 정인으로 갖는다. 재성이 없고 인성이 있으니 이 사람은 당장 먹고사는 것이나 현실적인 욕심보다는 나의 생각과 가치관이 중요하다. 연주에 정인이 있으니 공적인 측면에서 바른 마음, 착함, 도덕성, 양심에 대해서도 고민하고 지금보다 나은 세상을 향한 고민까지 할 사주다.

천간 자리를 보면 임임병존이 있다. 수는 금에게 식상이고, 임수壬는 양간이니 신금에게 상관이 된다. 임임병존이라는 강한 도화의 기운을 상관으로 갖고 있으니, 이 사람이 펼치는 재능과 실력은 아주 독특하고 매력적이면서도 사람들의 눈에 깊이 각인된다. 다만 이 사주는 재성이 없어서 유행에는 둔감한 편이며, 여자를 대하는 일을 어려워할 가능성이 크다. 그렇다고 관성과의 인연도 크지 않으니 남자들과도 잘 어울리는 사주는 아니다. 이 사주의 주인은 배우 구교환이며, 그의 MBTI는 INFP다.

인성과 다른 십신의 관계

지금까지의 설명만 보면 인성은 마냥 좋기만 한 것으로 보일 것이다. 똑똑해서 나쁠 것이 뭐냐고 생각할 수 있다. 그러나 인성에도 단점은 있다.

첫째로 인성은 생각이 먼저다 보니 행동할 타이밍을 놓치거나 실행력이 부족할 수 있다. 예를 들어 에어컨을 구매한다고 해보자. 재성의 기운이 강한 사람은 직접 대리점 여러 곳을 돌며 발품을 팔고 가격과 성능을 직접 하나하나 비교하며 구매를 결정한다. 이 방법 저 방법을 놓고 미리 고민하는 대신 일단 몸을 움직이는 것이 행동력이 강한 재성의 방식이다. 그러나 인성의 기운이 강한 사람은 인터넷으로 구매할까, 대리점에 갈까 고민하다가, 인터넷에서 후기를 좀 뒤져보다가, 적당히 마음에 드는 것을 몇 가지 고른 다음, 지금 살까 아니면 겨울에 할인할 때 살까 저울질해보다가, 결국에는 좀 더 시간이 지난 다음에 생각해보자며 아예 결정을 미뤄버리기도 한다.

인성의 이러한 특징은 두 번째 단점인 '재수 없음'으로 이어진다. 재성의 기운이 강하여 행동력이 있는 사람들은 인성이 그저 생각만 골똘히 하는 모습을 가만히 두고 보지 못한다. "아, 됐고, 그냥 내가 사는 거 따라서 사!" 하는 것이 재성의 모습이고, "그럼, 그럴까?" 하며 자기 수고는 들이지 않고 잇속을 챙기는 것이 인성의 모습이다.

관성의 경우에는 이러한 모습이 조금 더 극명하게 나타난다. 본래 사주에서 관성은 그 사람의 인생에 시련을 가져다주는 요소이지만, 인성과는 생해주는 관계로 엮여 있다. 그래서 관성은 인성을 좋아하는데, 인성은 이 관성을 살살 부려먹을 줄 안다. 심지어 인성이 아주 강한 경우에는 관성이 자기 사주에 필요한 기운인 용신用神이 되기도 한다. 인성이 많으면 행동력과 실행력이 떨어져 게을러지기 쉬운데, 여기에 적당한 관성이 압박을 주고 무엇이라도 하게끔 등을 밀어주는 요소로 작용하는 것이다.

물론 인성의 기운이 강한 사람들이 특별히 게으르거나, 남을 이용해먹으려고 의도한 것은 아닐 수 있다. 아직 실행에 나서지 못했을 뿐인데 이를 보다 못한 주변에서 어느새 내 일까지 도맡아 해주는 것이다. 그렇지만 스스로 움직이지는 않으면서 의외로 자기 잇속은 잘 챙기는 모습 때문에 이들은 때로 "재수 없다"라는 소리를 듣기도 한다.

어쩐지 기시감이 느껴지지 않는가? 앞서 오행을 설명하며 '금'의 기운이 강한 사람은 "재수 없다"라는 소리를 듣기도 한다고 언급했다. 즉 인성이 금의 오행을 가질 때, 그 사람은 머리를 굴려서 들이는 수고에 비해 자기 몫을 살뜰히 챙기며 부자가 될 가능성이 크다고 할 수 있다.

정인

인성 가운데 일간(나)과 음양이 달라서 조화로운 것을 정인正印, 음양이 같아서 치우친 것을 편인偏印이라 한다.

정인이란 양심, 보편성이다. 사주에 정인이 많은 사람의 MBTI는 주로 ISTJ, ISFJ, ENFP, INFP 등으로 나타난다. 이 유형의 공통점은 선을 지킬 줄 알고 바른 마음을 가지고 있다는 점이다.

인성은 '타고난 머리'인 만큼 학문과 연관되기 쉽다. 학문을 공부할 때 정인의 기운이 강한 사람은 관심사를 적당히 추구하고, 다른 방향도 공부해서 전반적인 균형을 맞추려는 방향으로 움직인다. 또 과몰입을 경계하고 불편부당함을 추구하기 때문에 기사를 작성하거나 다큐멘터리를 제작하는 일과 잘 어울린다.

다음 그림 06-09 는 사주에 편인이 없고 정인만 있는 사주다.

	시주	일주	월주	연주
십신		아신	정인	상관
천간		庚 ⁸ 경金	己 ⁸ 기土	癸 ⁸ 계水
지지		子 한조 자水	未 난조 미土	酉 한조 유金
십신		상관	정인	겁재
장간		壬 癸 식신 상관	丁 乙 己 정관 정재 정인	庚 辛 비견 겁재

1993년 7월 18일 · 음력 1993년 5월 29일 · 건명 32세 · 닭띠

그림 06-09 편인이 없고 정인만 있는 사주

이 사주는 양간인 경금庚을 일간으로 가진다. 금에게 인성은 토이며, 음의 성질을 가지는 기토己와 미토未가 월주에서 정인으로 중심을 잘 잡고 있다. 이처럼 정인의 기운이 강한 사람은 바른 마음, 양심에 관한 고민이 많고 이러한 삶을 살고자 노력한다.

조금 더 깊이 들어가보면 이 사람은 인성과 비겁의 기운이 강하여 신강한 사주인데, 그래서 이 사주는 상관을 도움이 되는 기운으로 써먹는다. 식상, 즉 식신과 상관은 자신의 재능을 세상에 드러내보이는 힘이다. 즉 남들 앞에 재능을 내보이기를 좋아하는 사주이며, 이를 상관의

특징인 독특하고 도전적이면서 세상의 선입관을 부수는 방식으로 활용한다. 이 사주의 주인은 아이돌 그룹 샤이니의 태민이다.

편인

편인이란 요령, 선호, 주관성이다. 편인의 기운이 강한 사람은 자기가 좋아하는 것, 자기가 원하는 것에 깊이 몰두한다. 학문을 하더라도 균형을 갖추는 것이 아니라 내 주관을 가지고 강하게 몰입한다. 이는 학문이 될 수 없다. 이것은 결국 예술이 된다. 다음 그림 06-10 은 정인이 없고 편인만 있는 사주다.

	시주	일주	월주	연주
십신		아신	비견	비견
천간		辛 조 신金	辛 조 신金	辛 조 신金
지지		丑 한습 축土	丑 한습 축土	酉 한조 유金
십신		편인	편인	비견
장간		癸 辛 己 식신 비견 편인	癸 辛 己 식신 비견 편인	庚 辛 겁재 비견

1982년 1월 18일 · 음력 1981년 12월 24일 · 건명 44세 · 닭띠

그림 06-10 정인이 없고 편인만 있는 사주

이 사주는 음간인 신금辛을 일간으로 가진다. 금에게 인성은 토이며, 음의 성질을 가지는 축토丑 둘이 월지와 일지에 자리 잡고 있다. 그런데 천간을 보면 신금이 무려 셋이나 자리하는데 이를 '신신신삼존辛辛辛三存'이라 한다. 이 경우 신금의 꼼꼼함과 예민함, 감각적인 성향이 아주 서슬 퍼렇게 강해진다. 또 축토를 보면 지장간으로 수와 금을 가지는데, 이는 말이 없고 강한 고집을 내세우는 방식으로 표출된다. 즉 이 사주의 편인은 얼핏 무던해보이지만, 사실은 자기가 좋아하는 분야는 절대 타협하지 않고 깊이 파고들며 극도로 치밀한 예술성을 추구하는 방향으로 작용한다. 이 사주의 주인은 요리 경연 프로그램인 〈흑백요리사〉에서 심사위원을 맡았던 쉐프 안성재다. 그는 국내에서 유일하게 미슐랭 3스타를 달성했고, 프로그램에서는 예민하고 꼼꼼한 심사평으로 화제를 모았다.

머글 또는 덕후

정인과 편인을 한 번 더 간단히 설명하자면 이렇다. 어떤 학생이 수학은 60점, 영어는 80점을 받았다고 하자. 그러면 부족한 수학을 더 열심히 공부해서 영어 수준으로 끌어올리려는 게 정인의 마음가짐이다. 반대로 재미도 없고 점수도 안 나오는 수학은 버리고 좀 더 재미있고 점수도 좋은 영어 공부에만 집중해서 100점을 노리는 게 편인의 마음가짐이다. 똑같이 머리가 좋고 배우는 것을 좋아하는 인성이더라도, 그 인성을 정인으로만 가지는 사람은 보편적이며 정석적인 길을 따른다.

반면 편인은 자기 입맛에 맞는 것만 골라서 파고든다.

　내담자의 사주를 보니 일간과 먼 위치에 정인이 딱 하나 있다면 나는 그분께 "축하드립니다. 당신은 '머글*입니다."라고 말해준다. 이런 사람은 드라마를 봐도 과몰입하지 않고 곧 일상으로 복귀한다. 반면 일간과 가까이 편인이 위치하거나 사주원국 전체에 편인이 많다면 이 사람은 드라마가 끝나는 순간 '덕질'을 시작한다.

　지금 우리가 이야기하는 사주와 MBTI 역시 편인이 깊이 빠져드는 분야다. 사주 역시 학문의 일종인지라 정인만 있는 사람도 관심을 가질 수는 있다. 하지만 사주책을 펼치고 공부하다 보면 어쩐지 잘 이해되지 않는 학문이라 여길 것이다. 정인이 받아들이기에 사주는 기준이 불명확하고 제멋대로다. 그렇지만 편인이 강한 사람들은 한번 맛을 보고 나면 정신없이 빠져든다. 이들은 '영성, 우주, 명상, 별자리' 같은 분야를 무척 좋아하며, 그래서 편인의 특징을 보여주는 단어는 '오타쿠, 왜곡, 소설, 저세상, 판타지, 야사' 같은 것이다.

　하지만 편인이 강한 사람이 사주를 공부한다고 꼭 역술가로 나서는 것은 아니다. 이는 인성이 식상을 극하기 때문이다. 식상은 내 재능을 남들 앞에 펼치고 보여주려는 성향이다. 편인이 강하면 사주 공부를 열심히 할 수는 있지만, 이를 남들에게 내보이며 밥벌이로 삼는 것은 그리 마음이 내키지 않는 일이다. 이처럼 편인이 식신을 걷어차버리는 모습을 '편인도식偏印倒食'이라 한다.

---

* 소설 〈해리포터〉에서 마법사가 아닌 일반인을 이르는 말로, 현실에서는 '오타쿠' 기질이 없는 일반인을 뜻하는 용어로 쓰인다

식상: 세상에 나를 인식시키는 힘

식상食傷은 '식신食神'과 '상관傷官'을 합쳐서 부르는 이름이다. 식상은 일간(나)이 생하는 오행으로, 음양을 따져보면 일간과 음양이 같은 것을 식신, 음양이 다른 것을 상관으로 분류한다. 만약 내 일간이 갑목이라면 병화丙와 사화巳가 식신이 되고, 정화丁와 오화午가 상관이 된다.

'생한다'는 것은 나의 에너지가 그쪽을 향한다는 것으로, 일간이 식상을 생함은 자신이 가지고 있는 재능과 능력을 세상에 표출하고자 함을 의미한다. 즉 식상은 '나'를 세상에 인식시킴으로써 존재감을 드러내는 기운이다. 다만 재주와 역량을 부드럽게 써먹는지, 세상에 극렬히 저항함으로써 무시할 수 없는 존재가 되는지 그 방식의 차이가 식신과 상관으로 나뉜다고 할 수 있다.

식상과 일간의 음양이 일치해야 좋은 이유

식신과 상관에 관해 알아보기 전에 먼저 알아두어야 할 것이 있다. 먼저 살펴본 관성, 재성, 인성은 음양을 따져서 일간과 음양이 달라야 조화를 이루며 바람직하다고 설명했다. 그러나 식상은 예외다. 식상은 반대로 일간과 음양이 일치하는 경우를 더 바람직하다고 해석한다.

식상은 내가 표현한 결과물이기도 하지만, 내가 잘 사용하는 도구이기도 하다. 야구선수라면 배트와 글러브일 것이고, 발레리나라면 옷과 토슈즈인 셈이다. 이때 일간과 음양이 같다면 사이즈가 들어맞으므로 사용하기가 훨씬 편리하고, 더 좋은 경기나 무대를 보여줄 수 있을 것이다. 반대로 일간과 음양이 다르다면 손에 맞지 않는 글러브, 발에 맞지 않는 토슈즈를 착용한 셈이므로 에러가 발생하거나 무대에서 넘어질 수도 있다. 그래서 식상은 관성, 재성, 인성과 달리 일간과 음양이 같은 경우를 더 바람직한 것으로 여긴다.

식신

식신은 '먹을 식食'에 '귀신 신神'자를 쓴다. 즉 식신은 먹고사는 문제와 관련된 기운이다. 우리가 먹고살기 위해서는 남들이 그 가치를 인정할 만한 재주와 기술을 지니고 펼쳐야 한다. 먹는 행위 그 자체를 비롯해 노래, 연기, 춤, 연설, 소설, 기사 작성 등 예술과 언어와 관련한 소질과 창작의 성과는 모두 식신의 영역에 해당한다.

식신은 내가 편하게 여기고 잘 사용할 수 있는 능력인 동시에 주변에서도 그 재능과 성과를 인정하는 재능이다. 식신의 기운이 강한 사람들은 남들에게 부드럽게 잘 스며든다. 너스레를 떨기도 하고, 필요하면 애교도 부려 가면서 자기 의견을 제시할 줄 안다. 그래서 이들은 서비스업과 영업에도 강점을 보인다. 사주에 식신이 많으면 이 사람은 어딜 가서도 굶어 죽을 팔자는 아니라고 해석하기도 한다.

그렇지만 이 부드러움이 식신에게는 단점이 되기도 한다. 식신의 기운이 강한 사람이 진지하게 문제를 제기하고 불만을 표출하더라도 주변에서는 "너답지 않게 왜 그래, 그냥 평소대로 하자"라고 말하며 가볍게 넘어가는 일이 벌어지곤 한다.

상관

상관은 '다칠 상傷'자와 '벼슬 관官'자를 쓴다. 사주에서 관성은 공적인 질서와 체계를 의미하는데, 상관은 이름부터 관성을 다치게 한다는 의미를 가진다. 앞서 식신을 설명하며 부드럽다고 말했지만 이 역시 세상의 정립된 흐름에 나의 개성과 존재감을 인식시킨다는 점에서 일종의 저항성을 가지고 있다고 볼 수 있다. 그런데 상관은 이를 식신보다 훨씬 강하고 매서운 방식으로 수행한다. 사회의 질서나 통념, 관습에 극렬히 저항함으로써 존재감을 드러내는 것이다. 모두가 예스맨으로 '입꾹닫'을 하고 있을 때 홀로 권위에 불복하고 "노"를 외치는 것이 이들의 특징이다. 부조리한 시스템에 격렬하게 저항하는 상관의 모습은 아무리 두꺼운 주머니로 가리고 감싸도 결국 비죽이 뚫고 나오는 송곳이나 다름없다. 예전에 드라마로도 만들어진 웹툰 〈송곳〉의 등장인물들이 바로 이러한 모습을 보여준다.

그렇다고 상관을 단지 '트러블메이커'라고만 생각하는 것은 오해다. 기존의 틀을 깨려는 움직임이 없다면 세상은 발전하지 않고 정체된다. 새로운 변화의 가능성을 능동적이면서도 역동적으로 가져오는 것이 상관의 힘이다.

상관은 관성을 직접적으로 공격하기 때문에 남들의 눈에 훨씬 튀어

보이고 기운 역시 날카롭다. 상관이 보여주는 재주와 기술은 식신과 달리 호불호가 분명하게 갈려서 소위 '빠와 까를 동시에 미치게 하는' 종류의 재능이다.

　나에게 사주 상담을 받으러 오시는 분들 중에는 자신 또는 자녀의 진로를 고민하는 분들이 꽤 많은데, 상관의 기운이 강한 사주는 고객을 윗사람으로 모셔야 하는 서비스 업종을 추천하지 않는 편이다. 학생이나 유아 등 아랫사람을 주로 상대하는 교사나 유치원 선생님은 괜찮은가 하면, 그것도 마땅치 않다. 이들은 교장이나 원장 또는 학부모들과도 갈등을 빚을 수 있다. 그래서 나는 상관의 기질을 살릴 수 있는 감리 · 감사 직종 또는 변호사나 회계사 등을 추천하고는 한다.

사주원국의 자리에 따른 식상의 해석

식신과 상관은 사주원국의 어느 자리에 위치하는지에 따라 풀이하는 방식이 달라진다. 앞서 사회궁을 설명하며 연주에 가까울수록 첫인상과 밀접하다고 언급했다. 예를 들어 어떤 사람의 연주에는 식신이 있고 월주에는 상관이 있다고 해보자. 그러면 이 사람은 처음 보기에는 농담도 잘하고 적당히 유하며 남들과 잘 어울리는 재주가 있는 사람으로 여겨질 것이다. 그러나 조금씩 알아갈수록 생각보다 까다로운 면이 있다고 느껴질 것이다. 반대로 연주에는 상관이 있고 월주에는 식신이 있다고 해보자. 그러면 이 사람은 첫인상이 날카롭고 반항적으로 보여 다소 손해를 볼 수 있다. 그러나 점점 알면 알수록 생각보다 재미있고 여린

면도 있는 사람이라는 평가를 받을 것이다. 한번 다음 그림 06-11의 사주를 보자.

	시주	일주	월주	연주
		1970년 5월 29일 · 음력 1970년 4월 25일 · 건명 55세 · 개띠		
십신		아신	식신	상관
천간		己기土	辛신金	庚경金
지지		酉유金	巳사火	戌술土
십신		식신	정인	겁재
장간		ⓖ庚 ⓛ辛 상관 식신	ⓖ戊 ⓖ庚 ⓑ丙 겁재 상관 정인	ⓛ辛 ⓣ丁 ⓖ戊 식신 편인 겁재

그림 06-11 식상이 많은 사주

이 사주는 음간인 기토己를 일간으로 가진다. 그런데 생년월일로 파악한 여섯 글자 가운데 무려 셋이 식상에 해당하는 금이다. 연주에 상관인 경금庚이 있으니 이 사람은 첫인상부터 체제에 반발하고 윗사람에게 반항적인 태도를 보이는 사람으로 보일 것이다. 그렇지만 월주와 일주에는 식신인 신금辛과 유금酉만 있다. 그래서 막상 어울리고 나면 생각보다 친근하고 괜찮은 사람이라고 재평가가 이루어질 것이다. 이 사주는 '아이언맨' 토니 스타크의 사주다.

토니 스타크처럼 가상의 인물이어도 생년월일이 정해져 있다면 그 사주를 볼 수 있다. 물론 작가나 감독이 사주를 염두에 두고 캐릭터를 구성하는 것은 아니기에 100% 들어맞지는 않지만, 제법 적중률이 높아서 신기할 때가 있다. 무엇보다도 이런 캐릭터 분석을 친구들과 함께 해보면 아주 재미있다.

식상이 사회궁 자리에만 있는지 아니면 일주와 시주 자리에만 있는지에 따라서도 해석이 달라진다. 아이돌 그룹 세븐틴의 멤버 에스쿱스는 음간인 신금辛을 일간으로 가지며 연지 자리에 해수亥를 유일한 상관으로 갖는다. 이러한 사주를 가지는 사람은 윗사람과 반대되는 의견을 내거나 회사와 다투는 일도 드러내놓고 해낼 수 있다. 실제로 에스쿱스는 본명의 이니셜인 'S'와 쿠데타Coup d'etat의 'Coup'을 따서 예명을 지었다. 또 여러 차례 인터뷰를 통해 자신은 회사의 입장보다는 세븐틴이라는 팀과 멤버들을 소중하게 여긴다고 밝힌 바 있다.

반대로 상관이 시주 정도에만 자리하는 경우 이 사람은 '방구석 여포'가 되기 쉽다. 사회생활을 하며 불만이 생기면 겉으로는 "네, 알겠습니다"라고 대답하며 넘어가지만, 친구들을 만나는 자리에서 욕설을 늘어놓거나 집에서 SNS 또는 인터넷 게시판을 통해 불만을 마구 표출하고는 한다.

식상의 음양오행에 따른 차이

십신은 그에 해당하는 오행과 음양이 무엇인지에 따라 양상과 성질이

다르게 발현된다. 애초에 그렇지 않다면 십신의 음양오행을 구분할 필요도 없었을 것이다.

음간인 기토己 일간을 가진 사람이 양의 성질을 가지는 경금庚을 상관으로 갖는다고 해보자. 경금은 아주 크고 단단한 바위다. 따라서 상관에 해당하는 경금은 손에 크고 단단한 돌덩이를 들고 "지금 그게 말이됩니까?!" 하며 휘두르는 광경이 된다. 이런 사주원국을 가진 사람이 하는 말은 아주 간단한 의견제시여도 주변에서 흘려넘기기 어렵게 된다. 또 반항적이고 할 말을 전부 해야 하는 사람으로 여겨져 경계의 대상이 되는 경우도 생긴다. 이런 사람의 MBTI는 'T' 성향이 될 가능성이 크다.

이번에는 기토 일간을 갖는 사람이 사주에 식신인 신금辛과 유금酉만 가득하다고 해보자. 식신은 상관보다 부드러운 저항성을 가지지만, 이것이 금의 날카롭고 단단한 성질로 발현되기 때문에 제법 강하게 느껴질 수 있다. 부드러운 말속에 뼈를 심어 두는 T인 셈이다.

다음으로는 양간은 임수壬 일간을 가지는 사람이 음의 성질을 가지는 을목乙을 상관으로 가진다고 해보자. 을목은 작고 예쁜 꽃이어서 기본적으로 사랑스러운 성질을 갖는다. 이 경우에는 상관이어도 그 영향이 미미할 것으로 해석한다. 상관이 경금인 것에 비교하자면 을목은 F인 사람이 조곤조곤 이의를 제기하는 것처럼 받아들여질 수 있다. 이처럼 십신의 영향을 파악할 때는 먼저 일간이 음인지 양인지, 십신은 오행이무엇이며 그 음양은 무엇인지를 종합적으로 고려해야 한다.

내가 내담자들에게 일간과 십신의 음양오행에 따른 차이를 설명할 때 자주 예시로 드는 두 남성 연예인의 사주가 있다. 이 두 사람은 생년월이 같은데 생일만 딱 하루 차이로 달라서 일간의 차이로 인해 십신이 달라지는 경우에 해당한다. 먼저 그림 06-12 를 보자.

	시주	일주	월주	연주
십신		아신	식신	정관
천간		癸 계水	乙 을木	戌 무土
지지		酉 유金	卯 묘木	午 오火
십신		편인	식신	편재
장간		ⓖ庚 ⓗ辛 정인 편인	甲 乙 상관 식신	丙 己 丁 정재 편관 편재

1978년 3월 12일 · 음력 1978년 2월 4일 · 건명 47세 · 말띠

그림 06-12 남자 배우 N의 사주

배우 N은 일간으로 음간인 계수癸를 가진다. 수에게 식상은 목으로, 이 사주에는 음의 성질을 가진 을목과 묘목이 월주에 식신으로 자리한다. 즉 배우 N은 자신의 재능과 실력을 부드럽게 어필할 때 그 진가가 발휘되는 사람이다. 이 배우는 악역을 맡았을 때도 인상 깊은 연기와 캐릭터를 보여주며 인지도를 올렸으나, 본격적으로 '믿고 보는 배우'라는 수식어를 얻으며 대중에게 인기를 얻은 것은 부드럽고 편안하며 능

력 있는 주역을 맡으면서부터였다. 이 배우는 드라마 〈리멤버–아들의 전쟁〉, 〈냄새를 보는 소녀〉 등에서 악역을 맡았으며, 〈김과장〉, 〈스토브리그〉, 〈검은 태양〉, 〈천원짜리 변호사〉, 〈연인〉 등 인기 드라마의 주역을 맡은 배우 남궁민이다. 이번에는 그림06-13 을 보자.

	시주	일주	월주	연주
십신		아신	상관	편관
천간		壬임水	乙을木	戊무土
지지		申신金	卯묘木	午오火
십신		편인	상관	정재
장간		戊 壬 庚	甲 乙	丙 己 丁
		편관 비견 편인	식신 상관	편재 정관 정재

1978년 3월 11일 · 음력 1978년 2월 3일 · 건명 47세 · 말띠

그림06-13 남자 배우 H의 사주

배우 H는 일간으로 양간인 임수壬를 가진다. 임수 역시 오행 중 수에 해당하므로 식상은 목이며, 일간이 양간이므로 음양이 다른 을목과 묘목은 모두 상관이 된다. 식신과 상관은 모두 일간이 펼치는 재능이기 때문에 남궁민과 H는 모두 뛰어난 연기력을 자랑한다. 그러나 식신이 아닌 상관을 도구로 삼는 H는 굉장히 튀고 눈에 띄는 역할, 분량에 비

해 사람들에게 깊은 인상을 남기는 악역을 맡았을 때 그 재능이 십분 발휘된다. 상관의 재능은 호불호가 극명하게 갈리고 팬도 안티도 많은 대신, 이를 잘 살리기만 하면 남들이 쉽게 다다르지 못하는 영역을 자신의 것으로 만들 수 있다. 이 사주의 주인은 초기작인 〈용서받지 못한 자〉로 이름을 알렸으며, 〈추격자〉, 〈황해〉, 〈범죄와의 전쟁〉, 〈더 테러 라이브〉, 〈암살〉, 〈터널〉, 〈신과 함께〉 등 굵직한 영화에 출연한 배우 하정우다.

식상과 다른 십신의 관계

식상과 대비되는 십신은 관성이다. 관성은 이를테면 사회에 편입되고 싶은 욕구, 누군가가 정해준 길을 그대로 따라가려는 경향, 사회에서 요구하는 기능을 습득하고 해내려는 생각 같은 것이다. 학교에서 시키는 대로 열심히 공부해서 부모님이 원하는 대학에 가 누구나 인정하는 대기업에 입사하는 모습이 관성을 가지는 사람의 삶이다.

식상은 사회적 통념과 관습에 저항하고 윗사람의 말에 순종하는 것을 거부한다. 대신 수많은 사람 앞에 내가 누구인지 보라고, 내가 해낼 수 있는 것이 무엇인지 보라고 외친다. 소위 말하는 '끼가 넘치는 사람'이 식상의 모습이다. 이처럼 나를 돋보이게 하는 재능, 나를 남들과 다르고 특출나게 만들어주는 성질이 식상이다. 그래서 식상의 기운이 강한 사람은 개성이 넘치고 사회에 반항적인 성질을 지니게 된다.

식상이란 자기가 내키기 때문에 그냥 움직이는 힘이다. 결과와 무관하게 지금 내가 몰두한 이 행위가 즐겁고 재미있다. 그래서 식상이 강한 사람은 MBTI가 P로 나타나는 경우가 많다. 사실 식상은 '재능'의 영역이어서 '성격' 지표인 MBTI로 표현하기에는 다소 어려움이 있다. 하지만 식상의 기운이 매우 강하여 저항성이 두드러진 사람으로 한정해서 말한다면, 관성과는 거리가 멀기 때문에 현실적인 S보다는 관념적인 N에 가깝고, J보다는 P에 조금 더 가깝다. 즉 사회규범에 순응하는 'xSxJ'와 반대되는 'xNxP' 정도라고 볼 수 있다.

식상의 재능은 특히 직접 뛰어들어 몸을 쓰고 움직여야 하는 노래나 춤과 같은 재주와, 말하고 글을 쓰는 언어 활동의 재주로 나타난다. K-pop 아이돌의 외국인 멤버 가운데 한국어가 굉장히 빨리 늘고 능숙하게 사용하는 이들이 있는데, 두 가지 재주가 같은 결의 재능에 속하기 때문이다. 그래서 사주에 식상의 기운이 강하면 외국어를 습득하는 것을 추천한다. 기본적으로 재능이 있어서 남들보다 적은 노력을 투자해도 빨리 실력이 늘 수 있다. 다만 인성을 사용하는, 소위 말하는 '모범생' 타입들은 머리는 좋을지언정 노래와 춤, 언어적 재능을 펼치기를 어려워하고 실력이 더디게 느는 경우가 있다.

식상의 기운이 강한 사주에 관성이 하나라도 있는 것과 없는 것은 천지차이로 다르게 나타난다. 관성을 가진 식상은 물론 체제에 저항하는 성향은 가지고 있다. 하지만 적어도 나를 억압하는 규율이나 관습이 왜 존재하는지는 이해한다. 영웅이 만들어지려면 고난과 시련이 필요한 것처럼, 나에게 닥쳐오는 힘듦이 결과적으로 나의 인생에 어떤 의미를 가지며 어떤 도움이 될지를 안다. 그러나 관성이 없는 식상은 한마디로 무법천지에 가깝다. 이런 사람은 딱히 억압당해본 적이 없더라도 체제를 비판하는 데 앞장선다. 이런 사람들은 시스템에 순응할 것을 요구하는 공기업이나 대기업 같은 직장에 다니는 데 어려움을 겪고는 한다.

　사주에 관성의 기운이 강하면서 식상이 존재하는 경우에는 관성으로부터 받는 압박을 해소하는 데 식상을 수단으로 활용하게 된다. 관성이 사회궁에 있고 시주에 식상이 있다면 먹는 것으로 스트레스를 풀거나, 글을 쓰거나, 운동이나 체험을 하러 가는 등 내가 직접 몸을 움직이는 활동을 찾는다. 그러나 사주에 식상이 없는 경우 체험에 그다지 의미를 두지 않으며, 나서는 사람에게 적당히 박수나 쳐주고 자신은 뒤로 빠지는 것을 선호하곤 한다.

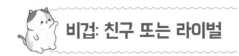

비겁: 친구 또는 라이벌

사주가 MBTI보다 어렵게 느껴지는 이유는 용어가 어려워 보이기 때문이다. 그중에 나는 '비겁比劫', 즉 '비견比肩'과 '겁재劫財'가 큰 몫을 차지한다고 본다. 재성이나 관성과 달리 이 단어를 처음 보는 사람은 대체 무엇을 의미하는지 감조차 잡기 어렵다. 그렇지만 이어질 설명을 읽고 나면 그리 어렵지 않은 개념임을 알 수 있을 것이다.

비겁은 사주원국 내에 나의 일간과 오행이 같은 글자를 의미한다. 만약 내 일간이 목이라면, 내 사주원국에 자리한 목들은 전부 비겁이 된다. 이때 일간이 양간인 갑목이라면 천간인 갑목甲과 지지인 인목寅이 같은 양간이므로 비견이 되고, 일간이 음간인 을목乙이라면 갑목과 인목은 음양이 다르므로 겁재가 된다.

비견

비견은 '견줄 비比'에 '어깨 견肩'을 쓴다. 사주에 비견이 있다는 것은 나와 어깨를 나란히 하는 또래, 친구가 주변에 있다는 뜻이다. 일간이 친구로 여기는 만큼 이들과 결이 맞아 '나와 비슷한 존재'로 여기며 화목하게 지냄을 뜻한다. 뇌과학에서 사랑에 관해 설명하는 이론 가운데 뇌는 내가 아주 사랑하고 아끼는 가족과 친구, 연인을 나 자신과 잘 구분하지 못한다는 이론이 있다. 가족의 아픔을 내 아픔으로 느끼고, 친구의 기쁨도 내 기쁨으로 여긴다는 것이다. 이처럼 비견은 친구도 자신처럼 여겨 다정하게 대하고 공감도 많이 해준다. MBTI가 INFP인 사람이 사주에 비견이 강하다면, 정반대 성향인 ESTJ를 만나더라도 공통점을 찾고 친하게 지내려 하기도 한다. 다만 이들은 이성보다는 동성 친구와 더 잘 지내는 경향이 있다.

겁재

겁재는 '겁탈할 겁劫'에 '재물 재財'자를 쓴다. '재물을 빼앗는다'는 의미에서 연상할 수 있듯 겁재는 내 주변에 나와 맞먹는 경쟁자가 있다는 뜻이다. 전통적으로 사주학에서는 겁재가 있으면 인생에 배신수가 있다는 뜻으로 해석한다. 부드럽게 해석하더라도 겁재를 가진 사람의 인생에는 위협적인 경쟁자가 있다고 본다. 그래서 겁재의 기운이 강한 사람은 본능적으로 또래나 동성 친구를 그다지 반기지 않는다. 오히려 연배가 차이 나는 사람이나 나와 다른 배경을 가진 사람과 더 잘 어울리고는 한다. 해외에 있는 사람과 SNS로 연락하며 친구로 지내거나, 전혀 다른 직종에 종사하는 나이 차가 있는 사람과도 친하게 지내는 모습이 그것이다.

일간의 음양에 따라 겁재가 사주에 영향을 미치는 양상은 조금 다르게 나타난다. 예를 들어 내 일간이 양간인 갑목이고, 음간인 을목을 겁재로 가지고 있다고 해보자. 물상으로 보면 나는 아주 거대한 나무인데, 내 주변의 경쟁자는 조그마한 풀인 셈이다. 그러면 이 사람은 주변에 있는 사람을 경쟁자라기보다는 오히려 보듬고 챙기며 이끌어야 할 대상으로 인식한다. 이는 다소 부담은 될지언정 그렇게 힘든 경우는 아닐 것이다.

이번에는 내 일간이 음간인 을목이고, 양간인 갑목을 겁재로 가지고 있다고 해보자. 그러면 이 사람은 조그마한 풀인데 거대한 나무들이 주변을 온통 둘러싸고 있는 셈이다. 이런 사람은 자신이 속한 커뮤니티에서 활동하는 것이 무척 버겁게 느껴진다. 그들과 발을 맞추려다 보니 사회적으로는 E 성향을 보일 수 있지만 혼자 있을 때는 I 성향을 보이곤 한다. 이처럼 일간이 음간인 사람이 겁재를 많이 가지면 그 삶이 힘겹다. 자신은 열심히 살려고 노력하지만, 지위나 역할이 분수에 맞지 않고 여겨 마음이 불편할 수 있다.

비견과 겁재의 상담

비겁도 식상처럼 MBTI로 나타내기가 다소 어려운 편이다. 얼핏 생각하면 '주변에 사람이 많으니까 E 아닐까?' 싶지만, 비겁이 많아서 혼자 있고 싶어 하는 사주도 있고 비겁이 없어서 사람에 더 애착을 갖는 사주도 있다. 그래서 비겁은 E와 I에 연관된 성질로 보기는 어렵고, 굳이 따지자면 F의 모습에 가깝다. 즉 같은 것을 보더라도 조금 더 사람을 중심에 두고 생각하고, 내 이득만 챙기기보다는 주변 사람을 함께 챙기려고 하는 성질이 F와 닮았다.

같은 비겁에 속하더라도 비견과 겁재는 그 성질과 현상이 다르게 나타난다. 그래서 내가 사주 상담을 해줄 때도 건네주는 이야기가 완전히 달라진다. 겁재만 있는 사람이 자영업이나 사업을 운영하는 경우, 비즈니스 파트너를 만들어 동업할 기회가 생긴다면 나는 그다지 추천하지 않는다. 일간이 음간이라면 파트너 자리가 버거울 것이고, 양간이라면 주변 사람의 흠이나 리스크에 관대한 측면이 있어 나중에 뒤통수를 맞는 경우가 생길 수 있기 때문이다. 전통적인 해석에서는 겁재만 있는 사주를 두고 '인복이 없다' 정도로 표현하는데, 이는 1차원적인 해석이라고 본다. 앞서와 같이 겁재가 있는 사주의 일간이 갖는 음양에 따라 해석하는 것이 훨씬 입체적이고, 지금의 현실에도 더 와닿는다.

한편 비견만 있는 사람이라면 애초에 혼자서 일하는 타입이 아니다. 게다가 이들은 주변에 챙겨주고 싶은 내 사람이 많다. 이런 사람이 사업자나 대표라면 지인들에게 한없이 관대한 사람이 된다. 이를 두고 사주에서는 비겁이 재성을 극한다고 표현한다. 재성은 '내가 가지려는 욕심'인데, 비겁은 자기 몫을 챙기지 않고 퍼주는 성향이 있다. 그래서 비겁의 기운이 강한 사람에게는 손익계산을 철저히 하는 것이 좋다는 조언을 건네게 된다.

겁재가 갖는 칠전팔기의 정신

사주명리학에서는 겁재에 관한 좋은 설명이 별로 없다. 겁재가 많은 사람은 남들과 치열하게 경쟁하는 삶을 살아간다고 해석하기에 그 인생이 순탄치 않다고 보는 것이다.

그렇지만 겁재가 평생 힘든 삶만 살아가는 것은 당연히 아니다. 겁재는 '그럼에도 불구하고'라는 말과 '칠전팔기'라는 말이 가장 어울린다. 겁재에게는 경쟁과 배신을 이겨내고 자신이 모든 것을 쟁취할 가능성이 있다. 세상이 밟는 대로 밟히지만은 않고 어떻게든 일어서서 내 몫을 움켜쥐는 승부욕과 경쟁심이 겁재의 힘이다. 사주에 겁재가 많은 사람이라면 자신에게 기회와 잠재력이 주어진 것이라 여겨도 좋다.

다음 그림06-14 는 만화 〈슬램덩크〉의 등장인물 '송태섭'의 사주다. •

	시주	일주	월주	연주
십신		아신	겁재	정재
천간		戊 조 무土	己 습 기土	癸 습 계水
지지		辰 난습 진土	未 난조 미土	丑 한습 축土
십신		비견	겁재	겁재
장간		乙 癸 戊 정관 정재 비견	丁 乙 己 정인 정관 겁재	癸 辛 己 정재 상관 겁재

그림06-14 〈슬램덩크〉 송태섭의 사주

• 작가가 정한 것은 아니고 팬들이 작중의 스토리와 시간대로 추정한 생년월일 중 가장 가능성이 큰 결과여서 반드시 정확하지는 않다.

송태섭은 양간인 무토戌를 일간으로 갖는다. 음양이 같은 진토辰가 비겁으로 일지에 하나 있지만, 월주와 연주에 음양이 다른 겁재가 셋이 나 있다. 이 자리는 마침 사회궁이어서 남들이 보기에도 이 사람 주변에 는 경쟁자가 많다. 극중에서 가드 포지션인 송태섭은 상양의 김수겸, 해남의 이정환과 도내 톱 가드의 자리를 놓고 경쟁했으며, 전국대회에서 는 국내 톱 가드라 할 수 있는 산왕의 이명헌과도 대치했다. 게다가 송태섭은 신장이 168cm여서 농구선수로서는 핸디캡을 갖고 있는데, 그럼 에도 그는 결코 포기하지 않고 승리를 거머쥐었다.

비겁과 인복

사주에 익숙지 않은 사람이라면 자신에게 인복人福이 있는지 궁금할 때 '인성印星이 있는지 봐야 하나?'라고 생각할 수 있다. 이 책을 여기까지 읽 은 분이라면 인복은 인성의 영역이 아니라는 점을 잘 알고 있을 것이다.

나는 인복에 관해 '내가 얼마나 외로움을 타는가'라는 관점으로 접 근하는 편이다. 이러한 기준으로 보면 인복은 비겁의 영역에 속한다. 예 를 들어 MBTI가 INTP인 사람이 있다고 하자. 이 사람은 내향적이고 자기 관심사에만 몰두하는 성향이 있어서 그다지 외로움을 타지 않는 다. 그런데 이 사람의 사주에 비겁이 너무 많으면 주변에 사람이 들끓어 정신이 사납다. 딱히 원하지도 않는데 사람들이 꼬인다면 그것을 인복 이라고 할 수 있을까? 정작 본인은 '나 좀 혼자 있게 내버려둬!'라고 생 각할 것이다. 그러면 같은 INTP 성향인데, 사주에 비겁이 없고 인성만 많다고 해보자. 그러면 이 사람은 주변에 사람이 없어 외로움을 탈까? 그렇지 않다. 비겁이 아예 없는 무無비겁 사주라면 애초에 사람의 필요성 자체를 느끼지 못한다. 대신 인성의 기운이 작용하여 자신의 관심사와 연구 분야에 몰두하는 모습을 보이게 된다.

이번에는 역시 INTP 성향이고, 다음 그림 06-15 처럼 사주에 비겁이 딱 하나 있는 경우를 살펴보자.

관성	일간(나)	관성	비겁
식상	식상	재성	재성

그림 06-15 비겁이 부족하여 신약한 사주

이 사주에서 관성, 재성, 식상은 모두 일간(나)의 기운을 빼앗는다. 따라서 신약한 사주에 해당하는데, 여기서 일간에 보탬이 되는 기운은 연간의 비겁 하나밖에 없다. 그러면 이 사주의 주인은 자신에게 인복이 부족해 외롭고 곤궁하다고 느낄 수 있다. 그러면 본래 MBTI가 INTP임에도 친구를 만나고 사귀는 것을 중요하게 생각하여 검사 결과가 ENTP나 ENFP가 나올 수도 있다. 이처럼 비겁의 개수, 사람을 찾는 성향, 인복의 기준은 완벽하게 동행하는 것이 아니다. 사주원국을 전체적으로 들여다보지 않고 개별적인 요소의 개수만 따지는 것은 결코 사주를 올바르게 풀이하는 방법이 아니다.

지금까지 십신이 무엇인지, 일간의 음양오행에 따라 사주원국 내의 어떤 오행이 십신의 무엇에 해당하는지 알아보았다.

설명을 꼼꼼히 읽어온 독자라면 사주명리학에서 십신의 음양을 구분했을 때 보편적으로 괜찮다고 해석하는 것과 그리 썩 좋게 해석하지 않는 것, 두 종류가 있음을 파악했을 것이다. 관성, 재성, 인성은 일간의 음양과 달라야 조화롭다고 해석하여 바람직하다고 본다. 각각 정관, 정재, 정인으로 구분하고 이들을 길신吉神, 즉 좋은 기운이라 부른다.

과거에는 길신은 반드시 좋은 기운으로 해석하고 편관, 편재, 편인은 좋지 않은 것으로 해석했다. 하지만 현대에는 그렇지 않다. 우리나라의 사주풀이는 흐름에 발맞추어 아주 빠르게 변화하는 편이다. 예를 들어 연애운이 들어왔을 때 과거에는 단지 연인을 만날 가능성이라고 해석했다면, 최근에는 연예인을 열렬히 좋아하고 팬 활동을 활발히 하는 것도 연애운의 일종이라고 해석하기도 한다.

길신이 많다는 것은 보편적으로 평이하고 평탄한 길을 간다는 뜻이다. 이 경우 고생은 분명 많지 않겠지만 그렇다고 대박이 나기도 어렵다. 옛날에는 과거에 합격하여 벼슬을 받아 입신양명하는 길을 가장 좋은 것으로 쳤지만, 지금은 좋은 대학에 가서 공무원 시험에 합격해 무난히 월급 받고 저축하며 큰일 겪지 않고 살아가는 삶이 마냥 좋은 것인지는 사람마다 다르게 받아들일 수 있다. 또 옛날에는 좋지 않다고 해석한 상관이 현대에는 유튜브를 통해 자신을 표출하는 재능으로 큰 성공을 가져올 수 있다고 해석하기도 한다.

이처럼 전통적이고 평면적인 풀이와 다른, 현대에 맞는 나만의 입체적인 풀이가 가능하려면 스스로 사주의 요소와 개념들을 어느 정도 알아둘 필요가 있다. 또 이를 앎으로써 사주 사이트나 다른 역술가들이 풀이해주는 나의 사주를 이전보다 더 풍성하게 이해할 수 있을 것이다.

3부

이것까지 알면
당신도
사주쟁이

: 사주의 깊은 이해와 개운법

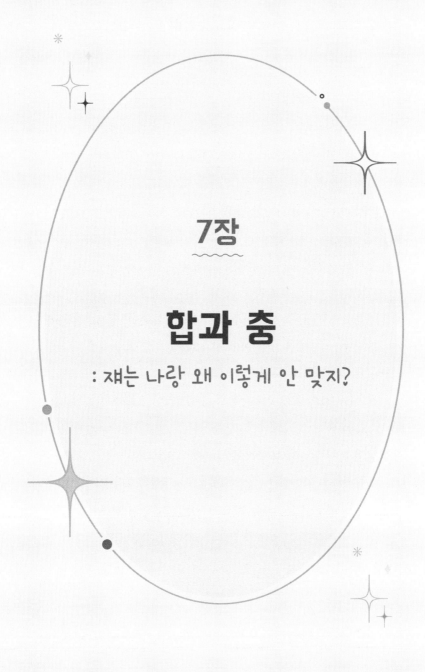

7장

합과 충

: 쟤는 나랑 왜 이렇게 안 맞지?

천간의 합

앞서 오행과 천간을 아는 것은 글자의 의미를, 지지를 아는 것은 단어를, 십신을 아는 것은 문법을 이해하는 것과 마찬가지라고 설명했다. 이제부터 설명할 '합슴'과 '충沖'이나 '살煞'과 '자형字型' 등은 지금까지 설명한 요소들을 뭉쳐 만든 문장의 의미를 이해하는 셈이다.

사주의 합과 충은 간단한 것부터 복잡한 것까지 다양하게 있고, 여기에 십이운성十二運星과 십이신살十二神殺 등까지 들어가면 책 한 권으로는 도저히 다루기 어려운 분량이 된다. 그래서 나는 두 글자로 구성되는 '합'과 '충', 그리고 세 글자로 이루어지는 '삼합, 방합, 삼형살' 정도까지만 다루고자 한다. 자기의 사주를 이해하는 데는 이 정도만 이해해도 충분하다. 만약 더 많은 것을 알고 싶다면 역술가들에게 직접 사주 해석을 받아보기를 권한다.

사주에서 합은 글자끼리 화합하여 긍정적인 효과를 만들어내는 현상이고 충은 글자끼리 충돌하여 부정적인 효과를 만들어내는 현상이다. 이 가운데 먼저 두 글자의 합과 충에 관하여 알아보자.

천간의 합은 간단하다. '갑을병정무기경신임계'의 순서대로 나열했을 때, 첫 번째와 여섯 번째와 합하고 두 번째와 일곱 번째가 합하며 마지막엔 다섯 번째와 열 번째가 합한다. 따라서 천간의 합은 각각 '갑기합甲己合, 을경합乙庚合, 병신합丙辛合, 정임합丁壬合, 무계합戊癸合'까지 다섯 가지가 있다. 이는 모두 '양간+음간' 또는 '음간+양간'으로 음양이 조화되는 조합을 취한다.

재미있는 것은 이렇게 합을 이룬 글자들이 새로운 오행을 만들어낸다는 점이다. 전통적인 사주 해석의 관점에서 한쪽은 다른 쪽에게 정재(바른 여성)이거나 정관(바른 남성)이다. 즉 개인으로 존재하던 남녀가 만나 아이가 태어나서 세 사람이 '새로운 하나의 가족'을 이루었다고 할 수 있다. 이 관계를 표로 나타내면 다음 [그림 07-01]과 같다.•

구분	천간합	새로운 오행
갑기합甲己合	갑목甲 + 기토己	토土
을경합乙庚合	을목乙 + 경금庚	금金
병신합丙辛合	병화丙 + 신금辛	수水
정임합丁壬合	정화丁 + 임수壬	목木
무계합戊癸合	무토戊 + 계수癸	화火

[그림 07-01] 천간합과 새로운 오행

천간은 이웃한 천간과도 합하고, 아래로 지지와도 합하며, 지지의 숨은 천간인 지장간과도 합한다. 이에 관해서는 뒤에서 지지의 암합과 명암합을 설명하며 더 자세하게 다루도록 하겠다. (참고로 뒤에서 설명할 천간 충은 이웃한 천간끼리만 발생한다.)

• 천간합이 새로운 오행을 만드는 원리에 관한 설명은 이 책에서 다루고자 하는 수준을 넘어서기에 따로 설명하지 않고 일종의 공식으로 삼고자 한다.

갑기합

갑목甲과 기토土는 합하여 토를 생성한다. 이를 '갑기합토甲己合土'라고 하며, '중정지합中正之合'이라는 명칭으로도 부른다.

갑목은 기본적으로 다정하고 강자에게 맞서며 약자를 보호하는 신사다운 성질을 갖고 있다. 그래서 갑목은 여리고 부드러우며 작은 소동물처럼 사랑스러운 성향을 보이는 기토와 합한다. MBTI로 비유하면 다정하고 듬직한 ENFJ가 보호본능을 불러일으키는 INFP와 만나 알콩달콩하는 격이라 할 수 있다.

십신을 따져보면 기토 일간인 사람에게 갑목은 정관이 된다. 이 둘이 합쳐 토를 만드니 기토에게는 자신의 기운을 보태주는 셈이다. 게다가 토 일간인 사람에게 오는 목의 관성은 다른 오행의 일간들과 관성의 관계에 비하면 훨씬 부드럽고 온건한 편이다. 적어도 목 일간인 사람에게 오는 금의 관성보다는 확실하게 그렇다. 한편 갑목 일간인 사람에게 기토는 정재가 된다. 갖고 싶어 하는 욕심이 목의 부드러운 성향으로 발현되니 알뜰하게 챙기고 보살피려 든다. 그래서 기토 일간에게 오는 정관의 갑목은 서로 긍정적인 효과를 일으킨다.

다만 예외가 있는데, 기토 일간인 사주에 이미 토가 많아서 신강하다면 갑목이 자신과 합해서 토를 더 만들어내는 것을 반기지 않는다.

을경합

을목乙과 경금庚은 합하여 금을 생성한다. 이를 '을경합금乙庚合金'이라

하며, '인의지합仁義之合'이라고도 부른다.

　을경합은 물상으로 표현하면 담쟁이넝쿨이 거대한 바위를 타고 오르는 양상이다. 갑기합에서는 강한 쪽인 갑목이 약한 쪽인 기토와 합하여 토를 만들어 기토에게 힘을 실어주었다면, 을경합에서는 강한 경금이 약한 을목을 휘어잡고 을목이 이에 따라주는 것이라 할 수 있다. MBTI에 비유하면 성격이 드세고 가부장적인 ESTJ와 순종적인 ISFJ가 만나 연애하는 격이다.

　십신을 따져보면 을목 일간인 사람에게 경금은 정관이 된다. 이 둘이 합쳐 금을 만드니 을목에게는 그렇지 않아도 강한 경금의 기운에 금이 더해져서 버겁게 느껴진다. 한편 경금 일간인 사람에게 을목은 자신이 욕심내는 정재인데다, 을경합을 통해 자신에게 보탬이 되는 금의 기운을 늘려주니 좋아할 수밖에 없다.

　갑기합과 을경합은 전통적인 남녀의 관계에 어느 정도 부합하는 모습을 보여준다. 그러나 다음으로 이야기할 병신합, 정임합, 무계합은 사뭇 다른 느낌일 것이다.

병신합

병화丙와 신금辛은 합하여 수를 생성한다. 이를 '병신합수丙辛合水'라 하며, '위엄지합威嚴之合'이라고도 부른다.

　병화 일간인 사람에게 수는 관성이 된다. 즉 병화가 신금과 만나 수가 만들어지면 그것은 병화에게 제약이자 부담으로 작용한다. 그래서 병화는 신금을 좋아하면서도 이후에 생길 책임 때문에 회피하고 싶어한다. 한편 신금 일간은 워낙 독립적이고 남의 손길을 크게 타지 않는 타입이어서 병화를 좋아해도 그리 티가 나지 않는다. 하지만 병화와 합하여 수가 만들어지면 이는 신금에게 식상으로 작용한다. 식상은 자식의 자리이기도 하여 신금은 책임감 있게 돌보려고 한다.

병화와 신금의 만남을 MBTI에 비유하면 화려하고 남들의 시선을 끌어모으는 ENTP 병화와, 냉정하고 현실적이며 원칙주의적인 ISTJ 신금이 만나는 격이다. 간단하게 학교의 날티 나는 인기짱과 전교 1등 수재의 만남이라고 할 수 있다.

다만 병신합이 있는 사람들은 딱히 연애를 하고 싶어서 안달이 나 있지는 않다. '인연이 있으면 만나겠지만 아니면 어쩔 수 없지' 하고 미적지근한 태도를 보이는 경우가 대부분이다.

정임합

정화丁와 임수壬는 합하여 목을 생성한다. 이를 '정임합목丁壬合木'이라 하며, '음란지합淫亂之合'이라고도 부른다.

정화 일간인 사람에게 목은 인성이고, 임수 일간인 사람에게 목은 식상이니 둘 다 목을 크게 싫어하거나 마다하는 편은 아니다. 그래서 정임합인 경우 관계가 원만한 편이다.

이번에는 한 사람의 사주원국 안에서 일어나는 정임합을 살펴보자. 다음 그림 07-02 는 일간과 이웃한 천간이 정임합을 만드는 경우다.

	시주	일주	월주	연주
십신		아신	정관	비견
천간		丁 정火	壬 임木	丁 정火
지지		亥 해水	寅 인木	丑 축土
십신		정관	정인	식신
장간		戊 甲 壬 상관 정인 정관	戊 丙 甲 상관 겁재 정인	癸 辛 己 편관 편재 식신

그림 07-02 일간의 정임합

이 사주는 남성의 사주이며, 일간으로 음간인 정화丁를 가진다. 사주원국에서 정임합이 만들어지면 그 사주의 주인이 섹슈얼한 매력을 가지는 모습으로 발현된다. 정임합의 다른 명칭이 음란지합인 이유다. 매력이 빼어난 연예인은 이러한 사주를 가지는 경우가 꽤 많다.

이 사주는 월간과 일지에 임수와 해수가 정관으로, 월지에 인목이 정인으로 들어와 있다. 만약 일간이 음간인 정화가 아니라 양간인 병화였다면 저 자리가 모두 편관과 편인으로 바뀌었을 테니 생이 평탄하지만은 않을 것이다. 게다가 이 사람이 여성이었다면 일간이 정관과 합하는 양상이 이웃과 위아래로 두 번이나 나타나므로 남자관계가 복잡한 사주가 되었을 수 있다. 그런데 남성으로 태어났으니 정관과 합하는 성질이 윗사람과 잘 지내는 모습으로 나타난다. 여러모로 절묘하게 좋은 날에 좋은 기운을 타고난 사주라 할 수 있다. 이 사주의 주인은 아이돌 그룹 NCT의 정재현이다.

다음 그림 07-03 은 일간이 아닌 천간에 정임합이 생기는 경우다.

	시주	일주	월주	연주
십신		아신	상관	편관
천간		辛 신金	壬 임水	丁 정火
지지		卯 묘木	寅 인木	丑 축土
십신		편재	정재	편인
장간		甲 乙 정재 편재	戊 丙 甲 정인 정관 정재	癸 辛 己 식신 비견 편인

1997년 2월 18일 · 음력 1997년 1월 11일 · 건명 28세 · 소띠

그림 07-01 일간이 아닌 천간의 정임합

이 사주 역시 남성의 사주이며, 일간으로 신금辛을 가진다. 여기서는 일간이 아니라 연간의 정화丁와 월간의 임수壬가 정임합을 한다. 정임이 합하면 목이 생성되니, 월지와 일지의 목까지 전반적으로 재성인 목의 기운이 강한 신약한 사주에 해당한다. 이러한 경우 일간이 신금이더라도 MBTI가 T가 아닌 F가 나올 수 있다.

신금에게 정화는 편관이고, 임수는 상관이다. 자신을 표현하는 재능인 식상이 임수라는 큰 바다의 형상을 가지고 상관의 튀는 방식으로 드러나는 격이니 모두의 눈에 특별하게 보일 수밖에 없다. 다만 편관이 있으니 생이 순조롭기보다는 역경이 있겠다. 이 사주의 주인은 아이돌 그룹 세븐틴의 도겸이다. 세븐틴이 혹독한 연습생 기간을 거친 것은 유명한 사실이다. 도겸은 메인 보컬로 활동하고 있는데, 성량이 커서 연습생 시절에 지하에서 노래를 부르면 5층에서도 들렸다고 한다. 그의 MBTI는 INFP다.

무계합

무토戊와 계수癸는 합하여 화를 생성한다. 이를 '무계합화戊癸合火'라고 하며, '무정지합無情之合'이라고도 부른다.

다른 명칭에서 알 수 있듯 무계합은 정이 없고 매우 건조하다. 다른 합들이 연애결혼에 해당한다면, 무계합의 느낌은 정략결혼에 가깝다. 물론 상대에게 애정이 없다는 뜻은 아니다. 다만 상대에게 전적으로 의존하거나, 정임합처럼 신체적 이끌림으로 강렬하게 결합하지는 않는다는 의미다. 무계합은 정신적인 이끌림, 플라토닉한 사랑 정도라고 하겠다.

화는 무토 일간인 사람에게 인성이고, 계수 일간인 사람에게는 관성으로 작용한다. 무토 입장에서는 인성이 더해지는 것을 마다할 이유는 없다. 그러나 계수에게는 관성이 더해지는 것이어서 다소 부담이 된다.

둘의 만남은 이를테면 배포가 크고 가진 것이 많은 남자(무토)가 아름답고 까다로운 여자(계수)를 만나는 느낌이다. 서로가 서로에게 원하는 것이 있으니 유지되는 관계이지만, 그렇다고 아주 냉랭하지는 않은 정도라고 보면 된다. 무토와 계수의 만남을 MBTI에 비유하면 건조하고 무뚝뚝하며 고집 있는 ESTJ 남자가 자신만의 세계가 깊고 뚜렷한 INTJ 여자와 만나는 것과 비슷하다고 하겠다.

합에 관하여 알아둘 것이 하나 있다. 지금까지 합의 양상에 관해 양간을 남자, 음간을 여자로 설명해왔는데, 이는 설명을 위한 설정일 뿐이다. 즉 갑기합이나 을경합이라고 해서 꼭 갑목 남자와 기토 여자, 을목 여자와 경금 남자의 합만을 의미하는 것은 아니라는 말이다. 내가 갑목 일간인 여자라면 기토 일간인 남자를 만났을 때 내가 갑목 역할을 맡게 된다. 즉 남자친구를 든든하게 감싸주고 어려운 일을 도맡아서 해결하는 여자친구가 된다는 뜻이다. 사주에서 합을 살펴볼 때는 이 점을 염두에 두고 보도록 하자.

천간의 충

천간의 충沖이 발생하는 원리는 생각보다 간단하다. 서로 배척하는 오행에서, 음양의 크기가 같은 것끼리 충이 난다. (단 천간의 토인 무토戊와 기토己는 중립에 해당하기 때문에 서로 충돌하지 않는다.)

이제까지 여러 번 언급해왔던 것처럼 사주에서는 목과 금, 화와 수가 서로 배척한다. 나무(목)는 자신을 베는 도끼(금)가 반가울 수 없고, 불(화)은 자신을 끄는 물(수)이 기꺼울 수 없다. 이렇게만 보면 충의 관계가 일방적인 것이 아닌가 싶을 것이다. 그러나 나무가 아주 단단하다면 도끼도 이가 나가고, 불이 아주 크고 뜨겁다면 물도 증발해버린다. 사주의 합과 충은 일방적인 관계가 아니라 상호적인 관계다. 결국 어느 쪽이 더 기운이 강하며 많은지에 따라 더 많은 손실을 보는 쪽이 정해진다고 할 수 있다.

서로 배척하는 오행을 음양이 같은 것끼리 묶으면 각각 '갑경충甲庚沖, 을신충乙辛沖, 병임충丙壬沖, 정계충丁癸沖'으로 네 가지가 있다. 이는 모두 '양간 ↔ 양간' 또는 '음간 ↔ 음간'으로 음양이 치우치는 조합을 취한다. 치우친다는 말에서 짐작했다시피 한쪽은 다른 쪽에게 편재(도를 넘는 여성)이거나 편관(도를 넘는 남성)이다.

이 관계를 표로 나타내면 다음 그림 07-04 와 같다.

구분	조합
갑경충甲庚沖	갑목甲 ↔ 경금庚
을신충乙辛沖	을목乙 ↔ 신금辛
병임충丙壬沖	병화丙 ↔ 임수壬
정계충丁癸沖	정화丁 ↔ 계수癸

그림 07-04 천간충

앞서 천간의 합은 이웃한 천간과 아래의 지지 및 지장간과도 발생한다고 설명했다. 이와 달리 천간의 충은 오직 이웃한 천간끼리만 발생한다. 만약 내 일간이 을목이라면, 시간이나 월간에 있는 신금辛과는 충을 일으키지만 일지의 유금酉과는 충을 일으키지 않는다.

갑경충

갑경충은 양간인 갑목甲과 경금庚의 충돌이다. 이 둘은 서로 만나면 아주 크고 격렬하게 반목한다. 십신을 따져보면 갑목 일간인 사람에게 경금은 편관이며, 이것이 시간이나 월간에 있을 때 갑경충이 발생한다.

화와 수의 대립이 이념적인 가치관의 대립이라면 목과 금의 대립은 현실적인 방향성의 대립이다. 목은 내가 선호하는 길, 어렵지만 재미있고 새로운 길, 이득보다 사람을 먼저 생각하는 길을 추구한다. 금은 오직 내가 이득을 볼 수 있는 길, 쉬우면서도 빠른 길, 더욱 좋은 것을 얻을 수 있는 길을 추구한다.

예를 들어 조별 과제를 하며 모임 일정을 두고 리더 격인 두 사람이 의견 충돌을 일으킨다고 해보자. 목의 기운이 강한 사람은 팀원 모두가 나름의 역할을 맡을 수 있게 사정을 배려하며 일정을 조율해야 한다고 주장할 것이다. 이 사람의 MBTI는 높은 확률로 ENFJ일 터다. 금의 기운이 강한 사람은 사정이고 뭐고 참석 못하는 사람은 이름을 빼버릴 것이라고 호통을 칠 것이다. 이 사람의 MBTI는 ESTJ일 가능성이 크다. 다만 이 둘은 양간의 충돌이어서 큰 갈등을 빚지만 의외로 뒤끝은 별로 없는 편이다. 조별 과제가 끝나고 나면 같이 술 한잔하며 호탕하게 화해할 수도 있는 것이 갑경충의 모습이다.

내가 갑목 일간을 가지는 여성이라면 경금은 편관이며 남성에 해당한다. 갑목 일간의 사주에 편관이 있어서 남성을 만난다면, 사주에 목의 기운이 아주 강하여 경금이 적당하게 잡아줄 수 있거나, 금의 기운이 강하여 경금과 어울릴 수 있는 경우가 아니라면 꽤 많이 힘들어진다. 그 결과 경금 편관을 매우 싫어하게 되거나 아예 남자와 연애하지 않으려고 들 수도 있다.

내가 경금 일간을 가지는 남성이라면 갑목은 편재이며 여성에 해당한다. 경금 일간의 사주에 갑목이 있다면 주변의 여성들과 원만히 잘 지내지 못할 가능성이 있다. 사주의 주인이 여성이더라도 주변의 여자들과 화장품, 옷, 쇼핑 등을 소재로 대화하며 어울리는 데 어려움을 느낄 것이다.

을신충

을신충은 음간인 을목乙과 신금辛의 충돌이다. 을목은 MBTI로 비유하자면 IxFx로, 좋은 게 좋은 거고 웬만한 일은 부드럽게 포용하고 넘어가려는 성향을 가진다. 신금은 IxTx로, 날카롭고 냉정하며 현실적인 성향을 지닌다. 즉 을목과 신금의 충돌은 IxFx가 "저기, 이런 건 좀 그냥 좋게 넘어가면 안 될까?"라고 말하면 IxTx가 "무슨 말 같지도 않은 소리야. 그런 걸 어떻게 눈감고 넘어가?"라고 지적하고, 다시 IxFx가 "너는 왜 말을 그런 식으로 해?"라고 하며 싸움이 이어지는 상황이라 할 수 있다.

을목과 신금은 거의 모든 면에서 갈등을 일으킨다. 대화의 하나부터 열까지 마음에 들지 않아서 속으로 '아, 쟤는 정말 나랑 안 맞아' 하고 힘들어하는 것이 둘의 충돌이다. 이들 모두 음간이라 갑경충보다는 싸움이 크게 벌어지지 않지만, 갈등이 있고 나서 뒤끝이 남아 감정의 골이 돌이킬 수 없이 깊어지곤 한다.

신금 일간을 가지는 사람에게 을목은 편재이며 여성에 해당한다. 이 사람의 사주에 을신충이 있다면 신금의 날카롭고 예리한 기운이 조그마한 풀인 을목에게 가해지는 격이니 주변의 여성들을 상처입히는 방식으로 작용한다. 이렇게 이야기하면 을목이 신금에게 일방적으로 피해를 입는 것처럼 보이겠지만, 신금 일간을 가지는 사람 역시 속으로 굉장히 막막해하고 답답해하며 또 내가 잘못하지 않을까 하는 두려움에 움츠러들고 조심스러워하게 된다. 그 결과 여성들과 거리를 두고 벽을 둘러치게 된다. 이렇듯 충은 양쪽 모두에 부정적인 영향을 미친다.

병임충

병임충은 양간인 병화丙와 임수壬의 충돌이다. 역술가에 따라서는 병임충은 제대로 된 충으로 치지 않기도 한다. 병화의 물상은 하늘 높이 떠서 빛을 뿌리는 태양이며, 임수는 드넓은 바다에 해당한다. 빛의 기운과 물의 기운이 만난다 한들 별다른 충돌이 일어나지 않는다. 실제로 내가 내담자들을 상담하며 보기에도 병임충은 사주원국 전반에 영향을 미칠 정도로 크게 작용한 경우가 거의 없다시피 했다. (사화와 해수의 충돌인 사해충에서도 마찬가지다.)

병화 일간을 가지는 사람이 비겁과 인성이 부족하여 신약한 사주라면 임수가 조금 힘들게 작용할 수 있다. 이는 임수가 직접적으로 병화를 힘들게 한다기보다는 병화 자신의 기운이 약하여 힘들어지는 것에 가깝다. MBTI로 비유하자면 활달하던 ENTP가 내면의 우울함과 자기 세계에 집중하는 INFJ에 영향을 받아 덩달아 우울한 생각에 빠져드는 경우라고 할 수 있다. 이처럼 화와 수의 대립은 현실적인 삶의 방향성의 충돌인 목과 금의 대립에 비해 겉으로 봤을 때는 티가 잘 나지 않는다. 다만 화와 수가 충돌을 일으키는 사람은 평소에 생각이 많고 머릿속이 복잡한 상태로 지내는 경우가 많다.

병화 일간을 가지는 사람에게 임수는 편관이며 남성에 해당한다. 만약 내가 병화 일간을 가지는 여성이고 병임충을 가지는 경우, 사주원국 내에 겁재인 정화가 없는 편이 좋다. 이유는 겁재가 나의 라이벌을 의미하며, 정화가 임수와 정임합을 하기 때문이다. 이 경우 만나는 남성이 내 주변의 여자들과 바람이 날 수도 있다. 이처럼 외부와 결합하는 편관을 가지는 여성은 연애 팔자를 세 가지 유형으로 나눌 수 있는데, 첫째는 만나는 남자가 바람이 나는 경우, 둘째는 임자가 있는 남자를 좋아하게 되는 경우, 셋째는 유부남인 배우나 연예인을 덕질하는 경우다.

정계충

정계충은 음간인 정화丁와 계수癸의 충돌이다. 천간의 충은 겉으로 보았을 때는 큰 싸움이 나는 양간끼리의 충이 더 파괴력이 있을 것만 같다. 그러나 사실 천간의 충에서 훨씬 중요하고, 속된 말로 '지랄맞은' 것은 음간끼리의 충이다. 뒤끝이 없는 갑경충이나 애초에 싸움이 잘 일어나지 않는 병임충과 달리 음간끼리의 충은 잔잔하지만 집요하고 끈질기게 계속된다.

정계충은 천간의 충 가운데 가장 '지랄맞은' 충돌이다. 정화는 그 내면에 자신의 신념과 벗어나는 길은 절대로 가지 않는 고집을 가졌고, 계수는 내적인 깔끔함을 추구하여 자신과 결이 맞지 않는 상대와는 얼굴도 마주치기 싫어한다. 한마디로 얌전해 보이지만 절대 친해질 수 없는 내향인들의 반목이 정계충의 양상이라 할 수 있다. MBTI로 비유하면 고집 있는 INTJ와 자기 세계가 확실한 INFJ가 서로 '쟤랑은 안 맞겠다'라고 판단한 뒤 마주칠 일 자체를 차단해버린 셈이다. 싸움이 일어나지 않으니 오해를 풀고 가까워질 계기도 만들어지지 않는다. 정계충이 생기면 이들은 서로 부정적인 영향을 주고받으며 끝없는 평행선을 달린다.

지지의 합

천간과 지지의 합과 충이 다른 점은 하나다. 천간의 토(무토, 기토)는 충을 일으키지 않지만 지지의 토는 충을 일으킨다. 그래서 천간은 합이 다섯에 충은 하나가 빠져서 네 가지지만, 치지는 그대로 여섯 가지의 합과 여섯 가지의 충이 있다.

지지의 합

지지는 모두 열두 글자이므로 둘씩 짝을 이뤄 여섯 개의 합이 있다. 이를 '육합六合'이라고도 부른다. 지지의 합도 천간의 합처럼 두 글자가 만나 새로운 오행을 생성한다. 표로 나타내면 다음 그림 07-05 와 같다.•

구분	천간합	새로운 오행	
자축합子丑合	자수子 + 축토丑	토土	수水
인해합寅亥合	인목寅 + 해수亥	목木	
묘술합卯戌合	묘목卯 + 술토戌	화火	
진유합辰酉合	진토辰 + 유금酉	금金	
사신합巳申合	사화巳 + 신금申	수水	
오미합午未合	오화午 + 미토未	화火	

그림 07-05 지지합과 새로운 오행

• 지지합이 새로운 오행을 만드는 원리 역시 이 책에서는 일종의 공식으로 삼고자 한다.

지지의 육합은 천간의 오합에 비해 그리 영향이 크다고 보지 않는다. 사주의 합과 충도 그 나름의 힘과 순위가 있는 셈이다. 내가 사주를 볼 때 확인하는 합과 충의 순서는 '천간충 → 천간합 → 지지충 → 지지합'이고 다음으로 뒤에서 설명할 '삼형살 → 삼합 → 방합' 정도가 된다. 충을 합보다 먼저 보는 이유는 충이 미치는 파급력이 합보다 크기 때문이다. 이를테면 연예인에게 댓글이 100개가 달렸을 때 97개의 '선플'보다 단 3개뿐인 '악플'이 마음에 깊은 상처를 남기는 것과 비슷하다 하겠다.

지지의 합은 사주에 미치는 영향이 그리 크지 않아서 따로 설명이 필요한 '자축합子丑合'과 '사신합巳申合' 정도만 간략히 짚고 넘어가고자 한다.

자수子와 축토丑는 합하여 토나 수를 생성한다. 이를 자축합이라 부른다. 사실 자축합은 이런저런 논란이 많은 합이다. 바로 축토丑의 성질 때문인데, 축토는 지장간으로 계수癸와 신금辛을 가진 춥고 얼어붙은 땅이다. 그래서 같은 수인 자수子와 만나면 수가 생성된다고 보는 이론도 있고, 토가 생성된다고 보는 이론도 있다. 사주 상담의 실제에서 이를 수로 볼 것인지 토로 볼 것인지는 역술가 자신이 판단할 몫이다. 그러므로 이 책을 읽는 독자들이라면 이런 논란이 있다는 것만 알아두면 될 듯하다.

사화巳와 신금申은 합하여 수를 생성한다. 이를 사신합이라 부른다. 사화와 신금의 만남은 사신합을 이루기도 하지만, 뒤에서 알아볼 '형살刑殺'의 관점에서는 '사신형살巳申刑殺'을 이루기도 한다. 형살은 특히 형벌을 받을 가능성이나 가까운 사람 간의 심한 불화를 의미한다. 즉 사화와 신금의 만남은 좋은 기운과 부정적인 기운을 모두 생성한다. 친구 관계에 비유하자면 처음에는 잘 맞고 잘 지내는 것 같았지만, 점점 사이가 나빠져서 나중에는 연을 끊는 사이로 볼 수 있다.

지지의 암합과 명암합

지지의 합에서는 알아두어야 할 것이 하나 더 있다. 지지의 숨은 천간인 지장간도 다른 글자들과 합을 이룬다는 점이다. 다시 말해서 이웃한 지지가 서로 합을 하지 않더라도 내부의 지장간은 서로 합을 이룰 수 있음을 뜻한다. 지장간끼리의 합은 겉으로 드러나지 않는 합이라는 의미에서 '암합暗合'이라고 한다.

　예를 들어 지지에 인목寅과 미토未가 이웃한다면 둘은 서로 합이나 충을 이루지 않는다. 그런데 인목은 지장간으로 '무토, 병화, 갑목'을 갖고, 미토는 지장간으로 '정화, 을목, 기토'를 가진다. 여기에서 인목의 주성분인 갑목과 미토의 주성분인 기토가 '갑기합'을 이룬다. 이처럼 갑기합이 지장간에서만 이루어지면 겉으로 드러나지 않는다는 의미에서 '갑기암합甲己暗合'이라 한다.

　암합과 반대로 겉으로 드러나는 천간끼리의 합은 '명합明合'이라 부른다. 그리고 천간과 지장간이 합을 이루는 경우 드러난 것과 드러나지 않은 것의 합이라 하여 '명암합明暗合'이라 부른다.

　예를 들어 천간의 신금辛과 지지의 사화巳가 위아래로 자리한다면 서로 합이나 충을 이루지 않는다. 그런데 사화는 지장간으로 '무토, 경금, 병화'를 가진다. 이때 사화의 주성분인 병화가 천간의 신금과 '병신합'을 이룬다. 이를 '병신명암합丙辛明暗合'이라 하고, 일반적으로는 합 자를 떼고 '병신명암'이라 이른다.

　지지의 합은 이 정도로 알아보고, 다음으로 더욱 중요한 지지의 충에 관해 알아보자.

지지의 충

천간의 충이 이웃한 천간끼리만 발생하듯 지지의 충도 이웃한 지지끼리만 발생한다. 지지충을 이해하기 위해서는 천간충의 원리를 이해해야 한다. 지지충은 지지 내부의 천간인 지장간끼리 충돌함으로써 발생하기 때문이다. 다음 **그림 07-06** 을 보자.

순환	지지	지장간 구성과 분포		
생지	해수亥	무토(21%)	갑목(16%)	임수(63%)
왕지	자수子	임수(42%)		계수(58%)
고지	축토丑	계수(30%)	신금(10%)	기토(60%)
생지	인목寅	무토(29%)	병화H(29%)	갑목(42%)
왕지	묘목卯	갑목(45%)		을목(55%)
고지	진토辰	을목(30%)	계수(10%)	무토(60%)
생지	사화巳	무토(9%)	경금(33%)	병화H(58%)
왕지	오화午	병화H(33.3%)	기토(33.3%)	정화H(33.3%)
고지	미토未	정화H(27%)	을목(18%)	기토(55%)
생지	신금申	무토(23%)	임수(23%)	경금(54%)
왕지	유금酉	경금(42%)		신금(58%)
고지	술토戌	신금(27%)	정화H(18%)	무토(55%)

그림 07-06 지장간의 구성과 분포

앞서 지장간 부분에서 확인한 '지장간의 구성과 분포'를 나타낸 그림이다. 이번에는 그림07-07 을 보자.

구분	조합
갑경충甲庚沖	갑목甲 + 경금庚
을신충乙辛沖	을목乙 + 신금辛
병임충丙壬沖	병화丙 + 임수壬
정계충丁癸沖	정화丁 + 계수癸

그림 07-07 천간충

천간충 부분에서 본 천간충의 조합이다. 즉 지지충은 그림07-06 의 지장간들이 그림07-07 의 천간충의 유형에 따라 서로 충돌을 일으킨다.

여기서 한 가지 주의할 점이 있다. 앞서 천간충이 목과 금, 화와 수에서 음양이 같은 것끼리 일어나며, 예외로 토인 무토戊와 기토己는 서로 충돌을 일으키지 않는다고 설명했다. 그러나 지지에서는 음양의 크기가 같은 진토辰와 술토戌, 축토丑와 미토未가 서로 충돌한다. 비유하자면 하늘의 순수한 기운인 천간일 때는 중립을 지켜 충돌을 일으키지 않았던 토가, 지지에서 지장간으로 다른 천간들과 함께 팀을 구성하면 다른 팀원이 벌이는 싸움에 끌려들어가는 셈이다.

지지의 충은 '자축인묘진사오미신유술해'의 순서대로 나열했을 때 첫 번째와 일곱 번째가 충이 나고 두 번째와 여덟 번째가 충이 나며 마지막엔 여섯 번째와 열두 번째가 충이 난다. 따라서 지지충은 각각 '자오충子午沖, 축미충丑未沖, 인신충寅申沖, 묘유충卯酉沖, 진미충辰未沖, 사해충巳亥沖'까지 여섯 가지가 있다.

지지의 충은 지지 내부에 있는 지장간끼리 천간충을 일으킴으로써 발생한다. 예를 들어 자오충에서 자수가 갖는 지장간인 임수壬와 계수癸는 오화가 가지는 지장간인 병화丙 및 정화丁와 정계충을 이룬다. 또 사해충에서 사화가 가지는 지장간인 경금庚과 병화丙는 해수가 가지는 지장간인 갑목甲 및 임수壬와 병임충을 이룬다. 이 관계를 표로 나타내면 다음 [그림 07-08] 과 같다.

자수子	↔	오화午	=	자오충
임수壬, 계수癸	↔	병화丙, 기토己, 정화丁	=	병임충, 정계충
사화巳	↔	해수亥	=	사해충
무토戊, 경금庚, 병화丙	↔	무토戊, 갑목甲, 임수壬	=	갑경충, 병임충
묘목卯	↔	유금酉	=	묘유충
갑목甲, 을목乙	↔	경금庚, 신금辛	=	갑경충, 을신충
인목寅	↔	신금申	=	인신충
무토戊, 병화丙, 갑목甲	↔	무토戊, 임수壬, 경금庚	=	병임충, 갑경충
진토辰	↔	술토戌	=	진술충
을목乙, 계수癸, 무토戊	↔	신금辛, 정화丁, 무토戊	=	을신충, 정계충
축토丑	↔	미토未	=	축미충
계수癸, 신금辛, 기토己	↔	정화丁, 을목乙, 기토己	=	정계충, 을신충

[그림 07-08] 지지와 지장간의 충돌

자오충

자수子는 자정, 한밤중, 한겨울을 의미하고, 오화午는 정오, 한낮, 한여름을 의미한다. 이처럼 정반대의 성질이 부딪치는 것이 자오충의 양상이다. 화와 수의 충돌이니 이념적이고 관념적인 충돌에 해당하여 자오충을 가지는 사람은 머릿속이 복잡해지곤 한다.

사해충

사해충은 지지 안의 천간충인 병임충의 성질을 그대로 본떠 가진다. 앞서 병임충은 제대로 된 충으로 취급하지 않는 역술가가 있을 만큼 그 영향이 미미하다고 설명했는데, 사해충도 마찬가지다. 다만 사화巳와 해수亥가 모두 역마에 해당하기 때문에 역마의 활동성이 강하게 나타난다.

묘유충

묘유충은 사람을 꽤 힘들게 하는 지지충이다. 내가 실제로 상담해본 결과로도 그렇다. 묘유충은 묘목卯 내의 지장간인 을목乙과, 유금酉 내의 지장간인 신금辛이 을신충을 일으킨다. 음간끼리의 충인 을신충은 잔잔하지만 끈질기게 기 싸움을 벌이는 '지랄맞은' 충에 해당한다.

　묘목은 봄, 유금은 가을의 도화桃花여서 둘 모두 순수하게 자신을 구성하는 오행을 가진다. 비유하자면 묘목은 머리끝부터 발끝까지 아주 오냐오냐 자란 사랑스러운 부잣집 막내딸이고, 유금은 인턴으로 시작해 본부장까지 꿰찬 냉철하고 영리한 직장인 여성이라 할 수 있다. 이 둘의 충돌은 MBTI로 보자면 ENFP와 ISTJ의 충돌이라 서로 무엇 하나 공통점이 없다. 또 묘목과 유금은 둘 다 음의 성질을 갖지만, 지장간으로는 각각 양간인 갑목과 경금을 가진다. 지지가 음의 성질인데도 지장간에 양간이 있으면 외유내강인 격이어서 물러서질 않는다. 그래서 묘유충은 매우 강하고 까다로운 지지충으로 취급한다.

인신충

인신충은 인목寅과 신금申 사이에 발생하는 충이다. 이는 뒤에서 세 글자의 조합을 설명하며 중요하게 다룰 '인사신삼형살寅巳申三刑殺'의 구성 요소에 해당한다. 사주원국의 일지를 포함한 지지 자리에 인목과 신금을 동시에 가지는 사람은, 그 연도가 사화의 해거나 사화인 월을 만나면 무척 힘든 시기가 된다고 해석한다.

인신충은 인목과 신금의 지장간이 일으키는 갑경충에, 인목과 신금이 가진 역마의 기운까지 더해져서 난장판이 벌어진다. 자오충이 잘 드러나지 않는 머릿속의 난장판이라면, 인신충은 누가 보아도 뚜렷한, 실제로 벌어지는 난장판이다.

다만 인신충이 있더라도 본인의 일간이 무엇인지에 따라 그 양상은 다르게 나타날 수 있다. 예를 들어 일간이 갑목인 여성이 지지에 인신충을 가진다고 해보자. 이 경우 인목은 비견, 신금은 편관이 된다. 그냥 있어도 부담스러운 편관이 또 다른 나인 비견과 충돌하니 이 여성은 편관을 더욱 싫어하게 된다. 관성은 남자에 해당하므로 이 여성은 남자와 연애하는 것을 싫어할 가능성이 크고, 직장에서 남자들과 갈등을 빚는 일도 많을 수 있다.

이번에는 일간이 수인 사람이 인신충을 가진다고 해보자. 이 경우 인목은 식상, 신금은 인성이 된다. 인성인 신금이 식상인 인목을 공격하는 모습은 "말하기 전에 생각을 좀 해" 정도로 핀잔을 주는 느낌이 된다. 인신충이 또 다른 나인 비겁이 아니라 인성과 식상 간에만 벌어지니 본인을 직접적으로 해하는 것이 아니어서 같은 인신충이어도 비교적 덜 힘들 수 있다.

이처럼 충의 작용과 느낌을 해석하기 위해서는 일간과 사주원국 전반을 함께 살필 필요가 있다.

진술충

진술충과 축미충은 모두 토의 기운끼리 일어나는 충이다. 토는 잘 참고 인내하는 성질을 가지고 있으며, 지지의 토는 모두 화개華蓋의 기운을 가진다. 그래서 역마끼리의 충인 인신충이나 사해충이 아주 강한 기운으로 즉각적으로 충돌하는 것이라면, 화개끼리의 충은 참다 참다 한번씩 불만을 터뜨리는 것에 가깝다. 비유하자면 오랜 세월 데면데면하게 지내던 친구들이 이따금 크게 말다툼을 벌이는 모습이라 하겠다.

진술충은 진토辰와 술토戌 사이에 발생하는 충이다. 진토의 지장간은 '을목, 계수 무토', 술토의 지장간은 '신금, 정화, 무토'다. 진토의 지장간과 술토의 지장간은 을신충과 정계충을 동시에 일으킨다. 그러니 진토와 술토는 서로 잘 맞을 수가 없다.

앞서 토를 해석할 때는 '조후'의 개념을 활용한다고 언급했다. 이에 따르면 진토는 계수癸를 품은 차고 습기 찬 땅이고, 술토는 정화丁를 품은 뜨겁고 건조한 땅이다. 차고 더운 기운은 한쪽으로 치우치면 사람이 살기 어렵다. 한번 다음 그림 07-09 를 보자.

십신	시주	일주	월주	연주
십신	편관	아신	정관	상관
천간	己 습 기土	癸 습 계水	戊 조 무土	甲 습 갑木
지지	未 난조 미土	未 난조 미土	辰 난습 진土	戌 한조 술土
십신	편관	편관	정관	정관
장간	丁 乙 己 / 편재 식신 편관	丁 乙 己 / 편재 식신 편관	乙 癸 戊 / 식신 비견 정관	辛 丁 戊 / 편인 편재 정관

그림 07-09 진술충이 있는 사주

이 사주는 일간으로 음간인 계수癸를 가진다. 수에게 관성은 토이니, 이 사주는 일간이 온통 자신을 공격하는 관성에 둘러싸인 셈이다. 사주원국에 기운을 보태주는 요소가 없이 온통 공격하는 것들뿐이라 매우 신약한 사주이며, 여섯 개의 관성 가운데 절반이 편관이니 삶이 아주 힘겹고 고통스러울 것이다.

　여기서 끝이 아니다. 이 사람을 둘러싼 토를 보면 그 성질이 매우 뜨겁다. 연지의 술토와 일지 및 시지의 미토는 지장간으로 뜨거운 정화를 품고 있다. 수 일간에다 신약한 사주인 사람에게 지장간마저 배척하는 화의 기운이 많으니 삶이 더욱 힘겹다. (만약 미토와 술토 대신 수를 품은 진토나 축토가 왔다면 조금이라도 숨통이 트였을 것이다.) 그나마 천간에서 월간과 일간이 무계합을 이루기는 하나, 무계합은 새로운 화를 만들어내니 이마저 일간인 계수에게는 달갑지 않다. 결국 이 사주의 주인이 살면서 느끼는 압박감과 고통은 상상을 초월할 것이라 짐작할 수 있다.

　이 사주에서 기댈 만한 구석이라고 하면 월지에 있는 진토辰의 지장간인 계수와, 연간에 있는 상관인 을목뿐이다. 즉 이 사람은 살기 위해 상관에 매달려야 하는 사주다. 오직 내 식대로, 내 방식대로만 말하고 표현하는 길을 가야 한다. 그래서 사주에 관성이 이렇게나 많은데도 회사 생활이 어울리는 사주라고 볼 수 없다.

축미충

축미충은 축토丑와 미토未 사이에 발생하는 충이다. 미토의 지장간은 '정화, 을목, 기토', 축토의 지장간은 '계수, 신금, 기토'다. 미토의 지장간과 축토의 지장간은 앞서 본 진토와 술토의 지장간과 순서만 다를 뿐 구성이 같다. 즉 축미충에서도 을신충과 정계충이 동시에 일어난다. 역시 서로 잘 맞을 수가 없다.

앞서 인신충을 설명하며 이것이 '인사신삼형살'의 구성 요소가 된다고 설명했는데, 축미충 역시 뒤에서 설명할 '축술미삼형살丑戌未三刑殺'의 구성 요소가 된다. 따라서 사주원국의 일지를 포함한 지지 자리에 축토와 미토를 동시에 가지는 사람은, 그 연도가 술토의 해거나 술토인 월을 만나면 무척 힘들어질 수 있다.

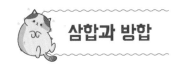

삼합과 방합

지금까지 천간과 지지의 합과 충을 설명하며 가장 기본이 되는 두 글자끼리의 조합을 살펴보았다. 이제부터 살필 내용은 세 개의 글자가 모여 만들어지는 합과 충이다.

나는 '사주가 대충 무엇인지 알고 몇몇 개념들을 들어서 아는 정도' 인 독자의 수준에 맞추어 이 책을 쓰고 있다. 따라서 이 책이 사주의 모든 개념을 다루는 것은 아니며, 의도적으로 설명하지 않는 부분도 있다. 예를 들어 장생長生, 목욕沐浴, 관대冠帶 등 십이운성이나, 천을귀인天乙貴人, 귀문관살鬼門關煞, 백호대살白虎大煞 등 십이신살의 개념을 여기서 다루지는 않을 것이다. 이는 내가 실제로 상담을 진행하며 내담자들에게도 잘 얘기하지 않는 것들이다. 이유는 간단하다. 자잘한 정보가 너무 많아지면 큰 그림을 보기 어려워지기 때문이다.

사주원국을 이해하기 위해 가장 중요한 큰 줄기는 이제까지 다룬 음양, 오행, 십신, 그리고 합과 충이다. 합과 충에서도 두 글자의 조합은 깨지지 않기 때문에 강력하다. 그다음으로 중요하다고 볼 수 있는 것이 이번에 이야기할 세 글자의 조합인 삼합과 삼형살이다. 여기까지만 잘 이해해도 사주를 풀 때 90% 이상은 해석해낼 수 있게 된다.

방합

세 글자의 조합인 삼합을 설명하기 전에, 역시 세 글자의 조합이지만 조금 더 간단한 개념인 방합方合을 이야기해두고자 한다. 이를 알아두면 삼합의 개념도 이해하기 쉬워진다.

방합은 한마디로 '같은 계절끼리 합을 이루는 것'이다. 앞서 지지를 설명하며 열두 개의 지지가 일 년의 열두 달에 각각 대응하고, 셋씩 묶어 사계절을 이룬다고 말했다. 다음 그림 07-10 을 보자.

순환	음력	지지	순환
겨울	12월	해수亥	생지
	1월	자수子	왕지
	2월	축토丑	고지
봄	3월	인목寅	생지
	4월	묘목卯	왕지
	5월	진토辰	고지
여름	6월	사화巳	생지
	7월	오화午	왕지
	8월	미토未	고지
가을	9월	신금申	생지
	10월	유금酉	왕지
	11월	술토戌	고지

그림 07-10 지지와 계절

방합이란 지지 가운데 하나의 계절로 묶인 생지와 왕지와 고지를 이르는 말이다. 계절이 네 가지이므로 방합도 모두 네 가지가 있으며, 각각 겨울의 '해수, 자수 축토', 봄의 '인목, 묘목, 진토', 여름의 '사화, 오화 미토', 가을의 '신금, 유금, 술토'가 된다. 이때 겨울을 이루는 글자는 북쪽, 봄을 이루는 글자는 동쪽, 여름을 이루는 글자는 남쪽, 가을을 이루는 글자는 서쪽을 나타내어 4방위를 형성한다.

앞서 오행을 설명하며 토를 제외한 나머지 네 개의 오행이 사계절을 의미한다고 언급했다. 수는 겨울을, 목은 봄을, 화는 여름을, 금은 가을을 뜻한다. 사주원국에서 방합이 이루는 계절은 각각의 오행으로 화하고, 이 오행의 기운이 사주원국에 더해지는 방식으로 작용한다. 예를 들어 지지에서 봄을 이루는 글자인 '인목, 묘목, 진토' 세 글자가 모이면 봄이 상징하는 목의 기운이 하나 더해진다고 해석한다. 이처럼 지지의 세 글자가 합을 이루어 기운을 형성하는 모습을 '국局'이라고 이른다. 이를 표로 나타내면 다음 그림 07-11 과 같다.

방위	계절	방합의 조합			국局
		생지	왕지	고지	
북	겨울	해수亥	자수子	축토丑	수水
동	봄	인목寅	묘목卯	진토辰	목木
남	여름	사화巳	오화午	미토未	화火
서	가을	신금申	유금酉	술토戌	금金

그림 07-11 방합의 조합과 국

방합이 성립하려면 필요한 몇 가지 조건이 있다. 첫 번째는 '구성'이다. 방합이 이루어지려면 세 개의 글자가 사주원국의 지지 자리에 하나도 빠짐없이 있어야 한다. 이때 순서는 상관하지 않는다. 두 번째는 '지지 중 월지가 포함될 것'이다. 예를 들어 시지와 일지와 연지에 '인목, 묘목, 진토'가 각각 자리하더라도 월지 자리가 포함되지 않았으므로 방합으로 여기지 않는다. 월지는 방합은 물론이고 뒤에서 설명할 삼합과 삼형살에서도 가장 중요한 자리에 해당한다. 특히 월지 자리에 그 계절의 왕지, 즉 도화에 해당하는 '자수子, 묘목卯, 오화午, 유금酉'이 있는 경우 방합의 힘이 한층 더 강해진다고 해석한다. 이를 진방합眞方合이라 부른다.

방합의 성립 조건에는 예외가 있다. 사주원국에 방합을 구성하는 세 글자 가운데 두 글자만 있다고 해보자. 이 경우 원래는 방합이 성립하지 않지만, 외부에서 10년 단위로 들어오는 '대운大運'이나 연 단위로 들어오는 '세운歲運'이 나머지 한 글자를 가지고 들어오는 경우 방합이 성립할 수 있다. 이때의 조건은 첫째로 '사주원국에 존재하는 두 개의 글자 중 하나가 일지에 위치할 것'이고, 둘째는 '사주원국에 존재하는 두 개의 글자 중 하나가 왕지일 것'이다. 이유는 대운과 세운에 영향을 받는 것은 '나'이기 때문에 일주의 자리에 있는 글자만 외부의 기운을 받아들일 수 있고, 계절의 대장인 왕지가 사주원국에 이미 있어야만 중심을 잡고 세를 형성할 수 있기 때문이다.

예를 들어 월지에 묘목, 일지에 인목을 가지는 사주는 진토의 기운이 빠져 있어서 방합이 성립하지 않는다. 그런데 일지에 인목이 있고 월지의 묘목은 왕지에 해당하므로, 대운이나 세운으로 진토의 기운이 들어온다면 '인묘진 방합'이 성립한다.

삼합

방합은 합을 이루더라도 본래의 성질이 강화될지언정 바뀌지는 않는다. 그러나 삼합三合은 합을 이루면 성질이 달라진다. 두 글자가 아닌 세 글자의 조합인데다 성질까지 바뀌므로, 삼합을 간파할 수 있다면 사주풀이의 레벨이 엄청나게 상승했다고 볼 수 있다.

삼합과 방합은 생지와 왕지와 고지로 이루어지는 점, 월지에 왕지가 자리했을 때 그 기운이 더욱 왕성해지는 점, 일지 자리를 차지하고 있다면 대운과 세운의 기운을 받아들일 수 있다는 점이 공통점이다. 그러나 이 둘은 몇 가지 차이점이 있다. 하나씩 알아보자.

첫째로, 방합이 하나의 계절만으로 이루어진다면, 삼합은 연이은 세 개의 계절에서 생지와 왕지와 고지를 하나씩 따서 구성한다. 즉 한 계절의 중심인 왕지(도화)를 중심으로 이전 계절의 생지와 이후 계절의 묘지가 모여 삼합이 구성된다. 이때 이들의 관계는 왕지가 대장이자 중심축이 되고, 나머지 생지와 묘지가 부하가 되는 격이다. 삼합이 새롭게 생성하는 국局의 오행은 왕지에 해당하는 계절이 나타내는 오행의 기운과 같다. 계절이 네 가지이므로 삼합도 모두 네 가지가 있다. 이를 표로 나타내면 다음 그림 07-12 와 같다.●

● 삼합이 왜 이처럼 구성되는지는 현대 명리학의 근간이 된 고전 중 하나인 『연해자평淵海子平』에서도 명징하게 설명한 바가 없다. 그러니 일종의 공식으로 생각하고 이해하자.

삼합의 조합			국局
생지	왕지	고지	
해수亥(겨울)	묘목卯(봄)	미토未(여름)	목木
인목寅(봄)	오화午(여름)	술토戌(가을)	화火
사화巳(여름)	유금酉(가을)	축토丑(겨울)	금金
신금申(가을)	자수子(겨울)	진토辰(봄)	수水

그림 07-12 삼합의 조합과 국

둘째로, 방합은 국을 이루더라도 기존의 지지가 갖는 오행의 성질이 변하지 않는다. 그러나 삼합은 국을 이루면 생지와 묘지가 왕지의 오행을 따라 변한다. 예를 들어 지지에 해수, 묘목, 미토가 있어서 '해묘미 삼합'을 이루면, 해수와 미토는 처음의 성질을 잃어버리고 모두 묘목이 된다.

셋째로, 방합은 지지에 방합을 구성하는 세 글자가 모두 빠짐이 없어야 방합으로 취급한다. 그러나 삼합은 지지 자리에 왕지가 있다면, 나머지 두 글자 중 하나만 있어도 삼합을 이루는 것으로 본다. 이때 왕지가 월지 자리에 있는지는 상관하지 않으며, 나머지 글자가 왕지 옆에 붙어 있기만 하면 된다. 예를 들어 시지에 해수가 있고 일지에 묘목만 있더라도 묘목을 중심으로 '해묘(미) 삼합'을 형성한다고 본다. 이때 해수가 묘목으로 성질이 변함은 물론이다.

삼합은 방합과 마찬가지로 대운이나 세운에서 나머지 기운이 들어옴으로써 성립하기도 한다. 왕지가 없고 두 글자뿐이더라도 그중 하나

가 일지 자리에 있다면 대운과 세운의 기운을 받아들일 수 있다. 이를
통해 왕지를 받아들여 온전한 삼합이 될 수 있다.

　　삼합은 구성 성분이 되는 글자의 성질을 바꿀 만큼 강력한 합이다.
삼합의 작용으로 인해 지지의 오행이 달라지고, 그 결과 십신도 달라진
다. 따라서 사주원국을 볼 때는 삼합이 발생하는지 여부를 꼭 확인할 필
요가 있다.

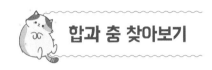

합과 충 찾아보기

여기서는 이제까지 알아본 음양, 오행, 천간, 지지, 십신 등 사주의 개념들을 활용해 사주를 풀이하면서 특히 사주원국의 합과 충 및 삼합을 실제로 찾아보고자 한다. 다음 그림07-13 는 풀이를 위해 사주풀이 사이트에서 임의로 생년월일시를 넣어 만든 사주다.

2001년 9월 14일 17시 0분 · 음력 2001년 7월 27일 · 곤명 24세 · 뱀띠			
	시주	일주	월주	연주
십신	편재	아신	정관	겁재
천간	甲조갑木	庚습경金	丁습정火	辛조신金
지지	申난습신金	辰난습진土	酉한조유金	巳난조사火
십신	비견	편인	겁재	편관
장간	戊 壬 庚 편인 식신 비견	乙 癸 戊 정재 상관 편인	庚 辛 비견 겁재	戊 庚 丙 편인 비견 편관

그림 07-13 임의로 만든 사주

여기에서 합, 충, 삼합 등을 찾아보면 다음과 같다.

❶ 시간의 갑목甲과 일간의 경금庚 사이에 갑경충甲庚沖이 성립한다.

❷ 일지의 진토辰와 월지의 유금酉 사이에 진유합금辰酉合金이 성립한다.

❸ 연지의 사화巳가 갖는 지장간인 병화丙와 월지의 유금酉이 갖는 지장간인 신금辛이 병신암합丙辛暗合을 이룬다.

❹ 연간의 신금辛과 연지의 사화巳가 갖는 지장간인 병화丙가 병신명암丙辛明合을 이룬다.

❺ 지지의 사화巳와 월지의 유금酉은 둘뿐이지만 사유축삼합巳酉丑三合으로 금국金局을 이룬다. 따라서 연지의 사화巳는 사실상 유금酉으로 취급한다.

이제 본격적인 해석을 시작해보자. 먼저 이 사주의 일간은 양간인 경금庚이다. 그런데 사주원국 안에 일간 말고도 금의 기운이 셋이나 있으며, ❷의 작용으로 인해 금이 하나 더 생성되고, 거기다 ❺의 작용으로 인해 사화 역시 유금酉이 되니 금 기운이 다섯이나 더 있는 셈이다. 일간과 같은 금의 기운이 잔뜩 있으니 매우 신강한 사주라고 할 수 있다. 신강한 사주에는 기운을 소모해주는 관성, 재성, 식상이 도움을 주는 용신으로 작용하므로 화, 목, 수가 본인에게 좋고 본인도 좋아한다.

그러면 천간과 지지에서 화, 목, 수를 찾아보자. 우선 화는 월간에 정화가 정관으로 있고 연지에 사화가 편관으로 있다. 화는 관성이지만 이 사주에는 용신으로 작용하며 사회궁 자리에 있으니 이 사람은 직장 생활이 원만하고 만족스러울 것이다. 다음으로 목은 시간에 갑목이 편재로 있다. 일주와 시주는 사적인 영역이니 이 사람은 취미생활로 아주 값어치 있고 비싼 것을 사거나 모으기를 좋아할 수 있다.

이 사주에는 식상인 수가 없으니 무식상 사주에 해당한다. 그러나 이 사주의 주인은 수의 기운을 용신으로 좋아하며, 금은 수를 생하므로 수를 만나면 이 사주에 과다한 금의 기운이 수 쪽으로 흘러가 빠질 수 있다. 이는 수가 많은 사람을 친구나 연인, 덕질 대상으로 좋아하는 모습으로 나타나곤 한다. MBTI로 보자면 INFJ나 INTJ 같은 조용한 사람을 좋아하거나, 예술적이며 자기 세계가 뚜렷한 사람에게 끌릴 것이다.

이 사주에서 재미있는 점은 일지에 진토辰가 있고 시지에 신금申이 있다는 점이다. 앞서 설명한 '신자진삼합申子辰三合'에서 왕지이며 대장격인 자수子가 없고 부하격인 생지와 고지만 있다. 하지만 진토가 일지 자리를 꿰차고 있으니 대운이나 세운으로 자수가 들어오면 곧바로 신자진삼합이 이루어질 수 있다. 그러면 일지의 진토와 시지의 신금은 모두 자수로 바뀐다. 기존에 없었던 용신인 수의 기운이 사주에 생겨나니 이 사람은 자수가 들어오는 연도가 본인에게 좋은 해일 것이다.

삼형살과 자형

두 글자의 조합이 합과 충을 이루었던 것처럼 세 글자의 조합도 합과 충을 이룬다. 세 글자의 합이 앞서 살핀 삼합과 방합이라면, 세 글자의 충은 이제부터 살펴볼 '삼형살三刑殺'이 되겠다.

삼합은 왕지(도화)를 중심으로 생지(역마)와 고지(화개)가 모여 만든 것이다. 삼형살은 도화를 제외한 역마와 화개 안에서 각각 성립하는 기운이다. 그래서 삼형살은 역마에 해당하는 형살과 화개에 해당하는 형살까지 두 가지가 있다.

역마에 해당하는 기운은 인목寅, 사화巳, 신금申, 해수亥다. 이 가운데 형살을 이루는 기운은 해수를 제외한 나머지다. 그래서 역마의 삼형살은 '인사신삼형살寅巳申三刑殺'이라 부른다. 화개에 해당하는 기운은 축토丑, 술토戌, 미토未, 진토辰다. 이 가운데 형살을 이루는 기운은 진토를 제외한 나머지다. 그래서 화개의 삼형살은 '축술미삼형살三刑殺'이라 부른다.

삼형살을 이루는 역마나 화개의 기운 중 해수와 진토는 포함되지 않는다.* 그런데 만약 사주의 지지 자리에 역마의 인목, 사화, 신금, 해수가 모두 있거나, 화개의 축토, 술토, 미토, 진토가 모두 자리하면 어떻게 될까? 누구나 아는 한국의 유명인 가운데 두 사람이 이런 사주를

---

* 해수와 진토가 제외되는 것은 일종의 공식으로 생각하자.

가지고 있었으며, 놀랍게도 두 사람 모두 대통령이었다. 박정희 전 대통령의 사주는 지지로 인목, 사화, 신금, 해수의 생지 넷을 모두 가졌다. 이를 사생격四生格 또는 사맹격四孟格 사주라고 하며, 역마의 기운이 매우 강하여 권력을 잡고 큰일을 이루는 제왕의 사주라고 해석한다. 그리고 김영삼 전 대통령의 사주는 지지로 축토, 술토, 미토, 진토의 고지 넷을 모두 가졌다. 이를 사고격四庫格 사주라 하며, 꺾을 수 없는 고집과 남 밑에 있을 수 없는 출세욕이 있어 역시 제왕의 사주에 해당한다. 두 사주 모두 지지가 하나라도 다른 것이었다면 그냥 삼형살 사주에 그쳤을 것이니, 포커로 치면 로열 스트레이트 플러시라고 할 수 있겠다.

다시 삼형살 이야기로 돌아오자. 삼형살이 성립해도 삼합이나 방합처럼 오행이 하나 추가된다거나 다른 오행으로 성질이 바뀌는 일은 일어나지 않는다. 그렇지만 삼형살은 그 자체로 삶 전체를 뒤흔들어 놓을 만큼 강력하다. 앞서 살펴본 두 글자의 충이 머릿속이 복잡하다거나 주변과 갈등을 불러일으키는 정도의 영향을 미친다면, 삼형살은 사건·사고, 소송 등 분쟁, 병환 등으로 나타나서 인생에 그야말로 커다란 영향을 미칠 수 있다.

인사신삼형살

지지에서 생지, 즉 역마에 해당하는 글자들이 갖는 특징은 자신들이 양의 성질을 가지면서 지장간도 전부 양간으로 갖는다는 점이다. 이 가운데 인사신삼형살을 이루는 인목은 '무토, 병화, 갑목'을, 사화는 '무토,

경금, 병화'를, 신금은 '무토, 임수, 경금'을 지장간으로 가진다.

역마란 비유하자면 공기 중의 산소와 같다. 산소가 없으면 모든 살아있는 존재는 생명 활동을 이어갈 수가 없다. 하지만 산소는 극히 불안정한 물질이어서 작은 불꽃만 있어도 금세 폭발하며, 반응성이 강하여 주변의 다른 물질과 잘 결합해 산화 반응을 일으킨다. 인사신 가운데 역마의 기운이 가장 강한 순서를 매기자면 첫째가 인목, 둘째가 신금, 셋째가 사화다. 그래서 인목과 신금은 사주원국 안에서도 충을 가장 많이 일으키는 지지에 해당한다.

삼합과 방합과 마찬가지로 삼형살 역시 세 글자의 조합이 가지는 특징을 똑같이 지닌다. 하나는 월지 자리를 차지하면 힘이 더욱 강력해지는 것이고 다른 하나는 삼형살을 이루는 글자가 사주원국에 둘 뿐이어도 일지 자리에 있다면 대운과 세운의 기운을 받아 삼형살이 성립할 수 있다는 점이다. 실제로 인목의 해였던 2022년에는 힘든 일을 겪은 내담자들을 다른 연도보다 많이 만날 수 있었다.

인사신삼형살은 사람의 인생에 어떤 방식으로 작용할까? 역마는 기본적으로 확장성이 있고 밖으로 뻗어나가는 성질이 있다. 그런데 이런 역마가 좁은 공간에 우글거린다면 활동성이 지나치게 강해지고 매우 불안정해진다. 인사신삼형살을 가진 사람은 자의든 타의든 간에 도무지한 가지 분야에 집중할 수가 없고, 한곳에 정착해서 안정적인 삶을 꾸려나가기도 힘들어진다. A 전공을 하다가 B 전공으로 바꾸었는데 갑자기 C 전공으로 다시 바꾸고 싶어지거나, 이제 그만 국내의 본사에서 근무하고 싶은데 또 다른 해외 지사로 발령이 나는 식이다. 게다가 역마의 기운이 너무 많고 강하면 자신이 감당하기 힘든 커다란 변화를 여러 번 자주 겪게 된다. 일 년에 이사를 두세 번씩 다녀야 할 수도 있고 남들이 한 번 이직할 때 본인은 서너 번씩 이직하게 될 수도 있다. 한 번도 충격이 큰 일을 일 년에 여러 번 감당해야 한다면 인생의 난이도가 버티기 버거울 수준일 것이다.

앞서 삼형살 역시 두 글자만 있더라도 일지 자리를 꿰차고 있다면 대운과 세운의 기운을 받아 삼형살 조합을 이룰 수 있다고 언급했다. 그렇다면 사주원국 안에 처음부터 삼형살이 있었던 사람과, 대운이나 세운의 기운을 받아 삼형살이 이루어지는 사람 가운데 더 힘들어하는 쪽은 누구일까?

답은 후자다. 처음부터 삼형살이 있었던 사람이라면 살아오면서 그 기운에 어느 정도 적응해 있다. 사주에 이미 인사신삼형살이 있는 사람이라면 지난 2022년처럼 인목의 기운이 있는 해가 되더라도 이미 엎어진 밥상에 반찬 하나 더 엎는 정도에 지나지 않는다. 엎은 김에 비빔밥으로 먹자는 긍정적 사고도 해볼 수 있다. 그러나 2022년에 삼형살을 맞게 된 사람은 해가 바뀌었더니 밥을 해 오기만 하면 밥상이 엎어지는 참사를 난데없이 일 년 내내 겪게 되는 셈이다.

부드럽게 '밥상이 엎어지는 참사' 정도로 표현했지만, 본래 삼형살이 가져오는 고난과 고통은 이렇게 가벼운 것이 아니다. 인사신삼형살로 인해 이사가 일어난다면, 단지 이사가 아니라 전세 사기를 당하거나 집이 경매에 넘어가는 일일 수 있다. 이직이라면 자의적인 이직이 아니라 회사에서 잘리거나 도저히 그 회사에 남아 있을 수 없는 사건이 벌어져서 이직할 수밖에 없는 상황이 되기도 한다. 그래서 웬만한 사주 이론에서는 삼형살이 등장하면 일단 범죄에 연루될 가능성이나 정신적 · 육체적 건강에 관한 적신호부터 알아보라고 설명할 정도로 좋지 않게 해석하곤 한다.

그렇다면 이 삼형살은 대체 어떻게 해소할 수 있을까?

첫 번째는 나의 사주, 내가 타고난 팔자, 내 성향과 성격이 어떠한지 충분히 알고 조심하는 것이다. 인사신삼형살을 가진 사람은 자신이 자꾸 일을 벌이고, 또 새로운 것을 시도하고, 한 자리에 가만히 있지 못하는 성질을 가진다는 사실을 스스로 알고 인정해야 한다. 그리고 새로운 일에 자꾸만 몸과 마음이 들썩거린다면 그것이 합리적인 이유가 있어서 마음이 가는지 아니면 자신의 타고난 성향 때문인지 되돌아볼 필요가 있다. 물론 알아도 어찌하기 어려운 것이 사주팔자다. 하지만 대비는 할 수 있다. 비바람 속을 맨몸으로 걷는 것과 우비를 입고 걷는 것은 다르지 않겠는가? 그래서 사주풀이란 일기예보와 같은 것이다. 비가 오지 못하게는 할 수 없지만, 비가 올 것이라고 알려줌으로써 당신이 우산이나 우비를 챙기는 준비를 할 수 있게 해준다.

두 번째는 삼형살이 가진 강력한 기운을 미리 다른 방식으로 조금씩 풀어주는 것이다. 나는 인사신삼형살을 가진 사람이 내담자로 찾아오면 쉬는 날에 집에서 '방콕'하는 대신 멀리도 다녀보고, 다양한 사람을 만나 새로운 것을 시도해보고, 취미도 역동적인 것으로 가져보라고 조언한다. 그러면 강력한 역마의 기운에 조금씩 김을 뺄 수 있다.

세 번째는 자신의 사주에 도움이 되는 기운인 용신을 가까이하는 것이다. 사주풀이에서 빨간색 옷을 입으라든지, 집 안에 식물을 키우라든지 하는 개운법을 알려주는 경우를 여기저기서 들어보았을 것이다. 이는 그 사람에게 용신인 오행이 그러한 사물에 해당하니, 가까이함으로써 살의 기운에 맞설 힘을 보태어두라고 조언하는 표현이다. 물론 일년 내내 빨간색 옷을 입고 다닐 수는 없으니 요즘 역술인들은 용신을 가까이하는 다른 여러 가지 방법들을 일러주고는 한다.

축술미삼형살

지지에서 고지, 즉 화개에 해당하는 글자는 축토, 미토, 술토, 진토로 모두 토에 해당한다. 이 가운데 축술미삼형살을 이루는 축토는 '계수, 신금, 기토'를, 술토는 '신금, 정화, 무토'를, 미토는 '정화, 을목, 기토'를 지장간으로 가진다.

토는 별다른 특징이 없는 것이 특징인 오행이다. 그래서 토가 이루는 화개의 기운이란 비유하자면 공기 중의 질소와 비슷하다. 반응성이 매우 높은 산소에 비해 질소는 반응성이 낮고 매우 안정적이다. 하지만 공기 중에 산소가 없이 질소만 가득하다면 생명 반응이 일어날 수 없다. 사주에서도 오직 토만 가득하다면 자기 고집이 너무 강하고 새로운 변화를 거부하려는 모습으로 나타난다. 축술미삼형살은 바로 이런 토의 성질이 강하게 발현된 결과다.

축술미삼형살은 지지만 두고 보면 축미충丑未沖 정도가 존재하지만, 그 영향은 그리 크지 않다. 문제는 지장간 사이에서 벌어진다. 축술미가 가진 지장간 중 음간인 정화와 계수가 정계충丁癸沖을 이루고, 역시 음간인 을목과 신금이 을신충乙辛沖을 이룬다. 앞서 천간충을 이야기하며 양간의 충이 크게 한번 갈등을 빚고 털어버린다면, 음간의 충은 잘 드러나지 않지만 아주 집요하고 끈질기게 이어져서 훨씬 '지랄맞다'라고 설명했다. 이것이 토의 성질로 강하게 발현되면 어떻게 될까? 피부 속 상처가 곪을대로 곪아서 농이 커다랗게 차 있는데, 아픈 것을 내색하지 않고 꾹 참다 보면 패혈증으로 생명이 위독해지고 만다.

앞서 상관을 설명하며 유치원 선생님의 예를 들었다. 유치원 선생님은 아랫사람에 해당하는 아이를 돌보는 직업이기는 하지만, 그 아이들의 부모나 유치원의 원장을 윗사람으로 상대해야 하는 직업이기도 하다. 사주에 저항하는 기운인 상관이 많다면 이런 직업을 추천하기 어렵다. 그런데 유치원 선생님인 사람이 사주에 상관이 많은데 축술미삼형살까지 있다고 해보자. 이 사람은 학부모나 원장과 수도 없이 싸움을 벌이면서 여러 해가 지나도록 그 직업을 고집한다.

세상의 모든 상황이 나랑 맞지 않게 돌아가는데 그 한복판에 엉덩이를 깔고 앉아서 제 팔자를 제 손으로 꼬는 모습이 축술미삼형살의 양상이다. 남들 같으면 벌써 두 손 두 발 다 들고 도망갔을 상황에도 "나는 괜찮아", "아직 버틸 만해"라며 미련하고 묵묵하게 버틴다. 결국 그러다가 때를 놓치고 몸과 마음이 상처를 입는 경우가 많다. 실제로 축술미삼형살이 있는 분을 내담자로 받으면 태반이 직업상담이나 이직상담을 고민으로 가져오곤 했다.

축술미삼형살 역시 사주에 두 글자만 있더라도 그것이 일지를 꿰차고 있다면 대운이나 세운이 나머지 기운을 가져올 때 축술미삼형살이 성립할 수 있다. (원래 사주에 축술미삼형살이 있었던 사람이라면 '올해는 조금 더 심하구나' 했을 것이다.) 그래서 축토의 해였던 2021년에는 힘겨운 시간을 겪었던 이들이 많았을 터다. 나는 이분들에게 단지 하늘이 시련을 내린 것이 아니라, 지금 당신이 달라져야 하는 시점이라고, 제발 버티지 말고 움직이라고, 때로는 변화할 줄도 알아야 한다고 일러주는 것이라 말해주고 싶다. 그리고 그 말을 따르는 것이 축술미삼형살을 해소하는 방법이라고 말해주고 싶다. 오직 버티는 것이 능사가 아니다. 때로는 미련 없이 자리를 털고 일어나는 것이 옳은 길일 수 있다.

삼형살을 마무리하기 전에, 삼형살이 낀 한 해를 보낸 내담자들께 내가 하는 말을 여기에 옮긴다.

"정말 고생 많으셨습니다. 운명이 점지해준, 누가 봐도 힘든 한 해를 보내셨습니다. 그러니 자신을 탓하지 말고 하늘을 탓하세요. 또 힘든 시기를 넘긴 자신에게 정말 수고했다고 말해주고, 맛있는 것도 사주세요. 올해 남은 기간은 쉬면서 재충전하시고, 삼형살이 지나가는 내년부터 다시 힘을 내시길 바랍니다."

자형

사주에서 '형刑'은 지지 간의 작용으로 인해 느닷없이 벌어지는 범상치 않은 일을, '살殺'은 독하고 모진 기운을 뜻한다. 삼형살은 형살 중에서도 매우 강하고, 아주 뚜렷하며, 무척 명백하게 일어나는 좋지 않은 일에 해당한다. 이는 범죄와 연루될 가능성을 의미하기도 하는데, 자신뿐만 아니라 다른 사람까지도 가해자 또는 피해자로 엮일 수 있다.

이제부터 이야기할 '자형自刑'은 삼형살과 비교하면 자기 자신自에게 벌어지는 일이라는 차이점이 있다. 내가 가지고 있는 어떤 성질이나 특징이 스스로 감당하기에는 너무 과도하여 좋지 않은 영향을 미치는 작용이다. 자형은 그 영향이 삼형살만큼 큰 형살은 아니지만, 자신이 어떤 성향을 가진 사람인지 알기 위해서는 한 번쯤 알고 넘어가야 하는 개념이다.•

앞서 천간을 이야기하며 '갑갑병존'이나 '을을병존' 등을 언급했다. 병존竝存은 천간 자리에 같은 글자가 이웃하여 위치하면 해당 글자의 성향이 아주 강하게 나타나는 현상을 이른다. 자형 역시 지지 자리에 이웃하여 위치한 같은 글자로 인해 그 성향이 강하게 발현되는 현상이다. 자형은 해해자형亥亥刑殺, 오오자형午午刑殺, 유유자형酉酉刑殺, 진진자형辰辰刑殺까지 모두 네 가지가 있다. 하나씩 알아보자.

해해자형은 해수亥가 둘 있는 경우다. 해수는 역마이긴 하지만 그 기운이 미약한 역마다. 그래서 역마의 기운이 작용하기보다는 수의 기운이 많아서 힘든 것에 가깝다. 사주의 수는 차갑고 가라앉는 기운이며 수가 많아지면 정신적으로 어둡고 우울해진다. 해해자형은 우울한 기운이 곱절로 작용하여 힘들어지는 셈이다.

• 형살에는 '자묘형살子卯刑殺'이라는 것도 있는데, 실제 상담에서 이것이 좋지 않은 기운으로 작용하는 경우는 그다지 보지 못했다. 수(자수)는 기본적으로 목(묘목)을 생하기 때문이다.

오오자형은 오화午가 둘 있는 경우다. 오화는 지장간의 주성분으로 뜨거운 열인 정화丁를 갖는데, 정화의 기운이 강한 사람은 내면의 불길인 신념이 강고하고 이에 어긋나는 길은 죽어도 가지 않는다. 오오자형은 이 성향이 곱절로 작용하니 자기 인생의 안녕을 돌보기보다는 몸을 내던져 신념을 지키곤 한다. 일제강점기에 순국한 독립운동가를 떠올리면 되겠다.

유유자형은 유금酉이 둘 있는 경우다. 이는 "너 T야?"라는 한마디가 모든 것을 설명한다. 유금은 지장간의 주성분으로 신금辛을 갖는데, 금의 기운은 어떤 십신으로 작용하든 그 날카로움과 이기적인 성향을 두드러지게 드러낸다. 유유자형은 금의 날카로움과 이기성이 곱절로 작용하여 스스로 무덤을 파는 셈이다.

진진자형은 진토辰가 둘 있는 경우다. 진은 십이간지의 동물들 가운데 용을 의미하는 글자다. 용은 동양에서 일종의 신적인 존재이며, 유일하게 현실에 존재하지 않는 허상의 동물이다. 그래서 진토는 위엄을 지키며 완벽주의를 추구하는 모습도 있고, '좀 있어 보이려는' 허세를 부리려는 모습도 있다. ('리디팡공' 스타일이라고 하면 훨씬 쉽게 이해하실 분들이 있을 듯하다.) 진진자형은 완벽주의와 허세가 곱절로 작용하여 힘들어지는 격이라 할 수 있다.

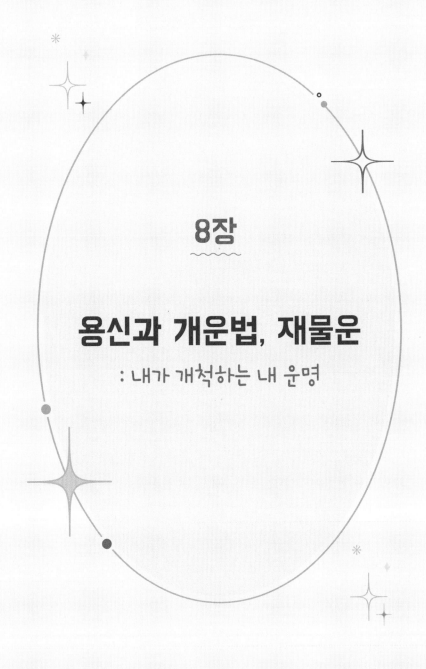

8장

용신과 개운법, 재물운

: 내가 개척하는 내 운명

용신이란 무엇인가

사람들은 왜 사주를 볼까? MBTI는 '내가 어떤 사람인지'가 궁금해서 본다고 한다면, 사주는 '미래'가 궁금해서 보는 경우가 많다.

> "제가 돈을 많이 벌 수 있을까요? 몇 살이 되면 돈을 벌 수 있나요?"
>
> "운이 트이려면 무슨 색 옷을 입는 게 좋은가요?"
>
> "무슨 일을 하는 게 좋을까요?"

사주를 보러 오는 사람들이 가장 많이 하는 질문은 이런 것들이다. 이게 바로 '개운법'이고, 내가 내담자들에게 말해주는 표현으로는 '스트레스 해소법'이다.

지금까지 책의 앞부분을 재미있게 읽은 사람들도 있겠지만 처음 접한 독자들에게는 꽤 어려웠을 것이다. 영어로 치면 음양, 오행, 십신의 이해를 통해 알파벳과 단어를 배웠고, 합과 충을 통해 기본적인 문장 만드는 법을 배웠다고 할 수 있다. 하지만 내가 영어를 잘 못한다고 해서 꼭 처음부터 공부할 필요는 없고 실생활에 활용하기 위해서는 번역기를 참고하면 되는 것처럼, 자기 사주를 알고 싶으면 역술가에게 가서 사주를 보면 된다. 책의 앞부분이 너무 어려웠다면 이제부터 설명할 개운법만 기억해도 된다.

개운법을 알려면 가장 먼저 '용신用神'이라는 것을 알아야 한다. 여기에서 '용'은 '사용할 용用'자를 쓴다. 즉 간단히 말해 내가 사용해야 하는 기운 또는 내가 이용하는 데 필요한 기운이며, 내가 가진 사주팔자의 단점, 약점, 부족한 점을 보완해주는 성질을 뜻한다. 내 사주에 인성이 모자란다면 인성이 용신이 될 수 있고, 목과 화는 많은데 수와 금의 기운이 부족하다면 수와 금의 기운이 용신이 될 수 있다. 내 사주에 부족한 점을 보완해 결과적으로 나를 더 좋은 방향으로 이끌어가주는 기운이 바로 용신이다. 이때 용신은 하나가 아니라 여러 개일 수 있고, 풀이하는 관점에 따라서도 다른 기운이 용신이 될 수 있다.

용신을 찾는 방법은 여러 가지가 있다. 대표적인 것만 나열하더라도 억부용신抑扶用神, 조후용신調候用神, 통관용신通關用神, 병약용신病藥用神, 격국용신格局用神 등이 있다. 이 책에서는 이 중 가장 주요한 용신인 '억부용신'과 '조후용신'에 대해 살펴볼 것이다. (참고로 일러두면 통관용신은 사주원국에서 두 가지 이상의 기운이 대립할 때 그 사이를 이어주는通關 오행을 용신으로 삼는 해석법이고, 병약용신은 좋지 못한 역할病을 하는 오행이 있을 때 이를 제압해주는藥 오행을 용신으로 보는 해석법이며, 격국용신은 사주원국의 모양과 짜임새格局를 보는 것이다.)

억부용신

'억부용신'은 가장 강력하면서도 직관적으로 이해할 수 있는 용신법이다. 억부용신에는 '억제할 억抑'과 '도와줄 부扶' 자를 쓴다. 내 기운을 도와 더해주는 것과 내 기운을 눌러 소모시키는 작용을 중점적으로 본다는 뜻이다.

사주의 십신을 이루는 인성, 비겁, 식상, 재성, 관성은 크게 나에게 기운을 보태주는 것(+)과 내 기운을 소모시키는 것(-)으로 나눌 수 있다. 이때 기운을 보태주는 기운은 인성(+)과 비겁(+)이고, 기운을 소모하게 하는 것은 식상(-), 재성(-), 관성(-)이다. 사주에 인성(+)과 비겁(+)이 많은 사람은 자신의 기운이 강해지니 '신강'한 사주이고, 식상(-), 재성(-), 관성(-)이 많은 사람은 자신의 기운이 약해지니 '신약'한 사주인 것이다. 따라서 신강한 사람은 넘치는 기운을 소모하게 해주는 것을 용신으로 보고, 신약한 사람은 부족한 기운을 보태주는 것을 용신으로 본다. 그림 08-01 과 그림 08-02 는 신강한 사주와 신약한 사주의 예시다.

정관(-)	일간(나)	비견(+)	겁재(+)
정재(-)	정인(+)	정인(+)	편인(+)

그림 08-01 신강한 사주

비견(+)	일간(나)	정관(-)	상관(-)
편인(+)	편관(-)	편관(-)	편재(-)

신약한 사주

신약한 사람에게는 인성과 비겁이 도움이 되고, 신강한 사람에게는 관성, 재성, 식상이 전부 도움이 된다. 신강한 사람에게 도움이 되는 십신이 한 종류 더 많으니 아무래도 신약한 사람보다는 신강한 사람이 유리하다. 이렇게만 설명하면 신강한 사주가 좋은 것이고 신약한 사주가 나쁜 것으로 생각되기 쉬운데, 꼭 그렇지만은 않다. 사주팔자의 여덟 글자 중 일간, 즉 '나 자신'에 해당하는 글자는 나의 기본적인 성질, 본질이라고 보면 된다. 신강한 사람은 이 본질을 돕는 글자가 많아서 어떤 상황에서도 내 본질대로 굴기가 쉬운 것이고, 신약한 사람은 환경이나 운명의 흐름이 변화하면 자신도 적응하여 변화할 가능성이 크다고 해석한다. 그러니 어느 쪽이 좋거나 나쁘다고 딱 잘라 얘기할 수는 없다.

그렇다면 신약하면 인성과 비견이 용신, 신강하면 식상, 재성, 관성이 용신이라는 공식 하나면 되는 걸까? 물론 그렇지 않다. 만약 그렇다면 모든 사람이 자기 MBTI를 외우듯 자기 용신을 외우고 다닐 수 있을 것이다. 이는 마치 모든 E가 I를 좋아할 것이고, 모든 I는 E를 좋아할 거라고 단정하는 것과 같다. 그렇지만 어떤 E는 E를 더 좋아하기도 하고, 어떤 I는 비슷한 I들끼리만 어울린다. 용신도 마찬가지다. 억부용신뿐만 아니라 조후용신, 병약용신, 격국용신 등 다른 요소들까지 전반적으로 살피고 나면 신약한데 재성이 용신인 사람도 있고, 신강한데 인성이 용신인 사주도 존재하게 된다.

그러면 한번 사주원국을 통해 억부용신을 찾아보자. 다음 [그림 08-03]은 앞서 합과 충을 찾아볼 때 사용한, 사주 사이트에 임의로 생년월일시를 입력하여 나온 사주원국이다.

2001년 9월 14일 17시 0분 · 음력 2001년 7월 27일 · 곤명 24세 · 뱀띠

	시주	일주	월주	연주
십신	편재	아신	정관	겁재
천간	甲 조/갑木	庚 습/경金	丁 습/정火	辛 조/신金
지지	申 난습/신金	辰 난습/진土	酉 한조/유金	巳 난조/사火
십신	비견	편인	겁재	편관
장간	戊 ㉜ 庚 / 편인 식신 비견	乙 ㉜ 戊 / 정재 상관 편인	庚 辛 / 비견 겁재	戊 庚 丙 / 편인 비견 편관

[그림 08-03] 억부용신 찾아보기

이 사주는 매우 신강한 사주다. 일간이 경금인데 사주 안에 금이 셋이나 더 있으며, 지지 자리의 진유합금과 사유축삼합으로 금이 둘 더해져서 무려 다섯이 더 있는 셈이다. 그래서 자신의 기운을 빼는 관성(화),

재성(목), 식상(수)가 용신으로 작용한다. 이 사주에 화와 목의 기운은 있지만 수는 없다. 그래서 외부에서 수의 기운이 들어오면 이를 몹시 좋아하고 반기게 된다.

이처럼 신강과 신약에 관여하는 십신의 개수 차이가 명확해서 한눈에 억부용신을 파악할 수 있는 사주가 있는가 하면, 숫자가 비슷해서 한눈에 신강과 신약을 구분하기 어려운 사주도 있다. 이번에는 다음 그림 08-04 를 보자.

	시주	일주	월주	연주
십신	편인	아신	겁재	편재
천간	己 기土	辛 신金	庚 경金	乙 을木
지지	亥 해水	巳 사火	辰 진土	亥 해水
십신	상관	정관	정인	상관
장간	戊 甲 壬 정인 정재 상관	戊 庚 丙 정인 겁재 정관	乙 癸 戊 편재 식신 정인	戊 甲 壬 정인 정재 상관

그림 08-04 신강과 신약의 기운이 엇비슷한 사주

이 사주는 오행이 전부 섞여 있고, 인성과 비겁은 합하여 세 개, 관성과 재성과 식상은 합하여 네 개여서 어느 쪽이 우세한지 판단하기 어렵다. 이때는 십신이 어느 자리에 있는지를 살펴야 한다. 예를 들어 똑같이 인성이 두 개 있다고 해도 그것이 각각 연주와 시주에 위치하는 것과 일주와 월주에 위치하는 것은 영향력의 크기나 의미가 다르다. 사주의 모든 글자는 일간, 즉 '나'의 자리와 가까울수록 힘이 강하다고 보며, 그중에서도 월지 자리는 사주에서 중요한 '계절감'을 책임지기 때문에 특별히 더 강하다고 본다. 다른 자리의 점수를 1점이라 치면 월지 자리는 3점으로 치는 것이다. 즉 그림 08-04 처럼 월지 자리에 정인이 있으면 인성의 개수를 하나가 아닌 셋으로 볼 수 있다. 이에 따르면 이 사주는 인성과 비겁의 기운이 관성과 재성과 식상을 합한 것보다 조금 더 강한 신강한 사주로 판단할 수 있다.

조후용신

조후용신에는 '조절할 조調'와 '기후 후候' 자를 쓴다. 조후용신은 월지를 기준으로 사주의 날씨, 기후를 보는 것이며, 사주가 전반적으로 추운지 寒, 더운지暖, 건조한지燥, 습한지濕를 살핀다. 너무 덥거나 춥거나 건조하거나 습하면 활동하기가 어렵다. 내 기운을 펼치기 어려워지는 것이다. 그러므로 이를 중화해주는 요소를 용신으로 삼는 것이 바로 조후용신이다.

사주의 날씨에 가장 중요하게 작용하는 것은 오행 중 '화'와 '수'다. 화가 많은 사주는 따뜻하고 건조하며, 수가 많은 사주는 춥고 습하다. 다음 그림 08-05 를 보자.

그림 08-05 사주의 날씨

조금 극단적인 예시지만 한번 이런 사주가 있다고 해보자. 이 사주에는 수의 기운이 다섯이나 되어 아주 춥고 습하다. 그런데 일지 자리에 미토未가 있다. 미토는 지장간으로 '정화, 을목, 기토'를 가진다. 정화는 뜨거운 열기를 의미하니, 이 사주의 주인은 추운 자신에게 열기를 가져다주는 미토를 아주 좋아하게 될 것이다. 본래 사주에서 화와 수는 서로를 배척하는 기운이다. 그렇지만 조후용신이라는 관점에서 미토가 가진 정화는 계수에게 도움이 될 수 있다.

　이 사주의 일간은 음간인 계수癸이니, 억부용신의 관점에서 보면 비겁이 넷이나 되는 매우 신강한 사주다. 이때 미토는 일간과의 관계를 따져보면 편관이 되어 신강한 사주의 넘치는 기운을 빼주는 역할을 한다. 즉 이 사주에서 미토는 조후용신과 억부용신 두 개의 관점 모두에서 용신이 된다. 편관이 용신이니 이 사람은 자신이 꽤 힘들어하고 불편한 직장생활을 하는 것이 결국은 좋은 길이 될 수 있다.

개운법

개운법이란 바로 '용신을 가까이하는 것'이라고 할 수 있다. 그렇지만 "당신 사주에 화가 너무 많아서 수가 필요하니 물 가까운 데 사시오"라는 말은 아니다. 애초에 화가 너무 많은 사주를 가진 사람은 물가에 가봤자 "어머, 물이다!" 하고 까르르 웃는 것에서 그친다.

개운법은 단순히 어떤 사물을 물리적으로 가까이하는 것이 아니다. 사주에서 일어나는 작용의 핵심은 결국 사람 또는 사람의 행위다. 그래서 용신을 가까이하려면 내 용신이 되는 기운을 가지는 사람을 만나거나, 내가 힘들고 스트레스를 받는 상황에서 내 용신의 기운에 해당하는 행동을 하면 된다.

나는 개운법을 '스트레스 해소법'이라고 부른다. 내가 좋아하는 사람을 만나서 함께 시간을 보내고, 내가 좋아하는 것을 마음껏 하다 보면 당연히 스트레스가 풀리고 개운해지기 때문이다. 재미있는 것은 내가 상담을 진행하며 내담자에게 개운법에 해당하는 방도를 일러주면, 이미 그런 종류의 행위를 시작한 경우가 많다는 점이다. 예를 들어 밖에 나가 활동적인 일을 해보는 것이 좋겠다고 말해주면 "어, 저 지난주에 테니스 등록했어요"라고 대답하는 식이다.

한번 사주에 수가 많아서 화가 용신인 사람이 있다고 해보자. 이 사람에게는 화의 기운에 해당하는 사람이 필요하다. 그렇다고 만나는 사람마다 "기운이 화세요?"라고 물어보고 다녔다간 화 기운을 가지는 사람은커녕 마주치는 사람 모두가 피해 다닐 것이다. 하지만 이 책을 여기까지 읽은 분들이라면 화의 기운을 가지는 사람이 어떤 특징을 보이는지 알 것이다. 사주에 화가 많은 사람은 자기 생각이 겉으로 투명하게 내비치는 사람이다. 하고 싶은 것도 많고 아이디어도 많다. 사주에 수의 기운이 강한 사람은 대체로 이런 사람들을 좋아한다. MBTI로 치면 INFJ나 INTJ, ISTP 같은 사람들이 ENFP, ESFP, ENTP 유형의 사람들을 매력적으로 여기는 것과 마찬가지인 셈이다. 실제로 상담을 진행하다 보면 수가 많은 INFJ 내담자가 "전 ENFP를 모으고 다녀요"라고 말하기도 하고, 화가 많은 ENTP 내담자가 "전 조용하고 말 없고 생각 깊은 사람들을 만나면 끌려요"라고 말하는 경우가 제법 있다. 이처럼 사람들은 자신도 모르게 용신인 기운을 가진 사람을 찾는다.

토가 용신인 경우

오행 중 토는 유일하게 해당하는 계절이 없으며, 무엇이 오더라도 덤덤하게 받아내는 성질을 가지고 있다. 싫어하는 것이 있어도 입을 꾹 닫거나 적당히 돌려 표현하고 넘긴다.

자신에게 부족하거나 단점이 되는 것을 채워주는 기운이 용신이 된다는 점을 생각하면, 용신이 토인 사람은 자기 사주에 토가 부족하거나 없는 경우가 많다. 토가 없는 사주는 반대로 말하면 개성이 아주 뚜렷한 화, 수, 목, 금이 많은 사주라는 뜻으로, 나는 이런 사주를 '슈퍼스타 사주'라고 부른다. 이런 사람들은 본인의 성향이 톡톡 튀는 쪽이기 때문에 반대로 담백하고 평범한 것을 좋아하며, 나를 참을성 있게 잘 받아주는 무던한 사람을 가까운 지인이나 연인, 친구로 선호하는 경향이 있다.

토가 용신인 사람은 자신에게 도움이 되는 성질이 토인 것이니, 너무 변화무쌍한 직종보다는 단순 반복 작업이 많은 직종을 선택하는 것이 좋다. 회사에 입사한다면 마케팅이나 광고 분야보다는 내근직, 사무직이 좋다. 또 토의 성질에 해당하는 방식으로 스트레스가 해소되니, 쉬는 날에는 집에서 가만히 체력을 충전하는 것이 좋다.

화가 용신인 경우

용신이 화인 사람은 본인 사주에 수가 많아서 반대로 밝고 외향적인 사람을 좋아하는 것이다. 그렇다고 무조건 시끄럽고 외향적인 사람을 찾는다는 뜻은 아니고, 겉과 속이 투명하며 아이디어가 많은 사람을 좋아한다. 그래서 ENxx나, ExFx인 사람들을 좋아하는 경향이 있다.

화가 용신이라면 에너지를 발산하고 퍼뜨리는 것이 본인에게 좋다. 그러니 토가 용신인 사람과 반대로 가만히 누워 있지 말고 돌아다녀야 한다. 따로 할 일이 없으면 산책이라도 나가서 돌아다니는 것이 본인의 정신건강에 좋다. 직업 역시 활동적인 쪽을 선택하는 편이 좋은데, 대표적인 분야가 아이디어가 많이 필요한 마케팅이나 광고 기획이다. 다만 화가 용신인데 본인의 사주에 화가 없다면 선호하는 직업과 적성이 일치하지 않는 셈이다. 그렇다면 창의성을 발휘해야 하는 역할 대신 남들의 아이디어를 받아서 조율하고 정리하는 역할을 맡는 것이 좋을 수 있다.

목이 용신인 경우

용신이 목인 사람도 화가 용신인 사람과 전체적인 느낌은 비슷하다. 그래서 '목화木火 용신'을 세트로 가져가는 사람이 많다. '수금水金 용신'도 마찬가지다.

　다만 목이 용신인 사람은 기본적으로 가능성을 열어두는 것을 좋아하고, 이득이 되는 방향보다는 마음이 가는 방향으로 가려고 한다. 이런 사람들은 MBTI로 치면 F인 사람을 선호하는 경향이 있고, 대기업이나 안정적이고 따분한 직장보다는 스타트업 쪽에 종사하는 것을 선호한다. 기본적인 자본주의 원리에서 살짝 벗어나 있지만 독자적인 노선을 추구하는 분야에서 강점을 보일 수 있다. 그래서 같은 문과 출신이라 해도 용신이 금인 사람은 안정적이고 수입이 보장되는 재무, 회계, 세무사 방면을 택하는 경우가 많고, 용신이 목인 사람은 그냥 마음 가는 대로 직업을 선택하는 경우가 많다. 자기가 재미있는 길, 흥미로운 길을 찾아가는 것이 목화 용신들이 살아가는 길이며 또 그것이 스트레스를 받지 않고 인생을 살아가는 방법이다.

금이 용신인 경우

용신이 금인 사람은 앞서 본 목이나 화 용신과 정반대다. 이들은 매사를 정확하고 똑 부러지게 다루려 하고, 호불호의 기준이 딱 서 있는 사람을 좋아한다. 자신에게 이익을 가져다줄 수 있는 일이 아니면 거들떠보지도 않고, 투자도 하이 리스크 하이 리턴보다는 명쾌하고 기복 없는 방식을 택한다.

직업으로는 재무, 회계, 코딩, 의학이나 치의학 분야, 안경사처럼 세밀한 일을 다루는 직종을 선호하며, 사주에 신금辛의 기운이 강하다면 적성도 맞을 수 있다. 법조계처럼 옳고 그름이 확고하게 작용하는 분야도 잘 맞을 수 있는데, 금 용신인 사람은 범죄를 재단하고 심판을 내리는 행위 자체에 흥미를 느끼기 때문이다. 똑같이 법조계에 종사하더라도 목 용신인 사람들이 약자를 지키고 정의를 구현하는 데 보람을 느끼는 것과는 대조적이다.

수가 용신인 경우

용신이 수인 사람은 조용한 사람을 좋아한다. 차분하고 생각이 깊어 보이며 어딘가 신비로운 분위기를 가진 사람에게 끌리는 경우가 많다. MBTI로 치면 INFJ나 INxx인 사람에게 매력을 느끼는 것이다.

수 용신인 사람은 아무래도 수의 성질이 반영되는 직업이 어울리는데, 생각이 깊고 우울한 사람들의 이야기를 들어준 다음 깊게 가라앉는 생각들을 끌어올려서 정리하고 밝은 쪽으로 돌려주는 분야에서 강점을 발휘할 수 있다. 수가 용신인 사람들은 대부분 본인이 화가 강한 사람들이기 때문이다. 그래서 상담센터나 정신과, 심리학 쪽이 잘 맞는다.

십신으로 보는 개운법

십신으로 보는 개운법도 오행을 확인하고 그 오행이 내게 어떤 성질인지를 확인하면 된다. 예를 들어 내 일간이 금인데 용신은 토라고 해보자. 토는 나에게 인성이다. 이 사람은 토의 성질처럼 가만히 누워서, 책을 읽거나 덕질하는 것으로 스트레스가 풀릴 것이다.

오행의 성질과 십신의 성질이 서로 반대 방향으로 간다면 어떻게 될까? 예를 들어 내 일간이 금인데, 식상인 수의 기운이 용신이라고 해보자. 수는 말이 없고 감추는 것이 특징인데, 식상은 특히 말로써 내 재능을 드러내는 기운이다. 이런 경우에는 '말없이 자기 재능을 드러내는' 분야를 직업이나 취미로 갖는다. 이를테면 사진을 찍는다거나 글을 쓴다든가 그림을 그린다거나 하는 것이다.

만약 식상인 화의 기운이 용신으로 작용하는 사람에게 말없이 사진 찍고 그림 그리고 글 쓰라고 하면 도저히 성에 차지 않을 것이다. 이런 사람은 외국어를 한다고 해도 번역이 아니라 동시통역 같은 걸 해야 직성이 풀린다.

앞서 나에게 용신인 기운을 가진 사람을 만나는 것도 개운법에 해당한다고 설명했다. 그래서 용신과 개운법은 연인, 친구, 직장 동료, 가족들 간의 '궁합'을 알아보는 데 많이 활용한다. 다음 그림 08-06 과 그림 08-07 을 보자.

1966년 9월 4일 · 음력 1966년 7월 20일 · 건명 59세 · 말띠

	시주	일주	월주	연주
십신		아신	비견	비견
천간		丙 _{조 병火}	丙 _{조 병火}	丙 _{조 병火}
지지		寅 _{한조 인木}	申 _{난습 신金}	午 _{난습 오火}
십신		편인	편재	겁재
장간		戊 丙 甲 식신 비견 편인	戊 壬 庚 식신 편관 편재	丙 己 丁 비견 상관 겁재

그림 08-06 백종원의 사주

1982년 1월 18일 · 음력 1981년 12월 24일 · 건명 44세 · 닭띠

	시주	일주	월주	연주
십신		아신	비견	비견
천간		辛 _{조 신金}	辛 _{조 신金}	辛 _{조 신金}
지지		丑 _{한습 축土}	丑 _{한습 축土}	酉 _{한조 유金}
십신		편인	편인	비견
장간		癸 辛 己 식신 비견 편인	癸 辛 己 식신 비견 편인	庚 辛 겁재 비견

그림 08-07 안성재의 사주

백종원의 사주를 보면 일간과 같은 기운인 화가 많고 인성도 있어서 몹시 신강하다. 억부용신을 적용하면 월지에 있는 편재인 신금申이 용신이다. 그리고 연지의 오화午를 제외하고 모두 양간이다.

6장에서 인성을 설명하며 살핀 것처럼, 안성재는 아주 디테일하고 꼼꼼하며, 까다롭고 쉽지 않은 성격을 가지는 사주다. 그런데 안성재의 사주는 전부 음간으로 이루어져 있고 백종원에게 없는 토를 편인으로 가진다. 게다가 병화丙와 신금辛은 '병신합丙辛合'을 한다. 그래서 둘은 서로 너무나 다르고 개성도 강하지만, 합이 아주 잘 맞는다. 둘이 함께 출연한 프로그램에서도 두 사람의 케미가 인기의 큰 축을 담당했다.

재물운

"제가 돈을 잘 벌 수 있을까요?"

재물운은 사람들이 사주를 보러 오면서 가장 많이 궁금해하는 주제이라고 해도 과언이 아니다. 그런데 앞서 6장에서 재성을 설명하며 재성은 재물복이 아니라 '가지고자 하는 욕심'이라 설명한 것을 떠올려보자. 이러한 관점에서 재물운 또한 '언제 얼마나 큰 돈이 들어올 것'이라는 예언 따위가 아니다. 재물운은 내가 재물을 얼마나, 어떻게 추구하는지를 살피는 것이다.

재성과 재물운

사주에서 재물운을 생각했을 때 가장 먼저 떠올릴 수 있는 것은 재성이다. 재성은 단순히 '재물이 나에게 많음'을 의미하는 것이 아니라 욕심, 물욕을 의미한다. 단순히 내 사주에 재성이 몇 개 있는지로 내가 부자가 될 것인지 아닌지가 갈리지는 않는다.

'재성이 많다'는 것은 내가 갖고 싶은 것, 원하는 것, 소유하고 싶은 욕심이 크다는 뜻이며, 이런 욕심이 있는 사람들은 당연히 원하는 것을 쟁취하기 위해 돈 벌 궁리를 하게 된다. 지금 가진 것에 만족하지 않고 뭐라도 해서 돈 벌 수단을 만들어보려고 하며, 당연히 돈을 만질 확률이 높아진다. '재성이 많다=부자가 된다'는 아니지만, 욕심이 많아 야망이 큰 사람은 어떻게든 결과를 내게 되어 있다. 그것이 재성이 많은 사주에 관한 올바른 해석이다.

재성이 없는 무재성 사주 역시 '가난한 사주'로 보면 안 된다. 물론 이들은 물욕이 별로 없어서 금전 감각이 남들보다 좀 약한 사람일 수는 있다. 만약 재성이 없는데 관성까지 없으면, 자기를 힘들게 하는 시스템에 굳이 맞출 이유도 느끼지 못하므로 회사가 자기랑 좀 안 맞는다고 생각하면 훌훌 털고 미련 없이 떠날 수 있다. 그러면 당연히 일반적으로 생각하는 '돈을 많이 버는 길'과는 멀어질 것이다. 하지만 통장 잔고는 그것만으로 결정되지는 않는다. 다음 그림 08-08 을 보자.

	시주	일주	월주	연주
		1972년 12월 15일 · 음력 1972년 11월 10일 · 건명 53세 · 쥐띠		
십신		아신	식신	식신
천간		庚 습 경金	壬 조 임水	壬 조 임水
지지		辰 난습 진土	子 한조 자水	子 한조 자水
십신		편인	상관	상관
장간		乙 癸 戊 정재 상관 편인	壬 癸 식신 상관	壬 癸 식신 상관

그림 08-08 무재성인 사주

시주를 알지 못하므로 일단 나머지 글자만 가지고 풀이해보자. 이 사주는 식상이 무려 넷이나 있다. 이들은 '임임병존壬壬竝存'과 '자자병존 子子竝存'까지 이루어 '도화가 미쳤다'라고 볼 수 있다. 이 사람이 연예인을 하면 엄청난 매력을 가지고 인기를 몰고 다니게 된다. '수' 식상의 특성상 비밀이 많고 신비로운 느낌을 주어 가수보다는 배우 쪽이 잘 맞다. 이 사주의 주인은 배우 이정재다. 이정재의 사주는 재성이 없는 무재성 사주에 해당한다. 하지만 그가 가난하다고 생각하는 사람은 아무도 없을 것이다.

그렇다면 재성과 재물운은 아예 연관이 없는 걸까? 꼭 그렇지는 않다. 전통적 사주명리학에서는 편재가 재물운에 많이 기여한다고 본다. 정재가 안정적인 수입을 추구하며 적으나마 일정한 돈을 차곡차곡 모으고 쌓는 것에 만족하는 '적당한 수준'의 물욕이라고 하면, 편재는 '보통 이상의 물욕'이므로 당연히 돈을 끌어모으게 된다는 논리다.

사주에 정재만 많은 사람의 MBTI는 ISTJ, ISFJ처럼 근면성실한 ISxJ가 나오는 경우가 많다. 반면 갖고 싶은 것, 원하는 것이 뚜렷하고 돈이 세상에서 제일 중요하다는 사고방식을 가진 사람들의 사주는 편재가 강하고 MBTI는 ISTP나 ESTP가 나오는 경우가 많다. 후자인 사람이 이직 상담을 하러 왔을 때 "돈 보고 이직하시죠? 월급 적으면 무조건 다른 직장 알아보시죠?"라고 물으면 "어? 안 그런 사람도 있어요?"라고 되묻곤 한다. 이들은 그렇지 않은 사람들도 많다는 것을 잘 상상하지 못한다. 이처럼 '돈이 되는 길로 간다'는 사고방식을 가진 사람들과, '내가 원하는 가치를 추구할 수만 있다면 좀 굶어도 상관없다'는 사고방식을 가진 사람들은 서로를 이해하기 어려울 것이다. MBTI로 치면 전자는 현실적인 S 성향이 강한 사람, 후자는 자신의 가치관을 중시하는 N 성향이 강한 사람이다. 그래서 사주에서 재성이 강하면 N보다는 S에 가까워진다.

참고로 양의 편재에 양의 편관까지 가지는 사람들은 ESTJ가 많이 나오는데, 이 사람들은 일 욕심도 많고 재물 욕심도 많다. 게다가 자기 직업이 남들 눈에 그럴듯해 보여야 만족하는 성향도 있어서 전문직을 선택하는 사람이 많다.

앞에서 재성을 설명할 때도 말했지만, 이 이론이 들어맞는 경우는 한쪽의 재성만 가지는 경우다. 정재와 편재가 섞여 있으면 반드시 그렇다고 볼 수는 없다. 다만 정재와 편재의 위치에 따라 어떤 방식으로 돈을 버는지, 혹은 어떤 소비 성향을 가졌는지 해석이 달라질 수 있다.

예를 들어 사회궁, 즉 연주와 월주에는 정재밖에 없는데 시주에 편재가 있다고 해보자. 이 사람은 밖에서는 평범하게 월급 받으며 일하는 직장인으로 보이지만 시주의 영역, 즉 자기만의 취미생활 영역에서는 신발이나 피규어, 음반 등의 컬렉션을 만드는 등 취미활동에 많은 지출을 하기도 한다. 반대로 사회궁에는 편재밖에 없고 시주에 정재가 있는 경우, 이 사람은 수입이 비정기적이지만 그 돈을 안정적으로 차곡차곡 모으고 통장 잔고가 불어나는 것에 만족하는 성향일 수 있다.

혹은 초년과 말년의 재물운이 다르다고 풀이하기도 한다. 전통적인 해석에서 연주는 주로 어릴 때와 청년기, 시주는 35세 이상의 장년운과 말년운을 의미한다고 본다. 이 해석에 따르면 재성의 위치에 따라 인생의 어느 시기 이후 돈을 버는 방식, 즉 직업군이 달라질 수 있다고 풀이한다.

금과 인성, 그리고 재물운

요즘의 사주명리학에서는 재물운을 이야기할 때 재성뿐만 아니라 오행과 다른 십신까지 살핀다. 부자가 된다는 것은 결국 돈을 추구하는 것이고, 그러려면 재물의 성질을 이해해야 한다. '재물'이란 나에게 가장 이득이 되는 것, 가치 있는 것이다. 사주를 이루는 요소 가운데 '가치 있는 것'과 가장 밀접한 오행은 '금'이고, 십신 중에서는 '인성'이다.

먼저 인성을 보자. 인성은 하늘이 내려준 지성이다. 세상이 돌아가는 이치와 자신에게 유리한 방향을 본능적으로 파악하며, 남들에게 베풀기보다는 도움을 받는 경우가 많다는 게 인성이 많은 사주의 특징이다. 그래서 인성이 잘 자리 잡고 있으면 대체로 투자 쪽 운이 좋다고 풀이한다.

다만 이는 시기에 따라 해석이 조금 달라진다. 10대나 20대에 본인의 사주팔자에서 인성이 특히 강하거나, 대운 또는 세운으로 인성이 들어온다고 하면 공부나 학문 쪽에서 잘 풀릴 가능성이 크다. 한편 40~50대에 인성이 강하거나 인성이 매우 좋은 시기가 들어온다면 투자 쪽으로 잘 풀릴 수 있다고 본다.

다음으로 금을 보자. 사주원국에 금이 많은 사주는 재물운이 좋다고 본다. 이 관점은 특히 요즘 많은 지지를 얻고 있다. 흔히 말하는 대박, 즉 아무도 가지 않는 길로 가서 블루오션을 개척해 1%의 확률로 성공하는 일은 화나 목의 기운이 강한 사람에게 발생하곤 한다. 하지만 아무래도 돈이 되는 길을 냉철하게 판단하는 것은 금의 성질이다. 특히 금이 인성으로 있는 사주일수록 더 그렇다. 실속을 챙기고, 내 것으로 만들려고 하고, 계산이 빠르고, 손해 보는 길로는 가지 않는다. 그래서 금이 강한 사주일수록 T가 많이 나온다.

실제로 내게 찾아와서 "제가 부자가 될 수 있을까요?"라고 묻는 사람 중 금이 아예 없는 사주들은 대체로 자신의 이득을 챙기는 데 큰 관심이 없다. 금이 없고 화나 목이 강한 사람들은 돈이 아닌 자신만의 인생 목표나 꿈을 추구하는 방향성이 확고하다. 이런 내담자들에게 "본인이 돈 버는 것에 큰 관심이 없는데 왜 저한테 부자가 될 수 있냐고 물어보시죠?"라고 물으면 깔깔 웃으면서 수긍한다.

반대로 금이 많은 사람은 내가 돈과 관련한 잔소리를 하지 않아도 알아서 돈 벌 길을 물색하고 실행한다. 이런 사람들은 사주를 보러 가서도 "제가 이 길을 준비하고 있는데 올해 운이 괜찮을까요?" 또는 "이런 자격증을 준비 중인데 패스할 수 있을까요?"라고 묻는다. 이미 내가 뭘 해야 이득인지는 다 파악한 것이다. 이들이 가는 길은 누가 보아도 수입이 보장될 것이 확실한 길이다. 문과라면 법률가나 회계사, 세무사, 고위 공무원, 이과라면 의사나 연구원 등이다. 금의 기운이 강한 사람은 가장 확실하고 유리한 길을 택한다. 만약 누군가 이들에게 연예인 해볼 생각이 있느냐고 하면 손사래를 칠 것이다.

사주를 보러 가서 "제가 돈을 잘 벌 수 있을까요?"라고 질문하는 것은 큰 의미가 없다. 돈을 잘 벌 수 있을 것인지 궁금하다면, 먼저 자신에게 '내가 정말로 돈을 벌 마음을 먹었는가?'라는 질문을 던져야 한다. 이때 사주는 자신이 알지 못했던 본인의 성향과 추구하는 방향성이 무엇인지를 알려줌으로써 길을 덜 헤매도록 도와줄 수 있다. 그것이 사주에 기대해야 하는 역할이고, 사주쟁이가 해야 할 역할이다.

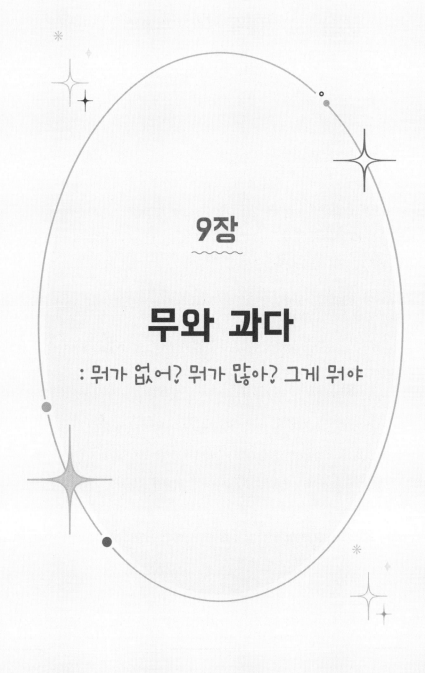

9장

무와 과다

: 뭐가 없어? 뭐가 많아? 그게 뭐야

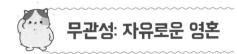

무관성: 자유로운 영혼

지금부터 이야기할 소위 '치우친' 사주는 십신에 관한 설명을 읽었다면 쉽게 이해할 수 있을 것이다. 굳이 이 부분을 따로 떼어 다시 설명하는 이유는, 사주를 본 사람들이 자신의 사주에 어떤 십신이 '과다'하다거나 '없다'고 하면, 그것이 구체적으로 무슨 의미인지 궁금해하기 때문이다.

MBTI가 F인 사람이 있다고 해보자. 이 사람은 F 성향이 60%에 T 성향이 40%여서 F일 수도 있고, F 100%에 T가 0%여서 F일 수도 있다. 후자의 경우처럼 사주에서도 특정 십신이 가득하거나 아예 없는, 매우 치우친 사주가 나타날 수 있다. 이때 가득한 경우를 'ㅇㅇ과다', 없는 경우를 '무無ㅇㅇ' 사주라 부른다.

'무ㅇㅇ' 사주를 풀이할 때 주의할 점이 있다. 천간이나 지지의 여덟 글자에는 해당 십신이 없지만, 지장간에는 해당 십신에 속하는 글자가 있을 수 있다. 사주원국 전체에 해당 십신이 없는 사주와 지장간에는 있는 사주는 다르게 읽어야 한다. 예를 들어 인성이 아예 없는 무인성 사주를 가지는 사람은 인성에 관한 이해나 인성을 활용할 의지가 거의 없다. 반면 지장간에는 인성이 있는 무인성 사주를 가지는 사람은 인성의 작용을 본능적으로 알고 활용할 줄도 안다. 다만 그 정도가 여덟 글자 속에 인성이 있는 사람에 미치지 못하며, 자기 사주에 강하게 나타나는 십신 쪽으로 치우치는 경향이 있다.

'무관성 사주'라고 하면 사주팔자를 이루는 여덟 개의 글자 중 관성이 없다는 뜻이다. 이 사주는 한마디로 표현하면 '자유로운 영혼'이다. 관성은 일간을 극하는 십신으로 나를 얽매고 재단하고 제약하는 것이다. 나를 제약하는 것이 없으면 자유로울 수밖에 없다. 무관성은 애초에 관성에 따르지 않는 기질을 타고난 것이니 세상 누구도 이 사람이 남의 말을 강제로 듣게 할 수 없다. 남의 말을 들을 때는 본인도 그렇게 할 생각이 있었을 때뿐이다.

MBTI를 추측해보면 관성이 있는 사람은 앞서 6장에서 살펴본 것처럼 J와 P가 모두 나올 수 있다. 관성의 제약이 스스로 받아들일 만한 수준이라고 생각하면 J가 나오고, 감당할 수 없다고 여기면 P가 나올 수 있다. 무관성인 사람은 확신의 P다. P는 수직적인 문화를 좋아하지 않고 평등을 추구한다는 점에서 무관성과 상통한다.

무관성 사주인 사람은 불합리한 시스템, 제도를 참고 견뎌서 원하는 걸 이뤄내야 한다는 생각이 없다. '그걸 왜 참아야 돼? 왜 견뎌?'가 기본자세다. 따라서 회사를 잘 다닐 수 있는 사주라고 보기는 어렵다. 차라리 본인의 재능을 살린 연예인이나 예술가 계열로 빠지거나, 회사를 다녀도 온전히 자기 능력으로 성과를 인정받는 부문에서 종사하는 것이 어울린다.

무관성인데 식상, 특히 상관이 강한 사주라면 사회 시스템이나 제도를 강하게 비판하는 성향을 보이게 된다. 애초에 무관성이라 본인이 별다른 제약을 받은 일이 없더라도 비판한다. 이런 사주를 가지는 분이 내담자로 오면 "9 to 6 직장에 다니시진 않을 것 같은데, 주 69시간 근무제 이야기만 나오면 분노하시죠?"라고 물어본다. 그러면 대부분 "와,

그걸 어떻게 아시죠?"라고 대답한다.

무관성이며 식상도 없다면, 시스템에 맞출 생각도 별로 없지만 그렇다고 시스템에 반항할 생각도 별로 없는 상태라고 할 수 있다. 이런 사람이 사주에 재성이 많으면 시키는 일을 받아서 열심히 잘 수행한다. 돈을 벌 생각에 적당히 참고 넘어가는 것이다.

관성은 외부적으로는 나를 제약하는 시스템이지만, 내부적으로는 시스템에 순응하는 기질이다. 그래서 관성은 시스템 속에서 인정을 받고자 하는 명예욕과도 연결된다. 관성이 강한 사람들은 소위 '師' 자로 끝나는 전문직이나 명문대의 네임밸류를 원하는 경우가 많고, 윗사람이나 상사에게 인정받고 칭찬받는 것도 좋아한다. 반면 무관성인 사람은 명예욕이 거의 없다. 실속도 없이 겉만 번지르르한 것을 싫어한다.

8장의 용신과 개운법을 꼼꼼히 읽었다면 궁금한 것이 생길 것이다. '무관성 사주인데 신강이어서 관성이 용신이면 어떻게 될까?'라는 질문이다. 다음 그림 09-01 을 보자.

겁재	일간(나)	정인	편인
비견	비견	비견	겁재

그림 09-01 관성이 용신인 무관성 사주

이 사주는 비겁과 인성뿐이어서 매우 신강한 사주에 해당한다. 그러면 일간의 기운을 소모해주는 관성, 재성, 식상이 용신이 된다. 본래 무관성은 관성을 이해하지도 못하고 좋아하지도 않지만, 관성이 용신이라면 관성을 선호하고 반기게 된다. 사주의 주인이 여성이라면 무관성임에도 남자와 연애하는 것에 관심이 많을 수 있고, 남성이라면 무관성임에도 군대처럼 남자가 가득한 곳에서 조직 생활을 하는 쪽을 선호할 수 있다.

무재성: 질투가 뭐야?

무재성 사주의 가장 큰 특징은 욕심이 없다는 것이다. 특히 물욕, 소유욕이 없다. 내 것을 늘리기 위해 아등바등 애쓰지 않는다.

내담자 가운데 무재성 사주인데 "제가 욕심이 없는지 잘 모르겠는데요"라고 말하는 경우가 있다. 이때 "혹시 다른 사람이 가진 물건이 좋아보여서 나도 꼭 가져야겠다고 생각해보신 적 있으세요?"라고 물어보면 열에 아홉이 그런 적이 없다고 말한다. 무재성 사주의 특징을 달리말하면 '질투가 없다'고 할 수 있다. 남이 가진 물건이 탐나서 속을 앓는적도 거의 없고, '오면 오는 거고 가면 가는 거지'라고 생각하는 것이 무재성 사주인 사람의 마인드다.

무재성 사주에 식상이 많은 경우, '굶어 죽더라도 내 예술을 펼치겠다'는 각오를 지닌 예술가가 될 수 있다. 재미있는 것은 이런 타입의 예술가들은 자신이 추구하는 예술이 남들과 겹치는 것도 무척 싫어한다는점이다. 재성은 유행과 트렌드를 알아보고 따르는 기운이기도 한데, 무재성은 이 길을 거부하기 때문이다. 그래서 인기 있는 웹소설 작가는 사주에 식상이 강하다기보다는 재성이 강한 경우를 많이 볼 수 있다. 트렌드를 민감하게 알아채고 그에 부합하는 대중적인 소재로 꾸준히 글을써서 성실하게 연재하는 것 자체가 재성의 방식이다.

무재성 사주인데 인성이 많아서 신강하다면 MBTI의 N 성향이 매우 강하게 나타날 수 있다. 인성의 작용으로 인해 생각은 많아지는데 그

것이 무재성의 방향, 즉 현실의 의식주를 해결하는 것과 크게 관계없는 공상으로 빠질 가능성이 크기 때문이다. 그래서 인성이 많은 무재성 사주라면 INFP나 INTP가 많이 나타난다.

　무재성인 사람이 남성이라면 연애 쪽으로는 별 재주가 없다. 재성이란 '여성'을 이해하는 힘이기도 하다. 그래서 무재성 사주인 남성에게는 연애 상대로 연애 경험이 적은 사람은 그리 추천하지 않는다. 서로 이해할 여지가 적고 서툴러서 많은 갈등을 겪을 수 있다. 이런 사람은 보통 재성의 기운이 강한 사람이 낚아가곤 한다. 비유하자면 연애 고수인 여자가 '모쏠' 남자를 만나 정착하는 셈이다.

'무○○' 사주 가운데 '하, 인생 참 편치 않네'라는 생각을 가장 많이 떠올리는 사주는 무엇일까? 내가 생각하는 답은 '무인성 사주'다.

인성은 타고난 지성이자, 하늘이 돕는 기운이다. 인성이 많다면 손해 볼 일은 그리 없다. 반대로 인성이 없다면 머리가 없어 몸이 고생하기도 하고, 뜻하게 않게 이득을 볼 일도 별로 없는 피곤한 생이 된다.

인성이 많다는 것은 생각이 많다는 뜻이다. 인성의 기운이 강한 사람은 무언가 시도해보기 전에 머릿속으로 경우의 수를 따져보고 여러 차례 시뮬레이션도 돌려본다. 그러면 시행착오를 줄이고 에너지도 절약할 수 있다. 그런데 무인성 사주인 사람은 따져보기 전에 먼저 뛰어든다. 이런 사람들의 좌우명은 '똥인지 된장인지는 찍어 먹어봐야 안다'다. 생각보단 행동이 가장 빠르고 확실하다고 여긴다.

인성이 많은 사람은 생각이 많기도 하지만, 느긋한 성질도 있다. '어차피 해야 할 일이면, 누군가 나서서 하겠지'라고 손을 놓아버리기도 한다. 무인성인 사람은 자기 앞에 떨어진 일이면 가만히 두고 보질 못한다. '내가 안 하면 대체 누가 해주겠느냐'가 기본적인 마인드다. 어떤 의미로는 자기 살길을 알아서 개척해나가는 씩씩한 사주이기도 하다.

무인성 사주도 신강한 사주와 신약한 사주가 있을 수 있다. 신강한 사주는 나를 돕는 기운인 비겁이나 인성이 많아야 한다. 무인성 사주라면 비겁이 많은 경우에 해당할 것이다. 비겁이 많으니 이 사람의 주변에

는 친구나 동료가 많고, 인성이 없으니 생각과 판단을 이들에게 맡기고
는 조언에 따르는 경향이 있다. 생각을 대신해줄 사람이 있으므로 이 경
우에는 딱히 인성을 필요로 하지 않는다.

신약한 사주는 내 기운을 빼는 식상, 재성, 관성이 많다. 따라서 용
신으로 비겁이나 인성을 원하게 되는데, 특히 용신이 인성이라면 공부
를 좋아하고 동경하게 된다. 그러나 이 사람이 무인성이라면 공부가 적
성에 맞지 않는다. 이런 사주를 가진 내담자가 공무원 시험을 준비하겠
다고 하면 나는 아무래도 만류하게 된다.

그렇다면 사주에 인성이 아주 많다면 학문의 길을 택하게 될까? 나
는 이것만으로는 부족할 수 있다고 본다. 다음 그림 09-02 를 보자.

	시주	일주	월주	연주
		1970년 11월 27일 · 음력 1970년 10월 29일 · 곤명 55세 · 개띠		
십신		아신	편관	겁재
천간		辛 조 신金	丁 습 정火	庚 습 경金
지지		亥 한습 해水	亥 한습 해水	戌 한조 술土
십신		상관	상관	정인
장간		戊 甲 壬 정인 정재 상관	戊 甲 壬 정인 정재 상관	辛 丁 戊 비견 편관 정인

그림 09-02 인성을 용신으로 삼는 사주

이 사주는 월간에 있는 정화丁 편관이 월지의 해수亥 상관이 갖는 지장간 가운데 임수壬와 '정임명합丁亥明合'을 이룬다. 그래서 이 사주의 편관은 상관과 꽤 사이가 좋은 편이므로 관운이 나쁘지 않은 편이다. 다만 편관이니 아무래도 사무직에 종사하지는 않을 것이다.

여기서 가장 눈에 띄는 것은 월지와 일지에 '해해병존亥亥竝存'으로 있는 상관이다. 상관의 기운이 아주 크고 강하니 창작의 재능이 두드러지고, 상관의 오행이 수에 해당하니 말로써 표현하기보다는 글을 쓰는 쪽으로 재능이 발휘될 것이다.

신강과 신약을 따져보면 비겁과 인성의 기운이 부족하니 신약 사주다. 다시 말해 비겁인 금과 인성인 토의 기운이 이 사주의 용신이다. 특히 연지에서 상관을 붙잡아주는 술토戌 정인이 용신에 해당하니 사주의 주인은 책을 사랑하고 읽는 것을 좋아한다. 학자가 되려면 본인에게 인성이 있어서 지성이 뒷받침해줄 필요도 있지만, 인성이 용신이어서 학문을 선호하고 추구하기도 해야 한다. 평생 학문에서 즐거움을 찾으며 그것이 성과까지 따른다면 천생 학자 사주가 아닐 수 없다.

이 사주의 주인은 2024년에 노벨문학상을 받은 소설가 한강이다. 평생 책을 가까이하며 마음속에 떠오른 생각을 글로 풀어내는, 학자이자 작가의 사주가 되겠다.

무비겁: 천상천하 유아독존

비겁의 특징은 한마디로 하면 '주변에 사람이 많다'다. 비견이 많다면 내 친구나 동료와 협력하며 좋은 것은 공평하게 나누려 하고, 겁재가 많다면 주변의 경쟁자로부터 내 것을 지키고 좋은 것을 쟁취하려고 한다. 따라서 무비겁 사주라고 하면 주변에 사람이 없으니 '천상천하 유아독존'인 셈이다.

무비겁 사주인 사람은 애초에 남들을 잘 의식하지 않는다. 형제자매가 여럿 있는 사람과 외동인 사람을 생각하면 쉽게 이해할 수 있다. 외동인 사람은 가진 것을 누구와 나눌 필요도 못 느끼지만, 누군가 내 것을 빼앗아 갈 수 있다는 생각도 잘 하지 못한다.

내가 만약 유튜브나 인스타그램을 통해 인플루언서가 되는 것이 목표라고 해보자. 그러면 나는 내가 잘할 수 있는 콘텐츠를 개발하기도 해야겠지만, 시장을 분석하고 내 경쟁자인 다른 인플루언서들이 어떻게 활동하는지도 유심히 살펴야 한다. 같은 주제로 올린 콘텐츠가 다른 채널에 비해 조회수가 떨어지면 열등감도 느끼고, 오기에 불타 더 열심히 콘텐츠를 만들 생각을 하면서 밤잠을 설치기도 할 것이다. 이런 질투와 오기가 겁재의 특징이다.

그런데 무비겁 사주는 이런 종류의 자극에 무척 둔감하다. 남들과 경쟁해야 하는 상황이 생기면 그냥 자리를 털고 일어나버릴 수도 있다. 그러니 무한경쟁이 벌어지는 현대 사회에서 무비겁 사주는 다소 불리한 성향을 가진다고 볼 수 있다.

　무비겁 사주가 신강하다면 일간에 도움이 되는 비겁과 인성 가운데 인성이 많은 것이다. 이런 사주를 가지는 사람은 이미 신강하기 때문에 비겁을 그다지 필요로 하지 않는다. 인성이 많아 스스로 똑똑하다고 여기며, 주변에 친구나 동료가 없더라도 머리를 모을 필요를 느끼지 못한다. 이 사람들의 MBTI는 INTP가 나오는 경우가 많다. 드라마 〈셜록 시리즈〉의 주인공인 셜록 홈즈는 똑똑하면서 인간관계가 고립된, 인성이 많은 무비겁 사주의 전형을 보여준다.

　무비겁 사주가 신약하다면 비겁이 없고 인성도 부족하다. 이런 사주를 가지는 사람은 특히 외로움을 많이 탄다. 열심히는 사는데 일이 그다지 효율적으로 풀리지는 않고, 주변에 도와주는 사람도 없어서 외롭다고 느낀다. 이런 경우에는 음양과 무관하게 MBTI가 E로 나타나는 경우가 많다. 외롭다 보니 늘 사람을 원하고 필요로 하기 때문이다.

무식상: 모범생 엘리트

사주에서는 이 사람이 무엇을 하며 먹고살아야 할지에 관한 큰 흐름을 보려고 할 때 파악하는 세 가지 줄기가 있다. 바로 '관인상생官印相生', '재생관財生官', '식상생재食傷生財'다.

관인상생이란 관성과 인성이 서로를 생해주는 작용을 뜻한다. 이를테면 머리가 좋은 사람이 좋은 대학에 가서 대기업에 들어가 머리를 잘 굴려서 승진하는 모습을 떠올리면 된다. 다음으로 재생관이란 재성이 관성을 생하는 것이다. 아주 부지런하고 일 욕심이 있는 사람이 결국 회사에서 인정받고 승진하는 격이다. 마지막으로 식상생재는 식상이 재성을 생하는 것으로, 가진 재주가 많은 사람이 이를 드러낼 방법을 부지런히 찾아 먹고사는 모습을 의미한다. 따라서 사주에 관인상생, 재생관, 식상생재의 길이 어떻게 닦여 있는지에 따라 그 사람이 직업적으로 어떤 성취를 이루며 어떻게 먹고살 것인지 가닥이 잡힌다고 할 수 있다.

무식상은 식상이 없는 사주다. 따라서 저 세 가지의 길 가운데 식상생재의 선택지가 없어진다. 본인만의 끼가 특별하고 남들과 다른 독특한 사고방식을 가지는 사람은 아닌 셈이다. 남은 것은 관인상생과 재생관인데, 이 둘의 공통점은 '관성의 길'이라는 점이다. 따라서 무식상 사주는 연예인이나 자영업, 프리랜서의 길을 가기보다는 일반적인 직장을 다니는 길을 간다고 해석할 수 있다. 이때 관인상생이 잘 닦인 사람은 MBTI로 xSxJ, 특히 얌전하고 부지런한 ISTJ나 ISFJ가 잘 나온다. 한마디로 모범생, 엘리트의 사주라고 볼 수 있다. 자유로운 영혼인 무관성 사주와는 정반대의 길을 가는 셈이다.

무식상 사주인 사람은 식상이 없으니 사회나 시스템에 맞서서 자기 의견을 강하게 주장하고 싶은 생각이 별로 없다. 세상과 부딪치고 싸울 필요성을 느끼지 못한다. 식상이 많은 사람은 "내가 화가 많은 게 아니라 세상이 나를 화나게 해"라는 말을 달고 살겠지만 무식상인 사람은 이를 지켜보며 '저렇게 화내고 싸우는 게 무슨 소용인가' 하고 생각할 것이다.

# 무관성과 무재성 사주의 연애운

무○○ 사주에서 무비겁, 무인성, 무식상은 연애와 연관지어 해석할 부분이 별로 없다. 그러나 무관성과 무재성은 다르다.

사주에서 관성은 남자, 재성은 여자를 상징한다. 따라서 무관성 사주라면 남성과, 무재성 사주라면 여성과 연애할 가능성이 적다고 볼 수 있다. 그런데 무관성인 여성이 갖는 남성과의 연애운과, 무재성인 남성이 갖는 여성과의 연애운은 양상이 조금 다르게 나타난다.

무관성인 여성은 한마디로 말하면 "연애? 음… 뭐 굳이?"다. 관성은 곧 의무고 제약이다. 즉 여성에게 남자와의 연애를 의미하는 관성은 싫어도 따라야 하는 의무이자 제약인 셈이다. 그래서 무관성인 여성은 오히려 홀가분해하며 남성과의 연애를 원하지 않는 경우가 태반이다. 무관성 사주인 여성이 연애를 원하는 것은 앞서 언급했던 것처럼 사주에 비겁이 너무 많아서 관성이 용신이 되는 극히 드문 경우뿐이다.

반면 무재성인 남성은 재성이 들어왔을 때 좋아하면 좋아했지 싫어하는 경우는 거의 없다. 관성이 내가 싫은 것을 견디는 셈이라면, 재성은 내가 좋아해서 매달리는 격이다. 따라서 무재성인 남성은 연애에 늘 목마른 '금사빠'이거나, 무관성인 여성보다는 연애를 하고 싶어 하는 편이지만 연이 없는 '모솔'인 경우가 많다.

무○○을 마무리하기 전에 오해가 없도록 일러두어야 할 것이 있다. 무○○ 사주라고 하여 그 십신과 아예 무관한 삶을 사는 것은 아니라는 점이다. 예를 들어 무비겁인 사람은 친구가 없거나 왕따가 아니라, 친구가 있더라도 친구에게 의지하지 않는 삶을 사는 사람이다. 무관성인 사람은 회사랑은 아예 연이 없는 사람이 아니라, 그냥 윗사람을 별로 반기지 않는 사람이다. 무재성은 통장 잔고가 0원인 사람이 아니라, 푼돈 욕심에 연연하지 않고 살고 싶은 사람이다. 무인성은 아예 생각이란 걸 하지 않는 사람이 아니라, 너무 많은 생각에 빠져 골치 아프고 싶지 않은 사람이다. 무식상도 자기 의견이나 쓸 만한 재주가 없는 사람이 아니라, 굳이 많은 사람들 앞에 자기 재주를 드러내고 싶지 않은 사람인 것이다.

관성과다: 왜 나에게 이런 시련을 내리시나이까

'무○○'은 확실하게 0개라는 기준이 있다. 그런데 '과다'라면 대체 얼마나 있어야 해당하는 것일까? 이 문제에 정답은 없지만 흔히 사용하는 기준은 이렇다. 사주팔자의 여덟 글자 중 '나'를 상징하는 일간을 제외하면 일곱 글자가 남는다. 그리고 십신은 모두 다섯 가지가 있다. 따라서 십신이 골고루 분포한다면 각각 하나 또는 둘이 있는 것이고, 셋 이상이라면 과다로 판단할 수 있다. 매우 드물지만 같은 십신이 다섯 개나 여섯 개 있는 경우도 있는데, 이는 그 십신의 성질이 그만큼 차고 넘친다고 보면 된다.

과다인 사주가 가지는 공통적인 특징은 첫째로 사주의 주인이 해당 십신의 성질을 좋아하지 않는다는 점이다. 예를 들어 비겁다자(사주원국에 비겁이 과다한 사람)는 사주가 지나치게 신강하기 때문에 기운을 더 보태주는 비겁이 늘어나는 것을 반기지 않는다. 둘째로 성질이 혼재되는 경우가 많다는 점이다. 비겁이라면 비견과 겁재, 인성이라면 정인과 편인이 치우치기보다는 엇비슷하게 섞이는 경우가 많다.

먼저 알아볼 것은 '관성과다'다. 관성은 십신 가운데 가장 영향력이 크고, 사주원국에 존재하기만 해도 본인을 힘들게 만들 수 있는 성질이다. 관성다자는 신강한 경우를 거의 찾아볼 수 없다. 태반이 신약한 사주이며 관성의 작용으로 인생이 힘에 부쳐서 힘들어하는 경우가 많다.

관성이란 MBTI로 따지면 J의 성질이다. 하기 싫어도 해야만 하고,

제대로 하지 않으면 몹시 불안하고, 주어진 상황과 시스템을 파악해서 온 힘을 다해 맞춰주어야 할 것 같은 극심한 압박감이 관성의 작용이다.

사주 내에 관이 적절하게 잘 들어 있는 사람은 일거리를 받으면 우선순위를 짜고 시간을 파악해서 언제까지 해결하면 되겠다는 계획을 세움과 동시에 행동을 시작한다. 하지만 해내야 하는 일의 압박감이 감당하기 힘들 정도로 과하면 결국 무너지게 된다. 이런 사람들은 남들이 일거리를 받으면서 10만큼의 압박감을 느낄 때 혼자 100의 압박감을 느낄 수 있다. 특히 편관이 많으면 인생의 난이도 자체가 다른 사람들과 비교할 수 없을 정도로 험난하다. 이러다 보면 자신에게 주어지는 모든 책임을 회피하는 결과가 나타날 수 있다. 그래서 사주에 관성이 지나치게 많은 관성다자는 오히려 MBTI가 P로 나오기도 한다.

	시주	일주	월주	연주
십신		아신	편관	편관
천간		丁 습 정火	癸 습 계水	癸 습 계水
지지		卯 난습 묘木	亥 한습 해水	亥 한습 해水
십신		편인	정관	정관
장간		甲 乙 정인 편인	戊 甲 壬 상관 정인 정관	戊 甲 壬 상관 정인 정관

1983년 12월 5일 · 음력 1983년 11월 2일 · 건명 42세 · 돼지띠

[그림 09-03] 첫 번째 관성다자의 사주

그림09-03 은 관성이 많은 남성의 사주다. 먼저 눈에 들어오는 것은 '계계병존癸癸並存'과 '해해병존亥亥並存'이다. 도화가 아주 강하여 매력이 넘치는 사주에 해당한다. 다음으로 눈에 띄는 것은 무려 네 개나 되는 관성이다. 주변이 온통 남자들로 가득하다. 일간인 정화丁는 계수癸 편관과 정계충丁癸沖을 이루므로 본인은 남자 세계를 멀리하는 편이나, 연지와 월지의 해수亥와는 정임합丁壬合을 하니 남자들에게 사랑을 받는다.

이 사주는 수 도화가 강하니 가수보다는 배우나 방송을 하는 것이 좋다. 무식상이기 때문에 말하거나 주목받는 것을 그렇게 즐기지는 않으며, 오히려 관이 과다하여 매우 신약한 사주이기 때문에 일지의 묘목卯 편인이 본인에게 용신이다. 따라서 소위 말하는 '오타쿠'로서, 좋아하는 것만 평생 하고 싶어 하며, 화목 용신이다 보니 엉뚱하고 재미있는 일들만 골라서 하고 싶어 한다. 이런 사주는 방송을 하면서도 대중의 취향에 맞추기보다는 정말 그때그때 본인이 하고 싶은 것만 골라서 자기 마음대로 한다. 그런데도 묘하게 재미있고 매력적이라 자꾸 보고 싶어진다. 이것이 수 도화의 힘이다.

전반적으로 이 사주는 남자들에게 사랑받는 것을 타고났지만 본인이 그것을 그렇게 즐기지는 않고, 그럼에도 인기가 너무 많은 사주다. 이 사주의 주인은 침착맨 이병건이다. 그의 MBTI는 INTP가 나온다.

이번에는 그림09-04 를 보자.

	시주	일주	월주	연주
십신		아신	정관	편관
천간		辛 조 신金	丙 조 병火	丁 습 정火
지지		亥 한습 해水	午 난습 오火	卯 난습 묘木
십신		상관	편관	편재
장간		戊 甲 壬 정인 정재 상관	丙 己 丁 정관 편인 편관	甲 乙 정재 편재

그림 09-04 두 번째 관성다자의 사주

이 사주 역시 관이 과다한 남성의 사주다. 그러나 본인의 일간인 신금辛이 월간의 병화丙 정관과 병신합丙辛合을 이루기 때문에 형, 선배, 윗사람, 어른들에게 잘하고 열심히 하고자 한다. 관운이 있기는 하지만 편관도 많고, 전반적으로 관성이 매우 강하다. 신금으로 태어났으나 너무 강한 불길에 시달리고 있고, 사회궁에 화가 가득하니 사람들 앞에서는 화처럼 솔직하고 밝게 굴고 있다. 본인은 조용한 사람이나 사회적으로는 외향적으로 살아가는 것이다.

일지에 있는 해수亥 상관은 월지의 오화午 편관과 정임암합丁壬暗合을 하니, 내가 하는 말과 능력이 편관의 사랑을 받는다. 주변의 남자 동료들이나 윗사람들에게 인기가 좋고 잘 인정받는 사주다. 이 사주의 주인은 배우 안재현이다. 그의 MBTI는 INFP나 ENFP라고 한다. 관성이 과다해서 관성을 공격하는 해수 상관이 본인의 용신이기 때문에 MBTI로는 P가 나온다.

관성다자인 내담자들을 상담하다 보면 발견할 수 있는 특징이 있다. 본인의 사주를 풀어주고 설명하면 내 모든 말에 반응하고 '리액션'을 하는 경우가 많다는 점이다. 리액션은 '상대방에게 맞춰주는' 행동의 일종이다. 즉 관성다자들은 이런 사소한 부분에서도 상대방을 위해야 한다는 압박감을 느낀다는 것이다. 또 관성다자의 경우 억압과 압박감에 시달리기 쉽기 때문에 어른들, 윗사람, 사회가 정한 기준에 대해 반항하거나 벗어나는 것을 힘들어한다. 심할 경우 부모님이 시키는 대로 전공이나 직업을 정해가면서 한 번도 자기 목소리를 내지 못하고 살아온 경우도 볼 수 있다.

누군가는 이런 사람들에게 "그냥 자기 인생을 살면 되지, 왜 본인이 하고 싶은 것을 주장하지 못하느냐?"라고 진심으로 궁금해할 수도 있다. 하지만 그것이 날 때부터 가지고 태어난 본질이다. 그래서 팔자가 무섭다고 하는 것이다.

다른 사람의 운명을 옆에서 지켜보면서 이래라저래라 왈가왈부하는 것은 피차 도움이 되지 않는다. 우리가 해야 할 생각과 행동은 '그렇게 살아가는 것이 타고난 본성인 사람이 있다'는 사실을 이해하는 것, 그리고 '남이 나와 왜 다르며 어떻게 다른지'를 이해하는 것이다. 나와 다른 남을 파악하는 방법은 때로는 MBTI가 될 수도 있고, 사주가 될 수도 있고, 둘 다일 수도 있다. 어찌 보면 고리타분한 과거의 학문일 수 있는 사주명리학이 현대의 젊은 사람들에게도 통할 수 있는 이유가 바로 이것일 터다.

내가 관성다자인 내담자들에게 가장 많이 해주는 말은 "힘내세요"다. 또 "자신을 너무 옭아매고 자책하지 마세요"라는 이야기도 많이 한다. 내가 뭔가를 잘못했기 때문에 힘들고 어려운 것이 아니라 하늘을, 세상을 원망해도 괜찮다는 것을 알려주는 것이 사주쟁이의 역할이다. 그것이 사주의 의의이기도 하다. 이 책을 읽고 있는 관성다자들도 꼭 스스로에게 괜찮다고, 나는 충분히 잘 하고 있으니 괜찮은 거라고 말해주면서 스스로를 다독여주기를 바란다.

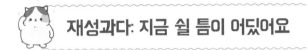

재성과다: 지금 쉴 틈이 어딨어요

재성다자의 특징은 한마디로 설명할 수 있다. 욕심이 매우 넘친다.

재성, 관성, 식상은 과다해지면 신약해지기 쉬운 십신이다. 그런데 관성이 많은 신약과 재성이 많은 신약은 그 양상이 다르다.

우리가 '약하다'는 말을 듣고 떠올리는 이미지는 관다신약에 가깝다. 반면 재다신약은 오히려 기운이 넘친다. 복수전공을 이중 삼중으로 한다거나, 직장을 다니면서도 부업을 갖는 경우가 많다. 그렇게 자기 에너지를 가진 것 이상으로 쏟아낸 다음 집에 가서 드러눕는 것이 재다신약의 모습이다. 이때 정재가 많은 경우라면 적당히 균형을 잡기도 하지만, 편재가 과다하다면 도를 넘고는 한다.

재성은 인성을 극하는 성질이다. 뒤에서 설명할 인성다자가 생각만 많아서 가만히 누워 있기만 한다면, 재성다자는 "지금 누워 있을 시간이 어딨느냐?"면서 바쁘게 돌아다닌다. 재성다자인 내담자가 나를 찾아와서 힘들다고 말하면 나는 자신을 좀 쉬게 내버려두라고 권한다. 그러면 이들은 "쉬어도 마음이 안 편해요"라며 결국 움직인다. 그런 팔자를 타고난 것이다. 그러니 적어도 본인이 그런 성향을 가진다는 사실을 알고 의식적으로라도 숨을 돌릴 틈을 만들어주는 것이 좋다. 재성다자는 유행에 아주 민감하며 센스도 넘친다. 재성과다인 남성이라면 패션 감각도 좋고, 화장품, 인테리어, 음식 등 최근 유행하는 것을 잘 파악하고 있어 여성들과 친하게 지내는 것이 어렵지 않은 편이다.

인성과다: 사과가 언제 떨어지려나

사주에 정인이 많은 사람은 비교적 정석적이고 올바른 생각을 가진 모범생의 길을 걷는 반면, 편인이 많은 사람은 잔머리를 굴려 빠르고 편하며 이득이 되는 길을 찾으려고 하는 경향이 있다. 인성과다 역시 정인과 편인 어느 한쪽으로 치우치기보다는 고루 섞여서 혼재되는 경우가 많다.

인성다자의 특징은 '생각만 하고 실행은 뒷전'이라는 점이다. 누워서 사과가 떨어지길 기다리며 생각을 골똘히 하다가, 지구의 중력에까지 생각이 미치는 것이 인성다자의 모습이다. 그런데 인성다자는 주변에 자신을 위해 베풀어주는 사람들이 있다. 인성다자가 사과나무 밑에서 입을 벌리고 누운 모습을 보고, 지나가던 사람이 보다 못해 사과를 따서 입에 물려주는 셈이다. 그래서 나는 인성다자인 내담자가 오면 가만히 누워서 받아먹기만 하지 말고 자신이 받은 만큼 남들에게 베풀 줄도 알아야 한다는 식의 잔소리를 하기도 한다.

인성은 식상을 극하는 성질이 있다. 식상은 세상에 자기의 재주를 드러내는 성질이니, 가만히 누워서 사과를 쳐다보다가 지구의 중력을 발견했는데 이를 혼자 아는 것에 만족하고는 학계에 논문을 써서 발표하지 않는 셈이다. 인성다자는 세상의 온갖 지식을 섭렵하는 것이나 작품의 복잡한 설정을 파고드는 것을 좋아하지만, 본인이 이를 직접 체험하거나 창작해내는 데는 별 관심이 없다. 그래서 기존의 작품을 즐기고 향유하는 덕질, 소위 '오타쿠'적인 취미생활을 즐기는 경우가 많다.

비겁과다: 언젠간 보답으로 돌아올 거예요

비겁이 많으면 주변에 사람이 많다. 특히 비견은 자신이 얻은 좋은 것을 주변의 친구나 동료들과 나누어 가지려는 성질이 있다. 자기 주위에 있는 사람들을 다 챙기고 자기 것을 퍼주려고 한다. 드라마 〈응답하라〉 시리즈에서 배우 이일화가 연기한 어머니 캐릭터를 떠올려보자. 그녀는 빨간 고무 대야가 가득찰 정도로 국수를 삶아 하숙집 학생들을 먹였고, 김밥을 만들어도 수백 줄을 쌌다. 김장을 하면 수백 포기를 해서 이웃에게 나눠주었다. 그녀는 단지 손이 큰 것이 아니라 그만큼 자기 사람을 챙긴 것이다. 겁재의 경우도 자신의 일간이 양간이라면, 주변의 겁재를 자신이 돌보고 이끌어야 할 존재로 여겨 챙기려고 한다. 비겁다자의 특성은 재성의 '내가 가지려는 욕심'과 배치된다. 그래서 비겁은 재성을 극한다고 한다.

비겁다자인 내담자가 오면 나는 "그만 퍼줘라. 어차피 돌아오는 것도 별로 없지 않느냐"라고 잔소리를 하곤 한다. 그러면 내담자는 "사람에게 퍼준 건 언젠가 결국 돌아온다"라고 반박한다. 하지만 실제로 이렇게 돌려받는 경우는 별로 없다. 결국 비겁다자는 자기 사람들을 위해서 본인이 언제나 손해를 보는 입장에 서 있을 가능성이 크다. 그러니 조금 더 자신을 챙길 필요가 있을 것이다.

다음 그림 09-05 는 비겁다자의 사주다.

	시주	일주	월주	연주
		1996년 7월 17일 · 음력 1996년 6월 2일 · 건명 29세 · 쥐띠		
십신		아신	비견	상관
천간		乙 습 을木	乙 습 을木	丙 조 병火
지지		卯 난습 묘木	未 난조 미土	子 한조 자水
십신		비견	편재	편인
장간		甲 乙 겁재 비견	丁 乙 己 식신 비견 편재	壬 癸 정인 편인

그림 09-05 비겁다자의 사주

이 사주는 일간이 음간인 을목乙이며, 월간과 일지에 모두 음의 성
질을 가지는 목 비견이 있다. 따라서 주변에 대등한 친구나 동료가 많은
사주다. 비견이 많아 신강한 사주이므로 식상, 재성, 관성이 용신이 된
다. 연간의 병화丙 상관과 월지의 미토未 편재가 이 사람의 용신이므로
남들 앞에서 자기 재능을 펼치며 부지런히 사는 것을 좋아하게 된다. 또
관성이 없는 무관성 사주이니 회사원보다는 연예인이 제격이다. 이 사
주의 주인은 아이돌 그룹 세븐틴의 원우다.

　　이번에는 비견이 아닌 겁재가 많은 경우를 한번 보자. 다음 그림 09-06
은 겁재가 많은 사주를 임의로 만들어본 것이다.

그림 09-06 겁재가 많은 사주

이 사주의 일간은 양간인 갑목甲으로, 음간인 을목 겁재가 매우 많은 경우다. 갑목은 거대한 아름드리나무이니, 조그마한 풀꽃인 을목은 경쟁자가 아니라 자신이 보호하고 돌봐야 할 존재로 여겨지게 된다.

이때 갑목이 취하는 모습은 두 가지로 나뉜다. 첫째는 내가 다른 친구들을 이끌어야 한다는 생각으로 앞장서서 리더가 되는 경우다. 이런 사람은 MBTI로 E, 특히 ExxJ가 나오곤 한다. 여기에 목의 성향이 강하게 발현되므로 ENFJ일 가능성이 크다. 둘째는 본인은 배포가 크고 행동력이 있는 사람이지만, 주변의 친구들에 맞추어 나서지 않고 조용히 있으려는 경우다. 이런 사람은 MBTI로 I가 나오고, 특히 ISTP들의 사주에서 이런 모습을 자주 볼 수 있다. 물론 그림 09-06 인 경우에는 목의 기운이 매우 강하므로 T가 나오기는 어렵다. 하지만 일간이 경금庚이며 겁재가 많은 사주라면 충분히 ISTP, ISTJ, INTJ가 나올 수 있다.

그러면 일간이 음간이며 겁재가 많다면 어떨까? 다음 그림 09-07 은 음간인 기토己를 일간으로 가지면서 겁재가 많은 사주를 임의로 만든 것이다.

	己 기土 (일간)	戊 무土 (겁재)	戊 무土 (겁재)
		戌 술土 (겁재)	辰 진土 (겁재)

그림 09-07 겁재가 많은 기토의 사주

일간은 음간인 기토인데 주변의 토가 모두 양의 성질을 가지니, 이 사주의 주인은 자신을 제외한 주변 사람을 전부 나보다 크고 버겁게 느낀다. 또 사회생활을 할 때 나도 그들과 어깨를 나란히 해야 한다는 압박감을 갖게 된다. 그래서 밖에서는 배포가 크고 활동적으로 움직이지만, 혼자 있을 때는 조용하고 차분한 시간을 가지곤 한다. 그래서 주변에서는 이 사람의 MBTI를 E라고 생각하지만, 본인은 I라고 주장하곤 한다.

식상과다: 어딜 봐, 날 봐!

식상은 관성을 극한다. 세상을 거부하고, 반항하고, 자기만의 목소리를 내는 성질이 식상이다. 식상이 과다한 식상다자는 말하고 싶은 것이 아주 많다. 그냥 인생을 살아가는 것만으로도, 뉴스 몇 꼭지를 들여다보는 것만으로도, 직장 동료와 커피를 한잔하며 가벼운 대화를 나누는 동안에도 세상에 대한 불만과 할 말이 차오른다. 잘못된 것이 보이면 그것에 내 의견을 한마디라도 꼭 얹어야겠고, 말하는 것만으로 해소되지 않으면 직접 뛰어들어서 그게 아니라 이렇게 하는 것이라고 보여주고 싶어 한다.

저항의 표현이라는 점에서 식상은 예술과 그 결이 같다. 물론 예술은 그 분야나 방식이 워낙 다양하여 식상이 아닌 다른 십신들도 예술과 연관될 수 있다. 재성의 예술이란 유행을 따르고 대중에게 팔리는 것이다. 작곡을 하더라도 평론가들의 평가보다는 차트 1위를 노리는 것이 재성의 방식이다. 관의 예술은 자신을 극한까지 단련하고 뼈를 깎는 노력을 통해 성과를 내는 예술이다. 운동선수, 악기, 발레 등의 분야가 여기에 해당한다. 인성의 예술은 어떤 세계관에 푹 빠지고 몰입해서 자신의 감정을 펼쳐내는 종류의 예술이다. 자기만의 세계관을 창조하는 작가, 캐릭터를 깊이 있게 분석하고 몰입하여 연기하는 배우 등이 이러한 예술을 펼친다. (비겁의 경우에는 예술을 추구하지 않는다. 혼자 독립적인 예술 세계를 만들기보다는 친구와 동료들과 어울리는 것을 더 중시한다.)

식상의 예술은 사람들에게 적당히 먹히는 것, 시류에 편승하는 것을 싫어한다. 내가 잘하고 나만이 보여줄 수 있는 것을 내놓고 이쪽을 보라고 당당히 외치는 것이 식상이 예술을 하는 방식이다. 그래서 자기가 스스로 만든 결과물을 내놓고 보여줄 수 있는 분야라면 무엇이든 식상을 통한 예술적 재능으로 해석할 수 있다. 춤이나 노래, 글뿐만 아니라 디자인, 건축, 코딩, 의술 등 본인의 기술로 세상과 경쟁하는 분야는 모두 식상의 예술에 속한다.

다음 그림 09-08 은 식상이 많은 여성의 사주다.

1979년 2월 19일 · 음력 1979년 1월 23일 · 곤명 46세 · 양띠

	시주	일주	월주	연주
십신		아신	겁재	식신
천간		丁 습정火	丙 조병火	己 습기土
지지		巳 난조사火	寅 한조인木	未 난조미土
십신		겁재	정인	식신
장간		戊 庚 丙 상관 정재 겁재	戊 丙 甲 상관 겁재 정인	丁 乙 己 비견 편인 식신

그림 09-08 식상이 많은 사주

이 사주는 음간인 정화丁 일간을 가진다. 연주에 식상이 많기는 하지만, 월주와 일주에 겁재가 가득하여 비겁다자인 신강 사주에 조금 더 가깝다. 신강한 사주는 식상, 재성, 관성이 용신이다. 나를 제약하는 십신인 관성도 이 사주에는 좋은 방향으로 작용한다. 그래서 무관성 사주임에도 남자들과 어울리는 것을 싫어하지 않고 본인에게도 좋다. 그리고 연주에 식상이 있어 이 사람에게 용신으로 작용한다. 내가 노래를 부르고 춤을 추고 세상에 내 목소리를 내는 게 즐겁고 재미있으며 이 사주를 숨쉬게 한다. 게다가 식신으로 들어와 있으니 이 사람의 예술은 대중에게 인기가 많고 누구나 두루 좋아하는 사람이 된다. 이 사주의 주인은 가수 이효리다.

사주로 MBTI 알아맞히기

온라인으로 사주 상담을 진행할 때, 나는 손님의 얼굴도 이름도 사진도 모른 채(익명 입장이 가능하다) 오직 태어난 생년월일시로 사주를 본다. 이때 사주원국을 확인하고는 먼저 MBTI를 추정하여 맞는지 물어보곤 한다. 이는 내 나름의 계산 방식을 적용하는 것이어서 꼭 들어맞지는 않는다. 하지만 맞히거나 손님도 동의하는 경우가 더 많으며, 무척 신기해하고 재미있어한다. 대체 어떻게 사주로 MBTI를 맞힐 수 있는지 물어보기도 한다. 그래서 여기서는 내가 사주로 MBTI를 계산하는 방식을 소개해보겠다.

나는 사주원국에서 음양, 오행, 십신 등을 고려하여 각각의 점수를 매기고, 이를 합산하여 MBTI 유형을 도출한다. 공식을 적용하는 조건은 다음과 같다.

❶ 사주팔자의 여덟 글자를 모두 아는 경우에만 적용할 수 있다.
❷ MBTI가 대립하는 항목의 점수를 상쇄시키는 것과 달리, 대립하는 항목 각각의 점수를 그대로 표시한다.

❶은 빠지는 글자가 있다면 각 항목의 점수가 정확해지지 않기 때문이다. ❷는 어떤 사람의 다양한 면모와 스펙트럼을 있는 그대로 담아내기 위해서다. MBTI에서는 어떤 사람의 'E/I' 항목을 판단하여 E 15점과 I 28점이 나온다면 둘을 상쇄시켜 I 13점으로 표시한다. 이 사

람은 검사 결과 I 성향이라고 나오겠지만 실제로는 E 성향도 제법 가지고 있다. 사주팔자는 여덟 글자가 서로 결합하고 충돌하면서 섞이는 구조를 가지므로 MBTI와 달리 사람의 여러 가지 모습을 해석할 수 있다. 이를 담아내기 위해 내 방식에서는 점수를 상쇄시키지 않고 두 성향 모두 있는 그대로 표시한다.

다음으로 볼 것은 내가 사주의 구성 요소에 나름대로 점수를 매기는 방식이다. 요소의 존재 여부와 개수가 큰 기준이 되고, 위치나 작용 여부를 반영하기도 한다. 해당하는 항목이 없으면 중립인 0점으로 간주하고 다음 항목으로 넘어간다. 각각의 표로 확인해보자.

관과 식상의 유무와 수량

관	식상	MBTI 항목과 점수
0	1	P +30
0	2+@	P +100, J -100

그림 00-09 관이 없는 경우

관	식상	위치	MBTI 항목과 점수
1	0	연주/시주	J +50
1	0	월주/일주	J +40
1	1(식신)	·	J +30
1	1(상관)	·	J +10, P +8
1	2+@	·	J +5, P +30

그림 00-10 관이 하나인 경우

관	MBTI 항목과 점수
2	J +20, P +5

그림 00-11 관이 둘인 경우

관	식상	신강사주 또는 관이 용신	MBTI 항목과 점수
3+@	0	·	P +40
3+@	1+@	·	P +70
3+@	·	(참)	J +30

그림 00-12 관이 셋 이상인 경우

일간의 음양과 오행

음간	MBTI 항목과 점수
을목乙	I +10, N +10, F +5
정화丁	I +20, N +10
기토己	I +20, S +5, F +10
신금辛	I +20, T +20
계수癸	I +20, N +10

그림 00-13 일간이 음간인 경우

양간	MBTI 항목과 점수
갑목甲	E +20, N +20, F +20, J +20
병화丙	E +20, N +20, P +20
무토戊	E +10
경금庚	E +20, T +20
임수壬	I +15, N +5

그림 00-14 일간이 양간인 경우

일간의 오행	MBTI 항목과 점수
금	T +10
수	I +10, N +10

그림 00-15 추가 점수

요소의 수량

음양	
음 글자의 개수 (1~8개)	I (개수) × 10
양 글자의 개수 (1~8개)	E (개수) × 10
예시) 음의 글자 3개, 양의 글자 5개 = I +30, E +50	

그림 00-16 음양의 개수에 따른 점수

오행(목)	MBTI 항목과 점수
양의 목 2+@	E +50, N +50, F +50, J +50
음의 목 2+@	N +50, F +50

그림 00-17 목이 둘 이상인 경우

오행	MBTI 항목과 점수
화 3+@	N +70
토 3+@	I +30, F +50
금 3+@	T +100
수 3+@	I +20, N +20, F +20, J +20

그림 00-18 특정 오행이 셋 이상인 경우

십신	MBTI 항목과 점수
인성 3+@	N +30
재성 3+@	S +30
식상 3+@	N +50, P +50

그림 00-19 특정 십신이 셋 이상인 경우

십신	MBTI 항목과 점수
비겁 2+@ (단, 금비겁 제외)	E +30, F +50
금비겁 3+@	T +30

그림 00-20 기타

요소의 부재

십신	MBTI 항목과 점수
인성 0	N -30
재성 0	S -30
관성 0	J -30
식상 0	S +30, J +30
비겁 0	F -30

그림 00-21 특정 십신이 없는 경우

오행	MBTI 항목과 점수
목0	N -10
화0	S +30
토0	I -50
금0	T -50
수0	N -30

그림 00-22 특정 오행이 없는 경우

십신의 유무와 수량

조건	MBTI 항목과 점수
편재가 있다.	S +20, T +20, P +20
관성과 상관이 같이 있다.	N +20, J +20
재성과 관성이 없고, 인성과 식상이 각각 하나 이상 있다.	I +30, N +30, P +30
양의 편관과 편재를 합쳐서 둘 이상이다.	E +30, J +30
음의 편관이 둘 이상 있다.	I +20, P +20
상관이 둘 이상이다.	T +90, P +30
편인과 편관이 없고, 정인과 정관만 있다.	S +20, J +20
정인이 없고 편인만 있다.	N +20

그림 00-23 십신의 유무와 수량에 따른 점수

사주로 MBTI 점수 매겨보기

앞서 말한 공식을 따라 실제로 사주원국의 MBTI 점수를 도출해보자.
다음 그림 00-24 는 내가 MBTI 유형을 알고 있는 어떤 인물의 사주원국
이다.

1997년 4월 6일 10시 18분 · 음력 1997년 2월 29일 · 건명 28세 · 소띠

	시주	일주	월주	연주
십신	정인	아신	편관	정인
천간	丁 습 정火	戊 조 무土	甲 조 갑木	丁 습 정火
지지	巳 난조 사火	寅 한조 인木	辰 난습 진土	丑 한습 축土
십신	편인	편관	비견	겁재
장간	戊 庚 丙 비견 식신 편인	戊 丙 甲 비견 편인 편관	乙 癸 戊 정관 정재 비견	癸 辛 己 정재 상관 겁재

그림 00-24 사주원국으로 MBTI 추측하기

이 사주에서 공식이 적용되는 요소를 추출해보면 다음과 같다.

· 관이둘: J +20, P +5

- 일간이 무토: E +10

- 음양의 수량: 음 3개, 양 5개 → I +30, E +50

- 양의 목이 둘 이상: E +50, N +50, F +50, J +50

- 화 3+@: N +70

- 토 3+@: I +30, F +50

- 인성 3+@: N +30

- 비겁 2+@: E +30, F +50

- 재성 0: S −30

- 식상 0: S +30, J +30

- 금 0: T −50

- 수 0: N −30

- 양의 편관과 편재를 합쳐서 둘 이상: E +30, J +30

이를 표로 나타내면 다음 그림 00-25 와 같다.

E/I	S/N	T/F	P/J
E: 170	S: 0	T: −50	P: 5
I: 60	N: 120	F: 150	J: 130

그림 00-25 사주원국으로 추출한 MBTI

사주원국으로 MBTI를 추측한 결과 이 사람은 ENFJ가 나왔다.
물론 실제 MBTI 역시 ENFJ다.

앞서 말한 것처럼 이 계산은 반드시 들어맞지는 않는다. 계산 결과 INTJ가 나왔는데, 손님이 "음, 아닌 것 같아요. 제 MBTI는 INFP 예요"라고 이야기하면 나는 "손님의 말씀이 맞을 겁니다"라고 대답한다. MBTI는 자기보고형 심리검사로, 스스로 검사를 수행하여 그 결과가 도출된다. 타고난 재능과 현재 그 사람이 사용하는 주기능이 다를 수 있고, 본질적 성향과 그 사람이 지향하는 '추구미'도 서로 다르게 나타날 수 있다. 특히 사회생활과 직장생활을 오래 한 30대 후반, 40대 이상인 사람이면 타고난 바와 무관하게 MBTI 검사에서 xSxJ가 나오는 경우가 상당히 많다. 내가 알려드리는 것은 후천적 요소를 고려하지 않고 오직 사주원국을 분석함으로써 도출된 MBTI 유형이다. 사주로 도출된 MBTI가 내가 알고 있는 MBTI와 다르다면, 그 원인을 찾아보는 것도 현재 자기의 인생을 이해하는 좋은 실마리가 된다.

내가 활용하는 계산 공식 또한 아직 완전하지 않다. 오행이 모두 있는 사주는 MBTI가 다양하게 발현될 수 있고, 글자가 자리한 위치에 따른 값이나 합과 충의 작용을 적용하는 것도 조금 더 보완이 필요하여 여기에 싣지 않았다. 그러니 대략적인 체계와 느낌이 저렇다는 정도로 알고 재미로 받아들였으면 한다.

푸바오의 사주풀이

'행복을 주는 보물', 용인 푸씨 푸바오가 중국으로 떠난 지도 어느덧 꽤 시간이 흘렀다. 그렇지만 우리는 여전히 푸바오를 기억하고, 푸바오가 우리에게 남긴 추억을 떠올린다. 이번 글은 푸바오의 탄생부터 지금까지, 그리고 앞으로의 생애를 사주를 통해 이해해보고자 마련했다.

2020년 7월 20일 21시 39분 · 음력 2020년 5월 30일 · 곤명 4세 · 쥐띠

	시주	일주	월주	연주
십신	겁재	아신	정인	편관
천간	乙 을木	甲 갑木	癸 계水	庚 경金
지지	亥 해水	子 자水	未 미土	子 자水
십신	편인	정인	정재	정인
장간	戊 申 壬	壬 癸	丁 乙 己	壬 癸
	편재 비견 편인	편인 정인	상관 겁재 정재	편인 정인

그림 00-26 푸바오의 사주

그림 00-26 은 푸바오의 사주다. 푸바오가 태어난 시점은 2020년 7월 20일, 21시 39분이다.

푸바오 사주의 음양

앞서 읽은 내용을 잘 기억한다면 사주원국에서 음양의 크기를 그려 볼 수 있을 것이다. 우선 천간은 '갑을병정무기경신임계'와 대응한다. 홀수번은 양, 짝수번은 음에 해당한다. 지지의 경우에는 음양을 파악할 때 숨어 있는 천간인 지장간을 살펴야 한다. 지장간이 세 가지가 섞여 있어도 그중 가장 마지막에 있는 천간이 주성분에 해당한다. 이 주성분의 음양에 따라 지지의 음양이 결정된다. 이를 그림으로 표시하면 `그림 00-27`과 같다. 큰 원이 양, 작은 원이 음이다.

	시주	일주	월주	연주
2020년 7월 20일 21시 39분 · 음력 2020년 5월 30일 · 곤명 4세 · 쥐띠				
십신	겁재	아신	정인	편관
천간	乙 을木	甲 갑木	癸 계水	庚 경金
지지	亥 해水	子 자水	未 미土	子 자水
십신	편인	정인	정재	정인
장간	戊 申 壬 / 편재 비견 편인	壬 癸 / 편인 정인	丁 乙 己 / 상관 겁재 정재	壬 癸 / 편인 정인

그림 00-27 푸바오 사주의 음양

푸바오 사주의 오행과 십신

푸바오의 일간은 '갑목木'이다. 갑목은 '아주 큰 나무'로, 푸바오는 큰 나무의 기운을 타고났다. 푸바오의 사주에는 수가 무척 많다. 푸바오는 목 일간을 타고났으므로 수는 나를 돕는 인성으로 작용한다. 즉 푸바오는 인성과다인 사주로 머리가 아주 좋은 편이다. 이처럼 인성이 많으면 나를 오냐오냐해주는 기운이 많다는 뜻이기도 하니, 동물원이 제격인 사주라 할 수 있다. 또 수는 그 자체로 도화다. 수 도화의 특징은 말수가 적고 특별히 무언가를 하지 않는데도 뭇사람들의 시선을 잡아끈다는 점이다. 즉 푸바오는 슈퍼스타의 자질을 지녔다.

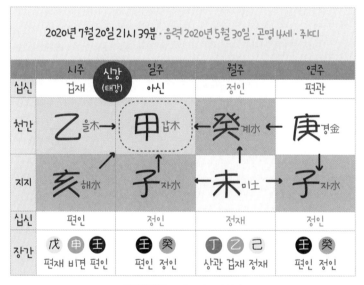

그림 00-28 푸바오 사주의 십신

그림 00-28 은 푸바오의 사주에서 십신의 작용을 나타낸 것이다. 푸바오의 사주에는 인성인 수의 기운이 많으니, 억부용신의 관점에서 자신을 돕는 기운이 많은 신강한 사주에 해당한다. 그러면 식상, 재성, 관성인 '화, 토, 금'이 용신이다. 다만 푸바오의 사주원국에 있는 경금의 기운은 일간인 갑목과 갑경충을 일으키므로 용신에서 제외한다.

조후용신의 관점에서 푸바오의 사주는 매우 추운 사주다. 일간인 갑목은 봄의 나무인데, 사주원국 전체에 수가 많아서 겨울의 찬 기운이 꽉 차 있다. 그러니 차가운 수의 기운을 눌러줄 화와, 수를 극하는 토의 기운이 용신이 된다. 푸바오의 사주에서 토의 기운은 오직 월지에 있는 미토未뿐이고, 화의 기운 역시 미토가 가진 지장간인 정화丁가 갖고 있다.

일간인 갑목甲에게 토는 재성이다. 재성은 행동하는 힘이며, 전통적인 사주 해석에서는 아버지의 자리라고 한다. 이때 아버지란 생물학적 아버지인 러바오를 뜻하는 것이 아니라 사육사들을 의미한다. 사주에서 말하는 아버지의 역할, 즉 푸바오를 보호하고 가르치는 일을 사육사들이 맡고 있기 때문이다. 푸바오는 용신인 재성의 기운에 따라 싸돌아다니면서 사고를 치고, 그러면 아버지격인 사육사들이 자신을 챙기고 수습하는 일 자체가 재미있다. 즉 월지의 미토 정재가 푸바오를 살리고 즐겁게 한다.

푸바오의 사주는 무식상 사주이기도 하다. 식상이 없어 불평과 불만이 있더라도 밖으로 드러내서 갈등을 일으키지 않는다. 푸바오는 아마 중국에 가는 일도 수더분하게 받아들였을 것이다. 조금 힘들고 어려운 일이 있더라도 수용하고 인내하는 것이 무식상 사주의 특징이다.

푸바오 사주의 합과 충

푸바오의 사주에는 큰 합과 충이 없다. 다음 그림 00-29 를 보자.

2020년 7월 20일 21시 39분 · 음력 2020년 5월 30일 · 곤명 4세 · 쥐띠

	시주	일주	월주	연주
십신	겁재	아신	정인	편관
천간	乙 을木	甲 갑木	癸 계水	庚 경金
지지	亥 해水	子 자水 X 未 미土 X 子 자水		
십신	편인	정인	정재	정인
장간	戊 申 壬 편재 비견 편인	壬 癸 편인 정인	丁 乙 己 상관 겁재 정재	壬 癸 편인 정인

그림 00-29 푸바오 사주의 합과 충

먼저 충을 찾아보면 '자미원진子未元辰' 정도가 보인다. 지지에 자수子가 있는데 다른 지지에 미토未가 자리하는 경우가 자미원진이다.(원진이란 만나면 으르렁대는 정도의 사이를 의미한다.) 미토가 자수를 치는 형국으로, 미토의 내면에 자리한 정화丁가 자수의 주성분인 계수癸와 정계충丁癸沖을 일으킨다.

푸바오의 사주에서 배우자는 편관 배우자로 연주에 있다. 멀리 외국에서 오는 인연이다. 일간인 갑목甲에게 편관은 경금庚이고, 갑목과 '갑경충甲庚沖'으로 만난다. (본래 합과 충은 바로 옆에 자리해야 해석을 하지만, 연애와 관련해서는 거리가 있어도 합과 충을 고려한다.)

편관인 경금은 일간(나)인 갑목과 곧바로 만나지 않고 인성인 계수癸를 사이에 끼고 만난다. '관성 → 인성 → 일간'의 생하는 흐름으로 들어오기 때문에 갑과 경이 나란히 있어 충이 나는 사주보다야 훨씬 좋다. 다만 경금은 푸바오의 일간인 갑목이 좋아하는 용신이 아니어서 그리 좋지만은 않을 수 있다. 그리고 푸바오의 사주에 도움이 되는 화의 기운은 금을 극한다. 즉 푸바오에게 좋은 기운이 푸바오의 반려에게는 그리 좋지 않은 기운일 수 있다. 게다가 푸바오의 사주는 연애보다 나 자신의 자유와 안락을 좋아하는 사주다. 여기에 배우자가 갑경충으로 들어온다면 달갑지 않을 수 있다.

이번에는 합을 보자. 푸바오의 사주에서 시주를 보면 천간 자리에 을목乙이 있다. 을목은 경금과 을경합乙庚合을 한다. 을목은 일간인 갑목에게 오행이 같고 음양은 다른 겁재에 해당한다. 겁재는 나와 경쟁하는 존재, 라이벌을 의미한다. 그래서 아주 그렇다고 볼 수는 없지만, '배우자가 추후에 다른 인연을 맞이할 가능성이 있다'는 식의 풀이도 해볼 수 있다. 중국에서 사육사들이 푸바오의 배우자에게 다른 판다를 다시 맺어주는 경우도 있겠구나 하고 짐작해볼 수 있다.

대운										태
'13	'03	'93	'83	'73	'63	'53	'43	'33	'23	
정인	비견	겁재	식신	상관	편재	정재	편관	정관	편인	비견
癸	甲	乙	丙	丁	戊	己	庚	辛	壬	申
酉	戌	亥	子	丑	寅	卯	辰	巳	午	戌
정관	편재	편인	정인	정재	비견	겁재	편관	식신	상관	편재
94	84	74	64	54	44	34	24	14	4	

그림 00-30 푸바오 사주의 대운

결론적으로 푸바오의 사주에서 용신은 토와 화라고 할 수 있다. 푸바오에게 토는 재성에 해당하고, 재성은 아버지를 의미하니 사육사들이 좋은 작용을 하는 사주이다. 푸바오에게 화는 식상에 해당한다. 식상은 자식을 의미하기도 하는데, 2025년, 26년, 27년은 화 식상이 들어오므로 자식운까지 있다. 또한 그림 00-30 을 보면 대운도 자식운인 식상이 들어오므로 자식을 낳고 잘 키우는 사주다. 다만 본래 식상이 없는 무식상 사주이므로 자식을 매우 잘 돌보는 프로 엄마는 아니다. 그래도 전체적으로 배우자보다는 자식이 더 좋은 사주라고 풀 수 있다.

이처럼 생년월일시를 안다면 동물의 사주도 풀어볼 수 있다. 반려동물도 가능하다. 생년월일시를 모른다면 나와 만난 날짜와 시간으로 볼 수도 있다. 이 경우엔 '나와 반려동물의 관계'에 관한 사주가 될 것이다.

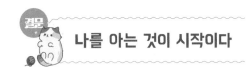

나를 아는 것이 시작이다

이 책을 끝까지 읽었다면 사주의 요소와 개념을 꽤 많이 이해하게 됐을 것이다. 처음에 마음먹은 것보다 아낌없이 썼으며, 이렇게 다 얘기를 해도 되나 싶을 만큼 할 수 있는 얘기를 쏟아부었다. (이 책 때문에 손님이 줄어든다면 나를 설득한 출판사에 가서 따질 참이다!)

사주와 MBTI는 '과연 나는 어떤 사람인가?'라는 질문에 관한 탐구라고 생각한다. 내가 무엇을 좋아하거나 즐거워하는지, 어떤 사람을 가까이하고 싶어 하는지, 어떤 방식으로 일하는 것이 적절한지 등 나에 관한 탐구가 먼저 이루어져야 인생의 행복을 추구하고 의미를 만들어갈 수 있다.

사주를 찾는 사람이 끊이지 않는 이유는 '내가 누구인지', '내가 어떤 길을 걸어야 하는지'에 관한 고민이 누구에게나 찾아오며 평생 끊이지 않기 때문이다. 나를 찾는 손님은 열에 여덟이 진로에 관한 고민을 가지고 온다. 어느 대학을 가야 할지, 졸업하면 어떤 직업을 선택해야 할지, 지금 다니는 직장을 옮겨야 할지, 이 직업이 내가 남은 평생 추구해야 할 분야가 맞는지에 관한 고민은 10대부터 50대까지 계속해서 물음표로 찾아온다.

이러한 물음표에 사주쟁이로서 내가 드릴 수 있는 도움은 당신이 타고난 본질이 무엇이며 그것이 어떻게 작용하는지를 알려줌으로써 현상을 명쾌하게 정리해주고 선택을 간결하게 해주는 것이다. 사주풀이를 듣고 나서 '나는 그런 사람이 아닌 것 같은데?'라는 생각이 들었다면, 그것도 좋다. '그렇다면 나는 대체 어떤 사람이지?'라는 질문이 이어져서 자기의 본질에 관해 생각하고 고민하여 답을 찾게 된다면 사주의 쓰임은 그것으로 충분하다.

그래서 내가 꼭 드리고 싶은 말은 사주를 너무 믿지 말라는 것이다. 사주를 많이 알면 알수록 디테일에 파묻히면 안 된다. 어떻게 모든 사람을 사주와 MBTI만으로 설명할 수 있겠는가? 강호동과 조승우는 둘 다 INFP지만 두 사람이 사는 모습은 전혀 다르다. 사주 역시 십신의 구성과 자리가 똑같더라도 그것이 어떤 오행에 해당하느냐에 따라 양상이 전혀 다르게 나타난다. 이 책을 통해 독자분들이 꼭 하나를 얻어갈 수 있다면, 사람의 인생은 작은 한 가지 요소만 볼 것이 아니라 전체적인 작용을 두루 살펴야 한다는 깨달음을 얻어가셨으면 한다.

지금까지 사주를 보며 수많은 내담자를 만났고, 그러면서 나 역시 깨달은 것이 있다. 하나는 절대적으로 좋은 사주도 없고 절대적으로 나쁜 사주도 없다는 사실이다. 아주 좋은 사주를 타고났으나 본인이 이를 살리는 선택을 하지 않아 아주 힘든 시기를 보내는 내담자도 만나봤고, 아주 힘든 사주라서 걱정했으나 본인이 이를 장점으로 살리는 직업을 선택하여 잘 풀어간 내담자도 만나봤다. 그래서 누가 나에게 "가장 좋은 사주가 무엇이냐?"라고 묻는다면, "자기가 좋아하는 것을 많이 하면서 자기 직업을 잘 찾은 사주"라고 답할 것이다.

다른 하나는 내가 좋아하는 것이 사주 자체가 아니라, 사람들이 타고난 사주를 나름대로 풀어가는 모습을 지켜보고 응원하는 것을 더 좋아한다는 사실이다. 처음에 나는 다른 역술가들이 풀어준 내 사주가 나와 맞지 않는다고 여겨서 직접 사주를 풀이해보기로 마음먹었다. 하지만 이제는 내 사주풀이가 많은 사람에게 도움이 되고 기분이 한결 나아지는 모습을 보는 것이 즐겁고, 또 덕을 쌓는 셈이라고 생각한다. (물론 무료 봉사가 아니며 이번 생에서 그 덕을 복채로 다 받고 갈 예정이다. 나는 타고난 사주쟁이 팔자다.) 그러니 이 책이 여러분께 사주와 MBTI에 관한 즐거운 유희이자, 나를 탐구하는 유용한 도구로 쓰이기를 바란다.

마지막으로 이 책이 나오기까지 큰 도움을 준, 그리고 사주 업무와 관련해서도 많은 도움을 주는 친구 '잼'에게 감사하다는 말을 전하고 싶다.

"친구야, 너 없었으면 이 책은 영영 내 머릿속에만 있었을 것 같다. 그렇게 죽는 것도 나쁘진 않았겠지만, 고맙다."

그리고 이 책을 끝까지 읽어주신 독자 여러분께도 감사하다는 말씀을 드린다.

"읽어주시느라 고생 많으셨습니다. 사주, 알고 보면 별것 아니니 크게 신경쓰지 말고 사시길 바랍니다."

일일

내일이 불안하고 오늘이 초조한 사람들에게

본업은 따로 있지만 일일님이 사주를 보기 시작했을 때부터 예약과 일정 업무를 (약간씩 실수를 저지르며) 돕고 있다. 그러다 사주책까지 함께 엮게 됐다. 비서 역할을 하며 가장 좋은 점은 이제 평생 사주를 내 돈 내고 볼 일은 없겠다는 것이다. MBTI는 ISTJ이고, 오행이 다 있는 제법 해석하기 까다로운 사주를 가지고 있다. 일일님에겐 '사주에 크게 의존할 일 없는 사주'라는 평을 들었다.

그렇지만 때로 우리는 사주에 기대고 싶다. "노력하면 안 될 것이 없다"라고 성공한 사람들이 말하지만, 우리에게 실제로 현실이 그러한가. 세상에 '공정하게 노력하면 합당한 결과가 돌아오는' 영역은 바늘 하나를 꽂기도 어려울 만큼 적은 것 같다. 그래서 가끔은 바닥을 뒹굴며 "하늘이 대체 나에게 해준 게 뭐가 있느냐!"라고 삿대질하며 원망을 토해내고도 싶다.

일일 님의 설명에 따르면 사주는 '하늘을 원망하는 일을 도와주는 것'이라고 한다. "내가 이 해의 이 날짜에 태어난 것이 무슨 죄라고 이딴 운명을 던져줘서 날 고생시키느냐?"라고 트집 잡을 구실을 쥐어준다는 말이다. 그 말에 적극 동의한다. 내 힘으로 어찌하기 어려운 운명을 견딜 방법을 찾을 수 있다면 사주가 아니라 사주 할아버지쯤 되는 무엇이라도 가져다 써먹어야 한다는 것이 내 생각이다. 나를 포함한 젊은 세대가 미래에 관한 초조함과 불안으로 하루하루를 견뎌야 하는 요즘 같은 시대에, 사주가 마음의 위안이 될 수 있다면 이 책이 그 역할을 해주기를 바란다.

다만 의지할 것이 없어 기댔던 사주가 자신의 모든 삶을 좌지우지하도록 놓아두지는 말기를 바란다. 사주와 MBTI를 나와 인생을 이해하는 도구로 삼는 것과, "나는 일간이 금이니까 이럴 수밖에 없어", "너는 xNFx니까 나랑은 잘 안 맞아" 같은 태도에 빠지는 것은 종이 한 장의 차이뿐이다. 과몰입을 경계하고, 쓰고 난 목발은 치워버리자. 우리는 모두 자기 삶을 자신의 걸음으로 걸어갈 힘이 있다. 어떤 사주팔자도 우리의 자유의지를 이길 수는 없는 법이다.

자기 밥줄 끊는 얘기를 하는데도 호탕하게 웃으며 "네가 맞다"고 말해주는 일일 님에게 고맙다는 말을 전한다. 엮은 글을 가다듬어 출간해주신 출판사 분들과 이 책을 읽어주신 독자분들께도 감사 인사를 드린다.

마지막으로 지금 내 옆에 곤히 잠들어 있는 '연유'가 오래도록 건강히 나와 함께해주기를 기원하며, 여러분의 일상에 작은 행운이 함께하기를 바란다.

잼

이 책을 후원해주신 분들

강경희, 결, 구건우, 구임서, 권민진, 권수민, 권은우, 기영애

김갑성, 김경희, 김규리, 김나은, 김남형, 김다경, 김도하

김미나, 김보경, 김서영, 김선영, 김세일, 김승연, 김예나

김예인, 김우정, 김일현, 김지선, 김지연, 김지원, 김진상

김진아, 김향란, 김허시, 김현희, 김형민, 김효란, 김희선

김희현, 돌렝, 라미, 류영환, 박미정, 박선아, 박선영

박선정, 박성아, 박성호, 박수민, 박수연, 박진희, 설린

성태호, 손김봉년, 송유진, 심숙희, 안혜령, 양예원

오미화, 오소현, 우수현, 우슬기, 유꽃비, 유상원, 윤미진

윤애숙, 윤윤, 윤정애, 윤지우, 은수, 이금주, 이도연, 이미연

이상민, 이선영, 이세영, 이세원, 이영두, 이예슬, 이유진

이윤정, 이은정, 이은주, 이주현, 이지연, 이찬혁, 이채현

이하나, 이학성, 이현정, 이혜민, 이혜정, 임미희, 장다혜

장재호, 전서영, 전정면, 전해성, 정봄, 정호륜, 조민주

조수연, 주진우, 최서윤, 최서진, 최선지, 최성욱, 최원석

최윤희, 최지인, 토끼, 한아현, 허라윤, 허성권, 허유림

호주대장군, 호현희, 홍승완, 홍시혁, 홍지아

홍한수, 화월진, 황금이, 황유경, 황인욱, 황주현

"후원해주셔서 진심으로 감사드립니다."